THOMAS HALE

Geheimnisvolles Nepal

Die unglaublichen Erlebnisse eines Arztes im Himalaja

hänssler

Hänssler-Taschenbuch
Bestell-Nr. 393.969
ISBN 3-7751-3969-9
5. Auflage 2003

Originaltitel: Don't Let the Goats Eat the Loquat Trees
Übersetzung: Dr. Friedemann Lux

Internet: www.haenssler.de
E-Mail: info@haenssler.de
(Dieser Titel erschien zuvor als Paperback-Ausgabe mit der ISBN-Nr. 3-7751-2140-4.)
Grafik Seite 6: Georg Ozory, Stuttgart
Umschlaggestaltung: Ingo C. Riecker
Titelbild: Mauritius. Die Bildagentur
Druck und Bindung: Ebner & Spiegel, Ulm
Printed in Germany

Inhaltsverzeichnis

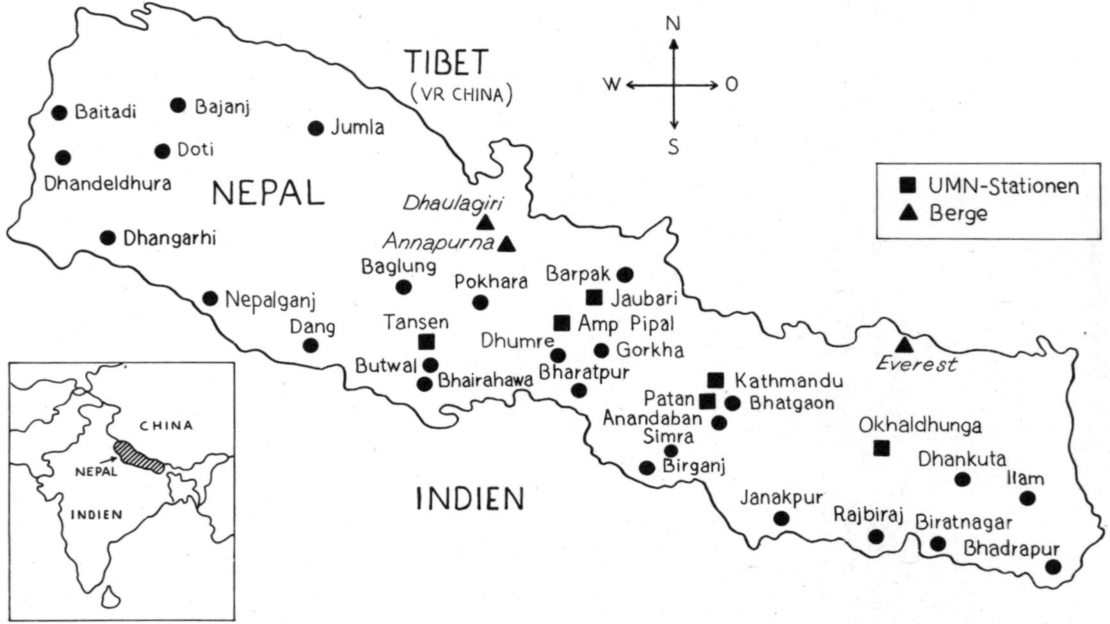
TIBET
(VR CHINA)
N
W
O
S
UMN-Stationen
Berge
NEPAL
Baitadi
Bajanj
Jumla
Doti
Dhandeldhura
Dhangarhi
Dhaulagiri
Annapurna
Baglung
Pokhara
Barpak
Jaubari
Amp Pipal
Nepalganj
Dang
Tansen
Dhumre
Gorkha
Butwal
Bhairahawa
Bharatpur
Everest
Kathmandu
Patan
Bhatgaon
Anandaban
Simra
Birganj
Okhaldhunga
Dhankuta
Ilam
Janakpur
Rajbiraj
Biratnagar
Bhadrapur
INDIEN
CHINA
NEPAL
INDIEN

Einleitung

Als Cynthia, ich und unsere beiden Jungen im Juli 1970 in Kathmandu, der Hauptstadt Nepals, eintrafen, bildeten wir uns nicht ein, daß der König von Nepal uns mit Blaskapelle und rotem Teppich willkommen heißen würde. Aber dafür bildeten wir uns vielleicht etwas anderes ein, und wenn auch nur ganz leise: daß es doch eigentlich ein Glückstag für die Nepalen war, daß da zwei so gescheite Ärzte aus dem großen Amerika zu ihnen kamen; voll ausgebildete Chirurgen und Kinderärzte waren ja Mangelware in diesem Zwölfmillionenvolk, also bitte ... Wir wußten natürlich sehr wohl, daß wir nicht so denken durften, man hatte uns gewarnt: „Auch nur eine Spur von Überheblichkeit, und ihr habt es verdorben mit den Nepalen!" Aber es war nicht einfach, diese Warnung zu beherzigen. Überheblichkeit ist eine Pflanze mit sehr tiefen Wurzeln, und wir waren keine Ausnahme.

Aber wir lernten. Wir lernten, daß wir, die Leute aus dem gebildeten Westen, durchaus unsere Grenzen hatten – und daß die Nepalen ein Volk mit Charakter und vielen bewundernswerten Eigenschaften waren, von der atemberaubenden Schönheit ihres Landes einmal ganz zu schweigen. Und bald wußten wir: Es war ein Glückstag für *uns*, als wir in Kathmandu aus dem Flugzeug stiegen.

In diesem Buch erzählen wir die Geschichte unserer ersten zwölf Jahre in Nepal – eine Geschichte der Trauer und der Freude, des Versagens und des Gelingens, vor allem aber eine Geschichte der Begegnungen, die wir mit den Menschen des Landes hatten. Diese Menschen sind, da wir die ganzen zwölf Jahre im Bergland verbrachten, vor allem die „einfachen Leute": ungebildet und anspruchslos, natürlich und bescheiden, tief geprägt von jahrhundertealten Sitten und dem unverdrossenen Kampf um das tägliche Auskommen.

Von diesem Nepal der Bergdörfer scharf zu unterscheiden ist die wachsende intellektuelle Elite und Führungsschicht des Landes, die mit großem Einsatz am Bau des modernen Nepal arbeitet. Diese hochbegabten und äußerst motivierten Männer und Frauen, von denen viele an den besten Universitäten Europas und Amerikas studiert haben, wissen viel besser als die meisten Ausländer, was ihr Land braucht. Sie haben große Reformprogramme in Bildungs- und Gesundheitswesen, Landwirtschaft, Wiederaufforstung und Familienplanung eingeleitet, die sichtbare Ergebnisse gebracht haben. Aber sie wissen auch um die schier unüberwindlichen Hindernisse auf dem Weg in die Zukunft. Kaum ist ein Problem gelöst, stößt man schon auf das nächste. Die Mittel sind knapp, es mangelt an ausgebildeten Fachkräften, und die Trägheit der armen Landbevölkerung, die doch der Hauptnutznießer aller Neuerungen sein soll, ist groß. Viel ist erreicht worden; sehr viel bleibt noch zu tun.

Wir Missionare von der *United Mission to Nepal* (Vereinigte Nepal-Mission), die 1954 gegründet wurde, dürfen, jeder an seinem Platz, mithelfen bei dieser Aufbauarbeit. Wir bauen Krankenhäuser und Schulen, lindern Armut, knüpfen am sozialen Netz. Aber immer wieder werden wir in unserer Heimat gefragt: „Wollen die Nepalen euch denn überhaupt? Seid ihr nicht Fremdkörper in diesem Land, das doch mit dem Christentum nichts zu tun haben will?"

Man kann diese Fragen verschieden beantworten. Einerseits kann man ohne Übertreibung sagen, daß die medizinische, soziale und technische Arbeit, die Mitarbeiter der United Mission im Lande leisten, hochwillkommen ist; wäre es nicht so, hätte man uns schon längst des Landes verwiesen. Andererseits jedoch mischt sich in diese Dankbarkeit ein gewisser Argwohn; Missionare müssen der Regierung eines Landes, in welchem es gesetzlich verboten ist, Christ zu werden, zwangsläufig als Risiko erscheinen. Wir dürfen unsere Tätigkeit denn auch nur unter der Bedingung ausüben, daß wir „niemanden bekehren", das heißt keinen Nepalen durch materielle Versprechungen oder sonstigen Druck zum Übertritt zum Christentum zu bewegen versuchen. (Wir würden solche Methoden natürlich sowieso nicht benutzen.) Unseren eigenen Glauben dürfen wir jedoch frei und offen praktizieren; und dazu gehört auch, daß wir Jesus Christus in Wort und Tat bezeugen.

Die konservativen Nepalen – vor allem die hinduistischen Priester, die immer noch einen großen Einfluß auf die Politik der Regierung haben – würden unsere religiöse Freiheit gerne stärker beschneiden. Aber die pragmatischeren Kräfte wissen, daß die Mission dies wohl kaum hinnehmen könnte; gehen aber die Missionare, dann verliert das Land wertvolle Ärzte, Lehrer und Entwicklungshelfer.

Für die Regierung wie für die Mission hat sich eine Art friedlicher Koexistenz als die beste Lösung herausgebildet – ein tragbarer Kompromiß, bei dem jede Seite ihren Prinzipien treu bleibt, ohne die Gegenseite unnötig zu provozieren. Mit ihrem offenen, geradlinigen, jede Geheimnistuerei vermeidenden Arbeitsstil hat sich die United Mission Respekt und Vertrauen bei den Regierenden des Landes erwerben können.

Der Leser wird jetzt vielleicht fragen, was denn ein Missionar in einem Land solle, in welchem er „niemanden bekehren darf". Nun, erstens hat Gott uns in dieses Land gerufen. Und zweitens wollen (und können) wir den Bewohnern dieses Landes durch unseren Dienst und unser tägliches Leben die Liebe Gottes nahebringen. Wir sind nach Nepal gekommen, weil Gott uns eine tiefe Liebe zu diesem Land und seinen Menschen gegeben hat, vor allem zu den an Leib und Seele kranken. Diese Liebe kommt nicht aus uns selbst; sie ist ein reines Gottesgeschenk. Und zu dieser Liebe gehört ein starkes Verlangen, unsere nepalischen Freunde mit der Person bekannt zu machen, die uns mehr bedeutet als alles andere in der Welt: Jesus Christus. Er ist unser höchstes Gut, und wir wären falsche Freunde, wenn wir das verschwiegen.

Wir manipulieren die Menschen nicht, versuchen nicht, ihnen ihre Kultur zu nehmen, die wir im übrigen in vielen Dingen bewundernswert, ja lehrreich und vorbildlich finden. Wir bringen ihnen keine „fremde Religion". Aber wir bringen ihnen Jesus Christus. Wir dienen ihnen und ihrem Land mit unserem Wissen, unseren Fähigkeiten und Mitteln – nicht von oben herab, sondern als Freunde und Mitarbeiter. Und wie von selbst kommen Stunden, wo wir ihnen die Schatzkammer unseres Herzens öffnen und Jesus Christus zeigen. Wir freuen uns, wenn sie von diesem Schatz nehmen. Aber auch wenn sie ihn verschmähen: wir dienen ihnen.

Die Tür

Ein amerikanisches Ärzte-Ehepaar im fernen, exotischen Nepal. Nicht als Touristen, sondern beruflich. Und freiwillig. Es klingt geradezu wie eine Geschichte aus einem Abenteuerbuch. Wie kam es dazu?

Das Abenteuer begann im April 1954. Ich war damals 17 Jahre alt und besuchte die Phillips Academy in Andover im US-Staat Massachusetts. Ich wollte Politiker werden, wie meine Mitschüler auch. Ich träumte davon, mitzuwirken am Bau einer neuen, besseren Welt. Ob ich auch die nötigen Eigenschaften dazu hatte, darüber machte ich mir in meinem jugendlichen Überschwang wenig Gedanken; ein so intelligenter, anständiger Kerl wie ich würde es doch wohl schaffen! Und religiös war ich auch. Hätte mich damals jemand gefragt, ob ich Christ sei, ich hätte geantwortet: „Ja, doch, was denn sonst?" Und mich geärgert, daß man mir so eine dumme Frage stellen konnte.

Aber dann geschah etwas, das meine schönen Zukunftspläne gründlich über den Haufen warf. Es begann mit einer unbestimmten Ahnung, halb lockend, halb bedrohlich: Da war jemand. Mein schönes, großes Ich war *nicht* der Mittelpunkt der Welt; da war noch jemand anderes. Er kam mir halb bekannt vor, dieser Jemand. Ich wußte auch sofort den richtigen Namen für ihn: Gott. Und doch war er mir neu, ja unheimlich. Denn was ich bisher unter „Gott" verstanden hatte, war eine Idee gewesen, ein rein gedanklicher Glaubenssatz; aber was hier vor mir auftauchte, das war – ja, das war eine Person. Und die Ahnung verdichtete sich zur Gewißheit. Es ging mir wie jemandem, der frühmorgens aufwacht und im Halbdunkel des Zimmers einen Schatten gewahrt. Er reibt sich den Schlaf aus den Augen – und sieht, daß neben seinem Bett ein Fremder steht; und er spürt: Der hat schon die ganze Nacht dort gestanden.

Ich stand meinem Schöpfer gegenüber. Er hatte mich gemacht, er hatte alles gemacht. Und ich spürte seinen Blick. Es war ein durchdringender Blick, vor dem alles, was ich hatte und liebte, alles, wofür ich bisher gelebt hatte, zu einem unansehnlichen Schmutzfleck zerschmolz. „Wer bist du denn eigentlich?" hörte ich es in mir sagen. „Ein kleiner, elender, eingebildeter Laffe, ein Prahlhans mit leeren Taschen. So wie du bist, bist du ein Schauspieler, du stehst unter Gottes Zorn!“ Sie brannte wie Feuer, diese Erkenntnis, aber sie ließ sich nicht abschütteln. Und dann kam sie, die Frage: „Warum gibst du dein Leben nicht einfach mir? Ich habe es dir geschenkt, und nur ich weiß, wie es sinnvoll werden kann. Komm her, wirf deinen alten Dreck weg und gib mir deine Hand!“ Ich schreckte zurück, wehrte mich, sperrte mich. Aber nicht lange. Dann hielt ich Gott meine Hand hin: „Hier, Herr, nimm mein ganzes Leben, es gehört jetzt dir!“ Einfach so. Es war alles, was ich tun konnte – und alles, was Gott von mir verlangte.

Diese Erkenntnis, daß ich Gott nichts, aber auch gar nichts zu bieten hatte, daß nichts in meinem Leben seinem prüfenden Blick standhalten konnte, war der Schlüssel zu meiner Bekehrung. Ich wußte: Solange mein aufgeblasenes kleines Ich der Mittelpunkt meines Lebens war, würde ich mich nur weiter im Kreis drehen. Gott bot mir ein neues Lebenshaus; aber dazu mußte ich ihn das alte abreißen lassen. Wie Paulus es so treffend ausgedrückt hat: „Wer zu Christus gehört, ist ein neuer Mensch geworden. Was er früher war, ist vorbei; etwas ganz Neues hat begonnen“ (2. Korinther 5,17).

Kein Mensch war an meiner Bekehrung beteiligt. Ich kannte damals keinen einzigen Christen. Ich hatte auch keine christlichen Bücher gelesen, noch nicht einmal die Bibel. Ich hatte keinen Seelsorger, keine Gemeinde, keinen Katechismus. Ich war ganz allein mit Gott. Es war eine Begegnung, wie ich sie so stark, so tief, so greifbar real nie wieder erlebt habe. Nur Gott. Er genügte mir, er war alles. Ich warf mich in seine Arme – und er nahm mich an, und ein ungekannter Friede und eine unbeschreibliche Freude strömten in mein Herz.

In den nächsten Tagen zeigte Gott mir zwei weitere Dinge: erstens, daß er mich liebte und auf meine Gegenliebe wartete; und zweitens, daß seine Liebe in Jesus Christus Mensch geworden war und daß dieser Jesus mir zeigen konnte, wie man ein Leben mit Gott führt. Ich begann daraufhin, in der Bibel zu lesen, vor allem im Neuen Testament. Mit Staunen entdeckte ich, daß dieses Buch genau von dem sprach, was ich erlebt hatte. Aber was mich fast noch mehr erstaunte: Niemand in meiner Umgebung schien von diesem neuen Leben, das Gott in Jesus Christus anbot, gehört zu haben. Hier stand das Angebot schwarz auf weiß in einem Buch, das jeder kaufen und lesen konnte – aber niemand schien sich dafür zu interessieren. Am liebsten hätte ich meine Mitstudenten am Kragen gepackt und geschüttelt und gerufen: „Wacht endlich auf! Ich war auch so blind wie ihr, aber jetzt kann ich sehen! Kommt mit, ich habe einen Schatz gefunden, es ist genug da für alle!"

Ich gab meine Zukunftsträume auf und fragte Gott: „Herr, was soll ich tun? Was für einen Beruf soll ich ergreifen?" Ich las, wie Jesus seinen Jüngern gesagt hatte: „Wer mit mir gehen will, der muß sich und seine Wünsche aufgeben. Er muß sein Kreuz auf sich nehmen und mir auf meinem Weg folgen" (Matthäus 16,24). Ich schluckte. Sicher war das nicht so radikal gemeint? Doch, die Worte waren unmißverständlich: Wenn ich ein Jünger Jesu sein wollte, dann mußte ich ihm überallhin folgen, ihm alles geben, was ich hatte. Mit weniger war er nicht zufrieden; er ist es auch heute nicht.

Dann entdeckte ich den Bibelabschnitt, wo Jesus die vielen Menschen sieht, die Hilfe brauchen, und seinen Jüngern sagt: „Hier ist eine reiche Ernte einzubringen, aber es gibt nicht genügend Arbeiter. Bittet den Herrn, dem diese Ernte gehört, daß er Arbeiter schickt, um sie einzubringen" (Matthäus 9,37–38). Ich las, und ich wußte sofort: Du bist gemeint. Gott will *dich* als Arbeiter in seiner Ernte haben. Wenn es einen Bibeltext gibt, den ich als meine Berufung zum Missionar ansehen kann, dann ist es wohl dieser.

Aber auf welchem Feld sollte ich für Gott ernten? Es dauerte keine Woche, da wußte ich es. Mir kam eine kleine Broschüre des Methodistischen Rats für Weltmission in die Hand, in der ein neues Missionsfeld beschrieben wurde: Nepal, ein Königreich im fernen Himalaja, das gerade eben erst seine Türen für christliche Missionare geöffnet hatte. Ich las: Nepal hatte zehn Millionen Einwohner, aber weniger als hundert Ärzte, von denen die meisten auch noch unzureichend ausgebildet waren. Es gab kaum Krankenhäuser. Die durchschnittliche Lebenserwartung betrug 29 Jahre – so niedrig war sie in keinem anderen Land. Nepal hatte die höchsten Berge der Welt und die schlechteste medizinische Versorgung. Übrigens auch die wenigsten Christen: null Prozent der Gesamtbevölkerung. Wahrlich ein Land der Extreme.

Alles, was ich bisher über Nepal gewußt hatte, war, daß dort der Mount Everest war. Aber kaum hatte ich diese Broschüre gelesen, da war Nepal das wichtigste Land der Welt für mich. Ob es nun daran lag, daß ein so ausgefallenes Land genau das Richtige war für einen so ausgefallenen Typ wie mich, oder was auch immer der Grund war – für mich war klar, daß Nepal mein „Erntefeld" sein sollte und die Nepalen meine Nächsten, denen ich dienen würde. Und ich beschloß auf der Stelle, Missionsarzt in Nepal zu werden.

Die ersten Monate meines neuen Lebens mit Jesus Christus waren so glücklich und reich wie kaum ein anderer Abschnitt meines Lebens. Ich las nicht nur in der Bibel über den Heiligen Geist, ich hatte ihn, ich spürte förmlich, wie er in mir lebte. Nie wieder in meinem Leben habe ich in so kurzer Zeit so viel und so tief gelernt; nie wieder bin ich so glücklich gewesen und so eng mit Gott verbunden. An den freien Nachmittagen konnte ich stundenlang durch das große Vogelschutzgehölz neben dem College-Gelände streifen und aus voller Kehle und noch vollerem Herzen ein Lied nach dem anderen aus dem Kirchengesangbuch singen. Ich hatte, wie jener Psalmist, geschmeckt und gesehen, wie freundlich der Herr ist, und mein Herz wollte mir schier zerspringen vor Freude. Nur eines beunruhigte mich: Warum war ich der einzige, der diese Freude hatte? Menschen, die das gleiche erlebt hatten wie ich, gab es scheinbar nur in Büchern. Warum wollte bloß keiner Missionar werden, warum war ich so allein mit meiner Begeisterung?

Sie sollten mich nicht sehr lange plagen, diese Fragen. Meine Begeisterung hörte nämlich auf. Es begann damit, daß Gott, der mir so hautnah gewesen war, auf einmal wieder wegzurücken schien, mir fern und fremd wurde. Dann wurde mein Eifer geringer, das Feuer wurde niedriger und war bald nur noch ein schwächliches Flackern. Der Freudentaumel war zu Ende. Ich wollte ihn festhalten, zurückholen – aber nein, es war vorbei. War das alles etwa nur eine fromme Phase gewesen, ein kurzes religiöses Abenteuer?

Die nächsten Jahre meines Lebens waren eine seelische Wüstenwanderung. Meine alte Selbstliebe kam zwar nicht zurück, aber die Liebe zu Gott auch nicht. Lustlos und stumpf ließ ich mich dahin und dorthin treiben und schoß die größten Böcke meines Lebens. Heute glaube ich, daß dies nicht nötig gewesen wäre, wenn mir damals auch nur ein einziger erfahrener Christ zur Seite gestanden und mir einige Grundregeln des Lebens mit Gott erklärt hätte: nämlich daß Gott auch dann da ist, wenn man ihn nicht spürt; daß die Kraft, ein christliches Leben zu führen, nicht vom Christen kommt, sondern von Christus; daß Christen immer wieder straucheln und fallen werden, aber auch immer wieder aufstehen und weiterlaufen dürfen.

Aber wenn die Flamme meines Glaubens auch nur noch matt flackerte in diesen kalten Jahren, ganz verlöschen wollte sie nie. Meine Begegnung mit Gott lag in der Vergangenheit, aber es blieben Spuren. Der Panzer meines alten Egoismus war und blieb zerbrochen. Ich blieb auch bei meinem Entschluß, als Missionsarzt nach Nepal zu gehen. Sechzehn Jahre dauerte es, bis er Wirklichkeit wurde – von 1954 bis 1970. In diesen sechzehn Jahren absolvierte ich das College und mein Medizinstudium, war fünf Jahre Assistenzarzt für Chirurgie in einem Krankenhaus und zwei Jahre beim Militär. Und was das Wichtigste war: ich heiratete.

Ich lernte meine Cynthia im ersten Jahr meines Medizinstudiums kennen, und zwar auf die romantische Art: im Präpariersaal. Es fand sich, daß wir beide die gleiche Leiche bearbeiteten, und nach ein paar Wochen Schneiden und Schaben, Suchen und Finden fragte ich sie, was sie eigentlich vorhabe, wenn sie mit ihrem Studium fertig sei. Sie sah kurz von der Achselhöhle auf, in der sie gerade herumgrub, und sagte, daß sie Missionsärztin werden wolle. „Oh", murmelte ich, „das ist ja merkwürdig, ich will nämlich auch ..." Von diesem Tag an gehörten wir zusammen, und die Leiche auf unserem Tisch wurde mit einer Begeisterung präpariert wie noch keine vor ihr. An den Rest des Anatomiekurses kann ich mich nicht mehr erinnern.

Wahrscheinlich hätte Cynthia sich nie für mich interessiert, wenn sie nicht auch dieses eigenwillige Berufsziel „Missionsarzt" gehabt hätte. Sie war armenischer Abstammung, im Libanon geboren und mit neun Jahren in die Vereinigten Staaten gekommen. Ihr Vater, Dr. D.A. Berberian, war ein bekannter Fachmann für Parasitologie (Wissenschaft von den Parasiten = Schmarotzern), und ihre Mutter hatte Künstlerblut in den Adern. Auf der Entlassungsfeier ihrer Oberschule hatte Cynthia die Rede halten dürfen, und im College wurde sie in eine exklusive Studentenverbindung gewählt, die nur Studenten mit herausragenden Leistungen aufnahm. Sie spielte hervorragend Klavier und hatte gute Aussichten auf eine Karriere als Konzertpianistin gehabt – bis sie zu der Überzeugung kam, daß Gott sie als Missionsärztin haben wollte. Denn auch sie hatte in ihren Oberschuljahren ihr Leben Gott übergeben, und keine noch so verlockenden Aussichten auf Erfolg und Ruhm vermochten sie davon abzubringen, ihm zu folgen.

Mit Cynthia begann für mich der Weg zurück aus der unwirtlichen Wüste, in die meine Seele geraten war. Sie war ein Engel Gottes für mich. Sicher, sie war nicht blond, wie sich das eigentlich für Engel gehört, aber Farben sind Nebensache für Gott. Cynthia ist auch heute noch ein Engel – und natürlich eine perfekte Ehefrau, Mutter, Sekretärin, Pressesprecherin, Kulturattaché, Innen- und Finanzministerin und Kinderärztin. Gut, daß sie wenigstens nicht operieren kann.

Einige Jahre, bevor wir nach Nepal ausreisten, übergab ich Gott mein Leben ganz neu. Ich las damals in der Offenbarung des Johannes, und dabei stieß ich auf diese Worte an die Christen in Ephesus: „Ich kenne euer Tun. Ich weiß, wieviel Mühe ihr euch gebt und wie geduldig ihr seid … Aber etwas habe ich an euch auszusetzen: Ihr liebt mich nicht mehr wie am Anfang. Denkt darüber nach, von welcher Höhe ihr herabgestürzt seid! Kehrt um und handelt wieder so wie zu Beginn! Wenn ihr euch nicht ändert, werde ich zu euch kommen und euren Leuchter von seinem Platz stoßen“ (Offenbarung 2,2–5). Ich hatte diese Verse schon oft gelesen, aber noch nie hatten sie mich so getroffen wie jetzt. Ich merkte: Gott gibt dir eine letzte Chance. Ergreife sie! Und ein paar Abschnitte weiter las ich die Worte, die ich aus der Zeit meiner Bekehrung so gut kannte: „Ich stehe vor der Tür und klopfe an. Wenn jemand meine Stimme hört und öffnet, werde ich bei ihm einkehren. Ich werde mit ihm essen und er mit mir“ (Offenbarung 3,20). Ich öffnete die Tür, und Jesus kam herein. Die ganzen Jahre hatte er draußen gestanden und gewartet.

Altmetall

Einige Monate vor Ende meiner Dienstzeit als Chirurg am Militärhospital in Albuquerque (Neu-Mexiko) gingen Cynthia und ich daran, unseren Hausrat für das Leben in Nepal zusammenzustellen. Es wurde eine wahre Kauforgie: Schlafsäcke, Petroleumöfen, Transformatoren, alle möglichen Küchengeräte, Werkzeuge, Kühlschrank, Waschmaschine, Schreibmaschine, Kleider für fünf Jahre im voraus für unsere beiden Jungen, die gerade ein bzw. vier Jahre alt waren, Weihnachtsgeschenke (ebenfalls für fünf Jahre) usw. usw. Nur an eine Klobrille dachten wir nicht, aber die brachte meine Schwiegermutter ein Jahr später bei ihrem Besuch nach. In Kathmandu war rein nichts zu kaufen, hatte man uns gesagt, und was man in Kathmandu nicht bekam, bekam man ja wohl im übrigen Nepal erst recht nicht. Wir verstauten alles in großen Metallbehältern, gut gepolstert mit Hunderten von Toilettenpapierrollen, die wir im Supermarkt unserer Kaserne zum Sonderpreis erstanden hatten.

Ich sehe heute noch das konsternierte Gesicht der Kassiererin im Supermarkt vor mir. Sie starrte unseren riesigen Warenberg an, dann uns, dann wieder die Waren. Was um alles in der Welt wollten diese Leute mit Kinderschuhen in acht verschiedenen Größen? Und das Toilettenpapier: Damit konnte man eine ganze Kompanie ein halbes Jahr lang versorgen, ein paar Darmgrippen eingerechnet! Wollten wir etwa – und jetzt wurde die Kassiererin streng – ein eigenes Geschäft aufmachen? Das ging so einfach nicht, dies war ein Supermarkt und kein Großhandel, das mußten wir doch einsehen, da gab es Vorschriften ... Wir versuchten, unsere Lage zu erklären: „Wir ziehen demnächst um, verstehen Sie, nach Nepal, da ist alles noch so primitiv, da kann man diese Dinge nicht kaufen." – „Machen Sie keine Sachen, Armee-Supermärkte gibt's überall!" – „Ja, aber mit der Armee haben wir dort nichts zu tun, wir sind dort privat ..." – „Privat? Dann wollen Sie die Sachen doch weiterverkaufen?"

Unsere Rettung kam in der Gestalt eines leitenden Verkäufers, der in dem Rundbrief der evangelischen Militärgemeinde von unserer Ausreise nach Nepal gelesen hatte. „Kein Problem", lächelte er, „ich kenne die Leute, das hat schon seine Richtigkeit." Und er half uns, unsere Einkäufe zum Auto zu tragen. Die Toilettenpapierkartons erwiesen sich als zu groß für unseren VW-Kombi, aber was machte das, wir öffneten sie und warfen die Rollen einzeln hinein. In nur zwei Fahrten schafften wir alles nach Hause – keine schlechte Leistung.

Für das Gepäck war also gesorgt. Noch unklar war, in welchem Krankenhaus uns die United Mission to Nepal einsetzen würde. Obwohl es ja nicht viel Auswahl gab. Für uns kam eigentlich nur das große Missionshospital in Kathmandu in Frage, das in einem ehemaligen Königspalast untergebracht und mit seinen 125 Betten das zweitgrößte Krankenhaus des Landes war. Dort würde man zwei so hochqualifizierte Ärzte wie uns gut brauchen können. Und Cynthia begann, unsere Wohnung in Kathmandu einzurichten und ihre Garderobe zusammenzustellen. Wir würden ja die Spitzen der nepalischen Gesellschaft in unserem Haus empfangen, vielleicht – wer weiß – gar den einen oder anderen aus der Königsfamilie; Klavierkonzerte würde es geben, und zu ganz besonderen Anlässen würden wir das geschmackvolle Silber-Service aus dem Schrank holen, das wir zur Hochzeit bekommen und extra für Kathmandu aufgespart hatten. Schließlich durfte man als Missionar die oberen Zehntausend nicht einfach links liegenlassen, auch sie brauchten Gott.

Zwei Monate vor unserer Ausreise kam endlich der ersehnte Brief der United Mission. Unser Arbeitsplatz war – ein Fünfzehn-Betten-Krankenhaus in den Bergen, eine Tagereise von Kathmandu entfernt. Das Krankenhaus war noch im Bau, und eine Zufahrtstraße gab es nicht. Wir würden ein Stück mit dem Flugzeug fliegen müssen und dann zu Fuß weiterreisen – zehn Kilometer, immer bergauf.

Cynthia war am Boden zerstört. Ade, ihr Träume! Bergbauern statt Abendgesellschaften. Es war die größte Umstellung, die sie in ihrer ganzen Missionarslaufbahn verkraften mußte.

Ich war zunächst nicht ganz so schockiert. Als harter Pionier die Segnungen der modernen Medizin ins wilde Hinterland tragen – eigentlich gar nicht so schlecht. Auf vornehme Gäste konnte ich auch verzichten. Aber halt: Ich war doch Chirurg. Und ein Chirurg braucht Instrumente, sonst ist er hilflos. Hier zu Hause stellte mir selbstverständlich das Krankenhaus alle Instrumente, aber … was war von dieser Baracke in den Bergen von Nepal zu erwarten?

Nichts! Und ich persönlich besaß noch nicht einmal eine anständige Pinzette! Zwölf Jahre hatte ich studiert und gearbeitet, um ein guter Chirurg zu werden, und jetzt – jetzt würde ich wohl für den Rest meines Daseins Schnupfen, Mückenstiche und Blähungen behandeln, lauter Dinge, die jeder Sanitäter konnte! Zwölf Jahre Ausbildung und Berufserfahrung zum Fenster hinausgeworfen ...

Wir erkannten es nicht sofort, aber dieser Brief war unsere erste Lektion in der hohen Schule der Mission, und die Lektion lautete: Planen kommt vor dem Fall. Es ist schlimm genug, wenn man einen Posten antreten muß, für den man nicht qualifiziert ist; aber wir waren *über*qualifiziert, wie das heute so schön heißt, und das war eine sehr bittere Pille. Moral: Wer berufliche Erfüllung sucht, sollte nicht Missionar werden.

Dabei hatten Cynthia und ich eigentlich noch Glück: Wir konnten unsere Illusionen schon begraben, bevor wir auf dem Missionsfeld eintrafen; das Einleben wäre sonst noch viel schwerer gewesen. Wir fanden uns also mit manchem Weh und Ach damit ab, daß Gott uns offenbar nicht in einer großen Stadt, sondern in einem entlegenen Bergdorf haben wollte, und Cynthia ging schweren Herzens daran, das Silber-Service und anderes von unserer schönen Gepäckliste zu streichen.

Zwei oder drei Tage nach dem fatalen Brief von der United Mission war ich bei einer Operation in unserem Militärkrankenhaus, als die Schwester mir eine Klemme reichte, die etwas schwer ging. Ich gab sie ihr zurück: „Die muß mal geölt werden. Geben Sie mir bitte eine andere!"

Die Schwester reichte die beanstandete Klemme an einen Assistenten weiter und sagte: „Schmeißen Sie die weg!"

Schmeißen Sie die weg ... In Nepal wäre man sicher dankbar gewesen für so eine Klemme ... Nepal – ob *ich* die Klemme vielleicht bekommen könnte? Versuchen konnte man es ja. Als ich die Operation beendet hatte, ging ich ins Zimmer der leitenden OP-Schwester, einer gestrengen Dame vom Rang eines Oberstleutnants, und erkundigte mich vorsichtig nach dem Schicksal der schwergängigen Klemme.

„Wenn sie nur geölt werden muß, ölen wir sie", schnappte sie, „wenn sie rostig oder verbogen ist, kommt sie weg." Ihre Stimme klang scharf; vielleicht dachte sie, ich wolle mich beschweren.

„Haben Sie vielleicht gerade so ein paar Instrumente hier, die ... äh ... die wegkommen sollen?"

„Kann schon sein“, entgegnete sie mißtrauisch. „Aber was wollen Sie damit?“

„Nun ja, ich könnte sie gebrauchen, wenn das Krankenhaus sie doch nicht will ...“

„Gebrauchen? Wo?“

„In Nepal.“

„Ach, Sie sind der Arzt, der nach Nepal will.“ Ihre Stimme wurde spürbar weicher. „Warten Sie mal, wo habe ich denn diese Schachtel?“ Sie dachte kurz nach. Dann stand sie auf und bedeutete mir, ihr zu folgen.

Wir gingen in einen anderen Raum, der mit Schränken vollgestellt war. Die OP-Schwester kramte in zwei oder drei Schubladen herum und holte eine kleine Schachtel heraus, in der etwa ein Dutzend alter, beschädigter Instrumente lagen. Sie hielt mir die Schachtel hin. „Können Sie davon was gebrauchen?“

Die Instrumente sahen nicht sehr vertrauenerweckend aus, aber ich wollte nicht undankbar sein, und so fing ich an, mir die besten, die man gerade noch benutzen konnte, herauszusuchen. Ich muß wohl ein enttäuschtes Gesicht dabei gemacht haben (obwohl ich keinerlei Hintergedanken hatte), denn nach ein paar Minuten sagte die Schwester: „Warten Sie, ich glaube, ich hab' da noch was für Sie.“ Und sie öffnete einen Wandschrank am anderen Ende des Raumes und zog einen großen Karton heraus.

Als sie den Deckel öffnete, konnte ich kaum meinen Augen trauen. Der Karton war bis an den Rand gefüllt mit Operationsinstrumenten – funkelnden, blitzenden Instrumenten, Hunderte und Aberhunderte. Ich holte die Instrumente heraus, jedes einzeln, und legte sie, in säuberlichen Reihen geordnet, vor mir auf den Tisch; die Schwester half mir. Keiner von uns sprach ein Wort. Wachte ich oder träumte ich? Vor mir lagen Klemmen in jeder Größe, Pinzetten und Zangen, Scheren, Nadelhalter, Seziermesser, Knochenmeißel, Knochenzangen, Wundhaken aller Art, diverse Spezialinstrumente. Genügend Material für einen halben Operationssaal! Und alles war neu oder doch so gut wie neu. Ich kam mir vor wie ein Kind, das ganz allein den Gabensack des Nikolaus leeren darf.

Ich fing an, die Instrumente sorgfältig wieder zurück in den Karton zu legen. Die OP-Schwester marschierte unterdessen zurück zu dem Wandschrank, und dann hörte ich, wie sie rief:

„Richtig, hier ist ja noch eine Kiste, kommen Sie doch mal und helfen Sie mir!“

Mit vereinten Kräften zerrten wir den zweiten Karton, der noch größer war als der erste, nach draußen. Auch er war randvoll: Dutzende Kocherklemmen, Crile-Klemmen, Kelly-Nadeln, rechtwinklige Klemmen, Tuchklemmen, Allis-Zangen, Babcock-Nadeln, Sauger, Dehnungssonden und vieles andere – alles neu und von der besten Qualität. Ich war sprachlos. Selbst die leitende OP-Schwester schien beeindruckt von ihrer Großzügigkeit.

„Das ist ja alles in bestem Zustand“, brachte ich schließlich heraus. „Wie kommt das in den Schrank?“

„Nun ja, Sie wissen ja, wie diese Chirurgen sind. Die geben sich hier die Tür in die Hand, jeder bleibt nur ein oder zwei Jahre. Wenn nun ein neuer kommt, stellt er als erstes fest, daß er mit unseren Klemmen nicht arbeiten kann, und verlangt seine eigene Marke. Ich sage ihm natürlich, daß wir die Marke nicht haben und daß er doch genausogut unsere Klemmen nehmen kann. Aber er bleibt eisern und hält mir einen Vortrag darüber, wo er überall studiert hat und daß die Ausbildung für die Katz' ist, wenn er minderwertige Instrumente hat, und so weiter ... Nun ja, und dann bestellen wir ihm halt seine Lieblingsmarke, und zwar gleich ein halbes Dutzend, weniger bestellt die Armee nie. Und die ‚minderwertigen‘ Klemmen, die sehr wahrscheinlich von dem letzten Chirurgen stammen, der halt eine andere Lieblingsmarke hatte, die wandern dann in diesen Karton.“

Ich starrte auf die glitzernden Schätze vor mir und schüttelte den Kopf. „Das ist ja kaum zu glauben“, murmelte ich. „Aber sagen Sie mal, das hat doch Tausende von Dollars gekostet, das ist doch alles Armeematerial, das können Sie doch sicher nicht so einfach verschenken!“

„Doch, das geht schon. Wir nennen es einfach ‚Ausschuß‘, hier will das ja doch keiner mehr. Ich glaube, es gibt da so einen Paragraphen, ich muß aber noch einmal nachfragen. Wenn Sie morgen früh wiederkommen, kann ich Ihnen Bescheid geben.“ Wie zwei Schmuggler schoben wir die Kisten wieder zurück in den Wandschrank.

Als ich am nächsten Morgen ins Büro der leitenden OP-Schwester trat, konnte sie es kaum erwarten, mir ihre Auskunft zu geben. Jawohl, die Sache war völlig legal, und das Verfahren war wie folgt: Das Krankenhaus deklarierte die Instrumente als „Ausschuß" und verkaufte sie an einen Altmetallhändler. Anschließend würde ich sie dort für mich zurückkaufen – als Altmetall, zum Preis von 1,13 Dollar pro hundert Pfund Gewicht.

Gesagt, getan. Ich erstand die beiden großen Kartons für exakt 1,69 Dollar.

Aber das war nur der Anfang. Es zeigte sich, daß der Wirtschaftsleiter des Militärkrankenhauses ein begeisterter Missionsfreund war, der viele Missionswerke unterstützte. „Das war bestimmt nicht der einzige Wandschrank mit Ausschußmaterial", versicherte er mir, „da gibt's noch mehr. Da starten wir mal eine kleine Suchaktion." Und los ging die Jagd. Alle Abteilungen öffneten ihre Wandschränke und Rumpelkammern, und heraus kamen Kostbarkeiten: in der orthopädischen Abteilung handbetriebene Gipsfräsen (man hatte längst elektrische eingeführt), in der Gynäkologie elektrische Kauter (es gab inzwischen modernere), in der Urologie ein hervorragender Blasenspiegel älterer Bauart (Wert: 600 Dollar), in der Hals-Nasen-Ohren-Abteilung Bronchoskope und Laryngoskope, in der Ambulanz Ohren- und Augenspiegel – alles für 1,13 Dollar pro hundert Pfund Gewicht!

Der Verwaltungsdirektor des Krankenhauses, ein Berufs-Oberst der Armee, gab ohne Umstände seinen Segen. Die ganze Klinik war im Nepal-Fieber. Waren es verspätete Schuldgefühle wegen all der Verschwendung, die man im Laufe der Jahre hatte durchgehen lassen? Vielleicht auch das, aber da war noch mehr: eine echte Hilfsbereitschaft, die mich tief bewegte. Die Operations- und Diagnoseinstrumente, die meine Kollegen für die Menschen in Nepal zusammensuchten, ergaben einen Gesamtwert von 15 000 Dollar. Das neue Krankenhaus in den Vorbergen des Himalaya würde doch mehr behandeln können als nur Schnupfen, Mückenstiche und Blähungen. Gott ließ sich nicht lumpen. Ich war dankbar und beschämt.

Als Cynthia und ich den Inhalt unserer „Altmetallkisten" sortierten, merkten wir rasch, daß immer noch manches von dem fehlte, was ich auf meinem neuen Posten als chirurgisches „Mädchen für alles" brauchen würde. Noch war ich nicht für jede Art von Operation ausgerüstet. Andere Instrumente waren zwar grundsätzlich vorhanden, aber nicht in allen erforderlichen Größen. Sicher würde Gott uns auch noch diese Lücken füllen?

Er füllte sie. Wir erhielten einen Brief von Stan Barnett, einem alten Freund und Studienkollegen aus unserer Universitätszeit, der inzwischen Anästhesist an dem großen Brooke Army Hospital in San Antonio (Texas) war. Als ich den Brief las, kam mir auf einmal ein Gedanke: Wenn es in unserem 150-Betten-Krankenhaus in Albuquerque schon so viel „Ausschuß“ in den Schränken gegeben hatte, wieviel mehr mußte dann in einer 1000-Betten-Klinik herumliegen?

Noch am gleichen Tag rief ich Stan an. Ich berichtete ihm kurz über meine Instrumente und daß ich sie ganz legal und ohne den üblichen Papierkrieg bekommen hatte. (Nach den ersten paar Kartons hatte man sogar auf das Spiel mit dem Altmetallhändler verzichtet und mir die Instrumente gleich so gegeben.) Und dann fragte ich: „Stan, meinst du, daß so was bei euch auch geht? Könntest du mal für mich nachfragen, nur so für alle Fälle?“

Am anderen Ende der Leitung kam eine Pause. Vielleicht versuchte Stan sich vorzustellen, wie seine leitende OP-Schwester wohl reagieren würde. Dann sagte er: „Ja, gern. Ich habe zwar noch keine unbenutzten Instrumente hier rumliegen sehen, aber das will nichts heißen, das Haus ist riesig. Ich versuch's. Morgen abend ruf' ich dich zurück.“

Ich hatte Stan nichts darüber gesagt, welche Instrumente ich schon hatte und welche ich noch brauchte. Es wäre auch ziemlich zwecklos gewesen, denn erstens waren wir mit unserem Sortieren noch nicht fertig, und zweitens waren viele Instrumente so speziell, daß ich noch nicht einmal ihre Namen kannte. Ich würde halt das nehmen, was man mir anbot, und wenn ich am Ende wirklich das eine oder andere doppelt hatte, würde sich bestimmt in einem der anderen vier Missionshospitäler in Nepal ein dankbarer Abnehmer finden.

Als Stan mich am nächsten Tag anrief, war er ganz aufgeregt. Er war zu seiner leitenden OP-Schwester gegangen, einer sehr korrekten Oberstin, und hatte ihr unseren Fall vorgetragen. Sie hatte ihm höflich zugehört, den Kopf geschüttelt und gesagt, daß das wohl nicht ginge. Stan gab es auf. Aber dann, einige Zeit später, kam die OP-Schwester zu ihm und fragte: „Sagen Sie mal, in welches Land wollten Ihre Freunde noch – die Leute, die die Instrumente brauchen?“

„Nepal.“

„Sind das die auf dem Bild hier?“ Und sie hielt ihm die letzte Nummer der *Army Times* hin. Auf der Titelseite war ein großes Bild mit Cynthia, mir und unseren beiden Jungen. Die Überschrift lautete: „Ärzteteam zur Mission“, und unter dem Bild begann ein Artikel, der erklärte, warum wir nach Nepal wollten.

„Doch, ja, das sind sie!“ rief Stan. „Wann haben Sie diese Zeitung gekriegt?“

„Gestern. Habe gerade eben erst reingesehen. Ich glaube, ich kann Ihren Freunden doch helfen. Ich hatte ja gar nicht richtig verstanden, was die eigentlich vorhaben. Als Missionsarzt nach Nepal, alle Achtung! Sagen Sie ihnen, sie sollen hier vorbeikommen, ich kann ihnen ein ganzes Auto voll Sachen mitgeben.“

Sie hielt ihr Wort. Als ich einen Monat später zusammen mit Stan in ihrem Büro im Brooke Army Hospital vorsprach, begrüßte sie mich sehr freundlich, stand sofort von ihrem Schreibtisch auf und führte uns in einen großen Lagerraum. „Bringen Sie uns ein paar Kartons!“ rief sie einem Pfleger auf dem Korridor zu. Um drei der Wände des Lagerraums liefen niedrige Schränke mit säuberlich beschrifteten Schubladen: Fünf Schubladen mit der Aufschrift „Ophthalmologie“ (Augenheilkunde), drei für „Neurochirurgie“, vier für „Thoraxchirurgie“ (Chirurgie des Brustkorbs), sechs für „orthopädische Chirurgie“ und so weiter. Die OP-Schwester begann, eine Schublade nach der anderen herauszuziehen und den Inhalt in die Kartons zu füllen. Einzelinstrumente. Ganze Sortimente. Und alles neu! Ich versuchte einen schwachen Protest. Ging das nicht ein bißchen zu weit? Durften wir das?

„Major Hale“, antwortete die Schwester, „ich bin jetzt seit zwölf Jahren hier, und wir haben diese Instrumente kein einziges Mal benutzt. Sie wissen ja gar nicht, wieviel wir im Hauptmagazin haben, am anderen Ende des Stockwerks. Das hier sind noch nicht mal Ersatzteile.“

Sie öffnete die oberste der fünf Ophthalmologie-Schubladen. Ich protestierte wieder: „Aber diese Sachen brauche ich nun wirklich nicht, Augenchirurgie kann ich ja gar nicht!“

„Wenn Sie sie nicht brauchen können, braucht sie sicher jemand anderes in Nepal.“ Sie zog die zweite Schublade heraus.

„Aber diese Augeninstrumente, die sind ja noch in der Originalverpackung, die hat ja noch nie jemand benutzt!“

„Stimmt.“ Dritte Schublade.

Entgeistert schaute ich zu, wie die winzigen Schachteln in dem Karton verschwanden. Ich hatte solche Instrumente noch nie im Leben gesehen. Ihre Namen sagten mir nichts. Ich hatte nie auch nur zugeschaut bei einer Augenoperation und wußte noch nicht einmal, ob es in Nepal überhaupt einen Augenarzt gab.

Als die Schwester fertig war, stand ein Turm aus zehn mittelgroßen Kartons vor uns, alle voll mit Instrumenten. Die Inspektorin schaute sich suchend um, entdeckte in einer Ecke einen etwa 60 Zentimeter hohen runden Karton und stellte ihn noch dazu. „Nadeln", sagte sie.

Tausende von Operationsnadeln! In unserem Krankenhaus in Albuquerque hatte ich keine einzige Nadel bekommen, dafür zwei große Säcke Wundfäden. Jetzt hatte ich also auch die Nadeln.

Die leitende OP-Schwester nahm meine gestammelten Dankesworte entgegen, wünschte mir alles Gute und trabte zurück in ihr Büro. Stan und ich luden die Kartons in Stans Auto und fuhren zurück zu seiner Wohnung, wo wir alles wieder ausluden und ich meine Neuerwerbungen in Ruhe inspizierte. Jetzt wurde mein Staunen noch größer. Was ich hier in San Antonio bekommen hatte, war genau das, was mir zu den Instrumenten aus Albuquerque noch fehlte! In Albuquerque hatte ich zum Beispiel die Fäden bekommen, in San Antonio die Nadeln; in Albuquerque Knochenplatten für orthopädische Eingriffe, in San Antonio die passenden Schrauben. Insgesamt hatte ich jetzt über tausend verschiedene Arten von Instrumenten, was, da ich viele Teile gleich im Dutzend oder Halbdutzend bekommen hatte, über viertausend Einzelstücke ergab. Ich war vollständig ausgerüstet für jede Art von Operation, die ich mir vorstellen konnte.

Nur drei Dinge fehlten noch: ein Dermatom (Instrument zur Ablösung von Hautlappen), ein Bohrer und eine Amputationssäge. Ich bekam sie alle drei kurz vor unserer Abreise nach Nepal geschenkt, von lieben Kollegen in Albany (New York). Zu meiner Schande muß ich gestehen, daß ich diesen Freunden durch Betteln auf die Sprünge half. Ich muß wohl Zweifel daran gehabt haben, ob Gottes fürsorgende Allmacht sich auch auf Amputationssägen erstreckte; vielleicht hatte ich auch Skrupel, ihn nach all dem, was er schon für mich getan hatte, auch noch mit solch ausgefallenen Wünschen zu belästigen. Aber er segnete selbst mein unverschämtes Betteln.

Ich sang Dankeslieder, als ich in meinem mit Instrumenten vollgestopften Auto San Antonio verließ. Ich dankte Gott für dieses große Zeichen, daß er uns wirklich nach Nepal gerufen hatte und sich in allem wie ein Vater um uns kümmerte. Cynthia und ich hatten uns in den letzten Jahren oft gefragt, ob unser innerer Drang, nach Nepal zu gehen, wirklich echt war, ob mehr dahinter steckte als bloßer Idealismus, Abenteuergeist und ein Hang zum Exotischen. Oft hatten wir Gott gebeten, doch die Tür zu schließen, wenn er uns nicht in Nepal haben wollte. Jetzt war kein Zweifel mehr möglich: Die Tür war offen, weit offen; Gott hatte sogar an meine Operationsinstrumente gedacht.

Meine Bedenken wegen der Augeninstrumente sollten mich allerdings noch einige Monate plagen. Erst nachdem wir schon ein halbes Jahr in Nepal gearbeitet hatten, wurde ich sie los. Die United Mission hatte einen Augenarzt, Dr. Jack Moody, aber dessen Dienstzeit war fast abgelaufen. Er war jedoch bereit, mir in den paar Monaten, die ihm noch verblieben, Unterricht in Augenchirurgie zu geben, und zwar als Gast-Augenarzt in unserem kleinen Bergkrankenhaus. Wir veranstalteten also „Augenwochen", und die Menschen strömten herbei, um sich von Dr. Moody behandeln zu lassen. Fünfzehn Patienten mit grauem Star waren dabei. Dr. Moody operierte die ersten sieben, und ich assistierte ihm. Dann half er mir, die anderen acht zu operieren, und damit hatte ich meine Gesellenprüfung als „Augenchirurg" bestanden.

Dr. Moody hatte seine eigenen Instrumente mitgebracht, so daß meine Schätze aus den Ophthalmologie-Schubladen des Brooke Army Hospital noch in ihren Schachteln lagen. Aber an dem letzten Abend, den er bei uns war, holte ich die Schachteln hervor, damit er mir die Handhabung der verschiedenen Instrumente erklären konnte. Mit jeder Schachtel, die wir öffneten, stieg seine Begeisterung. „Was für ein schöner Nadelhalter ... Diese Pinzette ist ja erstklassig ... Das ist die beste Irisschere, die es gibt ... Mensch, für solche Instrumente kann man sonst achtzig bis hundert Dollar das Stück bezahlen ..."

Nachdem er sie alle begutachtet hatte, wählte er an die dreißig Instrumente aus und legte sie sorgfältig beiseite. „Das hier ist Ihr komplettes Besteck für Staroperationen – viel besser als mein eigenes." Dann ging er noch einmal die übrigen Instrumente mit mir durch. Ich besaß alles, was ein normaler Augenchirurg brauchte! Fehlten nur noch Fachkenntnisse, Geschick und Erfahrung; aber die sollte ich im Laufe der Jahre noch reichlich bekommen.

Amp Pipal

Wir machten unseren Antrittsbesuch in Amp Pipal am 10. Oktober 1970, meinem 33. Geburtstag. Die letzten zweieinhalb Monate waren mit intensivem Sprachunterricht in Kathmandu ausgefüllt gewesen, und jetzt nutzten wir einen vierwöchigen Kurzurlaub, um unser künftiges Arbeitsgebiet, in das wir im Dezember umziehen würden, schon einmal in Augenschein zu nehmen. Man mußte ja wissen, was einen dort so erwartete, und hungrig nach frischer Landluft und Abwechslung waren wir sowieso; es wurde wirklich Zeit, daß wir einmal herauskamen aus Kathmandu.

Die erste Etappe unserer Reise legten wir mit dem Flugzeug zurück, einer alten DC-3, die uns in einer halben Stunde zu einem etwa hundert Kilometer westlich von Kathmandu gelegenen Flugplatz brachte. Es war ein kristallklarer Herbsttag. Die Monsun-Regenzeit war gerade vorbei, und unter den Fenstern unserer Maschine breiteten sich die Vorberge des Himalaja in tiefem Smaragdgrün; hinter ihnen, so weit das Auge reichte, die jäh aufsteigende Mauer des höchsten Gebirges der Welt, dessen weiß leuchtende Gipfel auf den Wolken zu ruhen schienen.

Nur zu schnell war der Flug zu Ende. Ich schaute dem Piloten zu, wie er das Flugzeug nach unten steuerte, hinein in das lange, schmale Tal des Marsyandi, dessen von dem Regen geschwollene Fluten schmutziggrau heraufschimmerten. Vor uns, am Ufer des Flusses, tauchte eine Reihe weiß gestrichener Felsblöcke auf – die Grenze des Landeplatzes. Der Höhenmesser zeigte 1500 Fuß an. Der Landeplatz wurde größer und geriet in Bewegung: Einige Männer kamen gelaufen und begannen, ein halbes Dutzend friedlich grasender Büffel fortzuscheuchen. Wir überflogen den Flugplatz einmal, damit die armen Tiere sich nicht zu sehr beeilen mußten, beschrieben einen Kreis, setzten zur Landung an und kamen schließlich auf dem holprigen Gras zum Stehen. Wir stiegen aus, und unser vier Jahre alter Tommy sagte verdutzt: „Das ist ja gar kein Flugplatz, das ist ja eine Wiese!"

Er hatte recht. Am Rand der kombinierten Start-, Lande- und Büffelbahn duckte sich ein weiß gekalktes Gebäude, das als Fahrkartenschalter und Warteraum für die drei Flüge pro Woche diente; dahinter eine Reihe strohgedeckter Hütten, in denen man gesüßten Tee, eine Reismahlzeit und eine Strohmatte zum Schlafen bekommen konnte – die „Hotels“ des nepalischen Berglandes.

Der Flugplatz war fast menschenleer. Keine Spur von der erwartungsvollen, neugierigen Menge, die sich in Nepal sonst immer bei der Landung eines Flugzeugs einfindet und auf einen guten Gepäckträgerlohn hofft. Nur eine uralt aussehende, in Lumpen gekleidete Frau, die sich zielsicher auf die beiden geschniegelten Regierungsbeamten stürzte, die mit uns ausgestiegen waren, und sich ihr Gepäck auf den Rücken lud. Wo waren die anderen Träger?

Wir hatten fest damit gerechnet, daß uns jemand abholen würde, aber dem war offenbar nicht so. Ob wir am Ende allein nach Amp Pipal marschieren sollten, durch ein Labyrinth unbekannter Bergpfade, ohne Karte, Wanderzeichen, Wegweiser oder auch nur ausreichende Sprachkenntnisse? Das sah ja heiter aus! Und was sollten wir mit den dreißig Pfund vor sich hintauenden Gefrierfleisches machen, das wir in Amp Pipal abliefern sollten – die Monatsfleischration für zwanzig Missionare? Nicht zu vergessen unsere beiden Koffer und die beiden Jungen; Christopher würden wir mit seinen anderthalb Jahren den ganzen Weg tragen müssen.

Als wir so verloren dastanden und unschlüssig an unserem Gepäck herumfingerten, kam eine europäisch aussehende Frau auf uns zu, die mit uns im Flugzeug gewesen war, und fragte uns, kühl und ohne eine Miene zu verziehen: „Wissen Sie, wo Sie hin wollen?“ Es klang nicht gerade ermutigend; vielleicht wären wir doch besser an Bord geblieben ...

Wir sagten ihr, daß wir nach Amp Pipal wollten und die neuen Missionsärzte seien. Sie schien nicht weiter beeindruckt davon. „So, und es ist also keiner da, der Sie abholt? Das sieht ja lecker aus. Obwohl Sie das nicht weiter zu wundern braucht, heute ist ja der größte hinduistische Feiertag des ganzen Jahres, da werden Sie wohl kaum einen Träger finden.“

Sie war eine Lehrerin aus Amerika, eine unabhängige Missionarin, die schon seit vielen Jahren in einer nahegelegenen Oberschule unterrichtete. Sie war um die Vierzig, schmächtig und hager und schien uns mit ihren raschen, energischen Bewegungen, der schlichten Kleidung und dem strengen Haarknoten so recht das Muster der spartanischen, genügsamen und selbstverständlich unverheirateten Einzelkämpferin auf dem Missionsfeld zu sein.

Sie betrachtete prüfend unser Gepäck, vielleicht um zu überschlagen, ob ein Träger allein wohl beide Koffer schaffen würde. „Was ist das?“ fragte sie und deutete auf den Kühlbehälter mit dem Fleisch, unter dem sich langsam eine kleine Pfütze bildete.

„Fleisch“, antwortete Cynthia.

„Fleisch? Was wollen Sie denn damit?“

„Das ist für die Missionare in Amp Pipal“, erklärte Cynthia, halb entschuldigend.

„Also *das* trägt Ihnen heute niemand!“

„Aber bis morgen ist es verdorben.“

„Da kann man nichts machen. Wozu brauchen die auch Fleisch?“

Die letzte Frage war sichtlich eher rhetorisch gemeint, denn die Lehrerin hob ohne Pause den einen unserer Koffer hoch und bedeutete uns, ihr zu den Hotel-Hütten zu folgen. Dort fand sie nach etwas Hin und Her tatsächlich einen Jungen, der bereit war, uns nach Amp Pipal zu bringen und das Fleisch und einen der Koffer zu tragen; den anderen Koffer würde uns am nächsten Tag jemand nachbringen.

Wir kauften etwas Bindfaden, banden den Koffer und den Fleischbehälter zusammen und machten uns startklar. Aber dem jungen Mann war auf einmal eine Idee gekommen. „Najaane“, sagte er; auf gut deutsch: Ich gehe nur, wenn ich einen Feiertagszuschlag bekomme. Zehn Rupien extra wollte er haben. Wir waren sofort einverstanden, denn was waren zehn Rupien (80 Cent), wenn wir dadurch sicher nach Amp Pipal kamen und Fleisch im Wert von hundert Rupien vor dem Verschimmeln retteten?

Aber unsere Lehrerin wollte von so viel Großzügigkeit nichts hören. Damit würden wir nur die Trägerpreise ruinieren, meinte sie. „Wenn einer einen Zuschlag zahlt, wollen die Träger vom nächsten auch einen, und am Ende sind die Nepalen selbst die Dummen. Die Missionare denken vielleicht, daß sie die einheimische Wirtschaft unterstützen, aber in Wirklichkeit treiben sie nur die Preise in die Höhe und machen einige wenige Leute reich, während der Rest noch ärmer wird.“ Nein, der junge Mann würde uns zum Normaltarif nach Amp Pipal bringen oder es eben sein lassen, basta. Er ließ es sein.

Wir hatten jetzt alle Aussicht, samt unserem Fleisch auf dem Flugplatz übernachten zu müssen. Aber die Lehrerin wußte auch jetzt einen Ausweg: Sie würde selbst einen unserer Koffer tragen und uns nach Amp Pimpal bringen. Es war ein riesiger Umweg für sie, aber das schien sie nicht zu erschüttern. Gerade als wir aufbrechen wollten, kam jedoch ein anderer Junge, der weniger hartnäckig war als der erste. Nach kurzer Verhandlung waren wir einig, und um halb zwei, mit nur einer Stunde Verspätung, konnten wir tatsächlich den langen Marsch nach Amp Pipal beginnen.

Wir waren keine zwanzig Minuten unterwegs, als wir dem Träger aus Amp Pipal begegneten, der uns eigentlich hatte abholen sollen. Er hatte am Morgen erst einmal ausgiebig den Festlichkeiten in seinem Dorf beigewohnt und war zu spät aufgebrochen. Nach einer kurzen Diskussion zwischen den beiden Konkurrenten einigten wir uns darauf, daß der Junge vom Flugplatz weiter mit uns gehen würde, während der verspätete „offizielle" Träger unseren zweiten Koffer vom Flugplatz holte.

Eine dreiviertel Stunde später kamen wir an ein großes Dorf, und unser Träger verschwand prompt und spurlos. Wir nutzten die Zwangspause, um den Dorfbewohnern zuzusehen. In ihren besten Kleidern schlenderten sie lachend und plaudernd vorbei: die Männer in sauberen Hosen und Hemden, die Frauen in roten, blauen und grünen Samtblusen, mit goldbehangenen Ohren und bunten Halsketten. Auf der Stirn trug jeder den rituellen Reiskörnerschmuck, den dieser heiligste hinduistische Feiertag verlangte und den der Dorfpriester mit roter und weißer Paste aufgeschmiert hatte.

Kleine Gruppen von Tanzenden – hier Männer, dort Frauen – hoben sich aus dem bunten Gewühl ab. An dem einen Ende einer kleinen Lichtung stand ein grobschlächtiges Riesenrad aus Holz, das mit seinen vier Doppelsitzbänken acht kreischenden Passagieren Platz bot und von zwei jungen Lehrern per Fußantrieb in beachtlichem Schwung gehalten wurde. Wohin wir auch blickten: alles amüsierte sich.

Nur wir nicht. Als sich unser Träger nach einer halben Stunde immer noch nicht wieder blicken ließ, wurde uns unbehaglich zumute, und bald waren wir richtig ungehalten. Mit jeder weiteren Minute Verspätung wuchs die Gefahr, daß wir einen Teil des Weges im Dunkeln zurücklegen müßten, ja womöglich Amp Pipal gar nicht mehr an diesem Tag erreichen würden. Zu allem Überfluß mußte Cynthia auch noch Christophers Windeln wechseln, zum kichernden Vergnügen der neugierigen Dorfleute, die noch nie im Leben eine Windel gesehen hatten; die nepalischen Kinder tragen unten herum schlicht und einfach nichts. Gut immerhin, daß Christopher ein Junge war; diese gewaltige Entdeckung steigerte unser Ansehen schlagartig, denn zwei Söhne zu haben, galt in diesem Land als unfehlbares Zeichen göttlichen Segens.

Schließlich kam ein älterer Mann, der Onkel unseres verschwundenen Trägers, und bot sich an, uns nach Amp Pipal zu bringen; aber nicht mehr heute, o nein, denn im Dunkeln sei der Weg gefährlich, es gebe Geister dort und sogar wilde Tiere. Wir versuchten ihn umzustimmen, aber unser gebrochenes Nepali machte sichtlich wenig Eindruck auf ihn.

Wir begannen bereits zu überlegen, wo wir in diesem fremden Dorf übernachten konnten, da kam der Träger aus Amp Pipal, der unseren zweiten Koffer am Flugplatz abgeholt hatte. Mit ausgesuchter Höflichkeit erklärte er sich bereit, auch das Fleisch zu tragen und uns sicher nach Amp Pipal zu bringen, und wenn wir die ganze Nacht laufen müßten. Wir merkten bald, daß er sich für diese schwere Aufgabe in einem der zahlreichen Teeläden auf dem Weg zum Flugplatz gestärkt hatte – nicht mit Tee natürlich, sondern mit Besserem, wie es der Würde dieses Tages entsprach. Aber Tee oder nicht Tee, wir faßten neuen Mut und brachen auf, vor uns acht Kilometer und fünf Stunden auf schmalen Bergpfaden. Tommy machte die Vorhut, und auf meinem Rücken plapperte Christopher fröhlich vor sich hin.

Der Weg ging nun stetig nach oben. Üppige Waldstücke wechselten mit terrassierten, grün schimmernden Feldern mit kniehohem Reis. Hier und da beobachteten große, schmutzigbraune Vögel, wie unsere kleine Karawane näher kam, um dann plötzlich aufzuflattern und uns ihre stahlblauen Unterfedern zu zeigen, die wie Edelsteine leuchteten. Einmal verwandelte sich ein ganzer Baum in einen Schwarm aus wohl über hundert smaragdgrünen Sittichen, die mit heiserem Gekreisch über die Reisfelder davonstoben.

Bald lagen die ersten Hügelkämme unter uns, an ihren Hängen verstreut daliegende strohgedeckte Häuser, kleine Dickichte aus Bananenstauden und hier und da ein Pipal, der heilige Feigenbaum der Inder, der mit seiner weit ausladenden Krone eine begehrte Schattenoase für den Wanderer ist. Vor uns erhob sich der gut 1400 Meter hohe Liglig, gekrönt von den Steinbastionen dreier über 400 Jahre alter Festungen aus der Zeit, als Liglig noch ein eigenes winziges Königreich war. Amp Pipal lag auf der anderen Seite des Berges, in einer Höhe von 1200 Metern; der Weg dorthin würde uns über einen flachen Absatz dicht unterhalb des Gipfels führen und dann durch anderthalb Kilometer mehr oder weniger ebenen Geländes ins Dorf bringen.

Es wurde dunkel. Der Weg wurde steiler und steiniger. Wir hatten keine Taschenlampen dabei, aber ein voller Mond gab uns genügend Licht. Tommy hing schläfrig auf meinen Schultern; Christopher war in seiner Kindertrage schon längst fest eingeschlafen. Bald wurde der Pfad noch schmaler. In abenteuerlichen Serpentinen schlängelte er sich nach oben, jeder Schritt wollte bedacht sein. Der Mond rutschte langsam hinter den Berg, sein Licht verlosch. Was nun? Da blitzten hoch über uns zwei Taschenlampen auf. Zwei Missionare aus dem Dorf kamen uns entgegen. Sie kamen gerade rechtzeitig; noch ein paar Minuten, und wir hätten die Hände nicht mehr vor den Augen sehen können.

Eine Stunde später waren wir in Amp Pipal. Wir gaben unserem Träger zu essen und zahlten ihm seinen Lohn. 85 Pfund Gewicht hatte er geschleppt, und einen Feiertag hatte er geopfert; das machte also 90 Cent – 20 Cent mehr als an einem normalen Werktag. Dann aßen wir selbst und ließen uns ins Bett fallen.

Der Morgen begrüßte uns mit strahlendem Sonnenschein. Wir kleideten uns rasch an und gingen nach draußen, zu unserem ersten Erkundungsgang. Der Blick, der sich uns bot, verschlug uns schier den Atem. Wir standen auf einer Art Plateau. Direkt vor uns und rechts und links stürzten steile Hänge in tief eingeschnittene Täler, deren Boden wohl 800 Meter unter uns lag. Dahinter neue Hänge: im Osten und Westen, so weit das Auge reichte, die Vorberge des Himalaja, wie von einer Riesenhand bizarr hingestreut, auf den höchsten Gipfeln hier und da Überreste von Burgen aus der Zeit der kleinen Bergkönigreiche, als Nepal noch nicht geboren war. Und im Norden, vor uns, das Zentralmassiv – Stufe um Stufe, Grat um Grat, erst sanft und grün, dann spitzig und grau, dann schneebedeckt und auf Wolkenfetzen schwimmend. Da war der Baudha, mit seinen über 6000 Metern einer der niedrigeren Gipfel; hinter ihm die himmelstürmende Kette der Achttausender, auf denen nach alten Sagen die Götter wohnten. Gestern waren sie noch dicht von Wolken verhangen gewesen; jetzt lagen sie im hellen Morgenlicht vor uns, die näheren ganze zwanzig Kilometer entfernt.

Hinter uns erhob sich, steil und zerklüftet, die nördliche Gipfelseite des Liglig. Aus windgeschützten Senken zwischen den Felsen leuchteten Rhododendronbüsche. Weiter unten standen subtropische Baumarten, unter anderem wilde Kirschen- und Pflaumenbäume. Sechzig Meter unter dem Dorf und vielleicht eineinhalb Kilometer entfernt, am unteren Ende des Gipfelhangs, konnte man eine Baustelle sehen – das neue Krankenhaus; etwas über ihm, vom Hang verdeckt, stand das kleine Steinhaus, das bald unser neues Heim werden sollte.

Die Eindrücke dieses ersten Besuchs in Amp Pipal sind uns noch so frisch in Erinnerung, als sei der Besuch erst gestern gewesen. Mit schußbereiter Kamera streiften wir durch die Gegend, erforschten das endlose Netz der Schlängelpfade. Blühende Bäume, schneeweiß und purpurrot; knallgelbe Senffelder; rosa blühender Buchweizen; übermannshohe Weihnachtssternhecken mit tellergroßen Blütenkelchen; Dickichte aus Riesenbambus, die der Wind knarrend hin- und herwiegte; singende Frauen bei der Arbeit auf von niedrigen Steinmauern eingefaßten Feldern. Und überall Reis, Reis und noch einmal Reis – jetzt noch sattgrün, aber bald goldgelb und reif zur Ernte.

Bis auf die steilsten Hänge und die verstreuten Waldstücke war fast jeder Quadratmeter des Bodens terrassiert und bebaut; überall wuchs, sproß und blühte es. Das würde nicht mehr sehr lange so bleiben. Noch sechs Wochen, und die bunte Pracht würde zur braunen Einöde werden und die Berge hinter einem undurchdringlichen Dunstschleier auf den nächsten Monsun warten. Aber darüber brauchten wir uns jetzt noch keine Gedanken zu machen; in vollen Zügen genossen wir die atemberaubende Schönheit, die uns umgab und die unsere kühnsten Erwartungen noch weit überstieg.

Zwei Monate später zogen wir in unser neues Heim ein. Anderthalb Flugzeugladungen Gepäck und Hausrat brachten wir mit, was ja für einen waschechten amerikanischen Missionar nur recht und billig war; nur Banausen kamen mit *einer* DC-3 aus. Was unsere europäischen Kollegen dachten, als sie die Berge von Toilettenpapier und die Weihnachtsgeschenke für fünf Jahre sahen, weiß ich nicht; zum Glück haben sie es mir nicht gesagt.

Und dann unser Klavier. Cynthia hatte sich schon damit abgefunden gehabt, daß sie nie mehr Klavier spielen würde, und hatte kein einziges Notenblatt in unsere Koffer gepackt. Aber dann hatte sie in Kathmandu ganz unerwartet ein gutes gebrauchtes Klavier erstehen können, das etliche Jahre vorher ein amerikanischer Entwicklungshelfer mitgebracht hatte. Es war ein richtiges Gottesgeschenk, dieses Klavier. Aber so ist Gott eben oft: Wir geben etwas für ihn auf – und er gibt es uns zurück.

Das Klavier kam mit der zweiten Flugzeugladung. Es war ein Unternehmen mit Hindernissen. Zunächst bekam das Flugzeug auf dem Rückflug vom ersten Transport einen Motorschaden. In Kathmandu angekommen, stellte man fest, daß sich im linken Motor ein paar Teile gelöst hatten. Große Diskussion: Können wir heute noch fliegen? Ein Mechaniker erledigte schließlich das Problem mit Hilfe einer Kombizange und einer Rolle Draht: Er wickelte den Draht fest um die widerspenstigen Teile, und damit waren wir wieder startklar.

Als wir mit unserer kostbaren Fracht landeten, erwartete uns ein wahrer Schwarm von Dorfbewohnern. Eine ganze DC-3 voll Gepäck gab es schließlich nicht alle Tage! Sie kletterten ohne Umstände in die Maschine hinein, um sich die bequemsten Lasten auszusuchen, und begannen sofort mit dem Ausladen. Eine nach der anderen unserer großen runden Transportkisten rollte durch die Ladeluke; ohne Rampe übrigens, aber vor drei Meter Luft war man hier nicht bange. Ich änderte meine Meinung, als die Kiste mit dem Klavier am oberen Ende der drei Meter erschien. Mit einem wilden Schrei und rotierenden Armen raste ich zur Luke. Ich muß wohl Weltrekord gelaufen sein, sonst hätte es nicht mehr gereicht.

Ich hatte unseren Postlaufburschen (acht Monate später sollte er als Mörder ins Gefängnis kommen) gebeten, zehn Männer anzuheuern, um das Klavier am nächsten Tag nach Amp Pipal zu bringen. Ich hatte keine Bedenken, daß sie es mit Bravour schaffen würden, schließlich war das ja ihr Beruf ... Aber es zeigte sich bald, daß sie vom Klaviertransport auf Bergpfaden nicht viel mehr Ahnung hatten als ich. Sie stocherten ratlos zwischen den Latten der Kiste herum, befühlten die Segeltuchverkleidung und schienen nicht verstehen zu können, wie etwas gleichzeitig so hohl und so schwer sein konnte. Sie schlugen vor, das Klavier einfach auseinanderzunehmen, und ich hatte alle Mühe, ihnen klarzumachen, daß das auf keinen Fall ging.

Einige Stunden und ein Dutzend hirnverbrannte Ideen später (einige der Ideen kamen aus meinem Hirn) einigten wir uns schließlich darauf, an den oberen Ecken der Kiste seitlich vier stabile Bambusstangen zu befestigen. Je zwei Männer würden eine Stange auf ihre Schultern nehmen; die beiden überzähligen Männer würden die anderen von Zeit zu Zeit ablösen und im übrigen mit einspringen, wenn Not am Mann war. Eine technische Schwierigkeit war, daß die Männer, die das hintere Ende der vorderen Stangen trugen, *neben* der Kiste laufen mußten; das gleiche galt für ihre Kollegen vom vorderen Teil der hinteren Stangen. Praktisch hieß das, daß diese vier Träger den größten Teil der Strecke neben dem Pfad laufen mußten, in ständiger Gefahr durch hervorstehende Äste, Dornen, Kaktushecken und sonstige schöne Hindernisse. Wo es gar nicht anders ging, mußten sie gar auf die nächsttiefere Terrasse ausweichen, was die Klavierkiste in eine höchst bedenkliche Schlagseite brachte und malerische Schimpfduelle zwischen den „Trotteln da unten" und den „Idioten da oben" auslöste. Zwei Tage dauerte die Prozedur, dann stand das Klavier endlich in unserem Haus.

Als wir die Träger ausbezahlt hatten, bot Cynthia ihnen Tee an, verarztete ihre Schultern, die keine Bambusstangen gewohnt waren, mit Salbe und spielte ihnen als festlichen Höhepunkt „Claire de Lune" vor. Die Männer saßen stumm da und verstanden die Welt nicht mehr. *Dafür* also war die ganze Schufterei gewesen, mehr konnte man nicht anfangen mit dieser so erbärmlich sperrigen Holzkiste? Aber der mehr als großzügige Trägerlohn versöhnte sie wieder mit ihrem Schicksal. Und auch wir konnten zufrieden sein; das Unternehmen war vollständig geglückt und hatte uns ganze dreißig Dollar gekostet.

Das Klavier wurde ein Dauergast in Amp Pipal. Einige Jahre nach unserem Einzug wurde eine neue Autostraße fertiggestellt, die unsere Gegend mit dem Osten und Westen des Landes verband und etwa zwölf Kilometer südlich des kleinen Flugplatzes vorbeiführte. Der Flugverkehr wurde nach und nach eingestellt, und um die Straße zu erreichen, mußte man in jedem Fall ein sehr tiefes Tal überqueren, was nur auf einer der primitiven nepalischen Hängebrücken möglich war. Keine der Brücken war breit genug für eine Last wie unser Klavier. Amp Pipal wird immer ein Klavier haben.

Privatstation

Die Versammlung war auf vier Uhr nachmittags einberufen worden, aber schon eine gute Stunde vorher begannen die Männer herbeizuströmen. Sie kamen aus allen Richtungen, viele von weither. Die einen arbeiteten sich die Serpentinen aus dem 800 Meter unter uns liegenden Tal hoch; die anderen kamen von dem Höhenrücken über uns herunter; wieder andere – sie konnte ich am besten sehen – tauchten auf der steilen, spärlich bewaldeten Flanke des Liglig auf, auf dem Pfad, den wir damals gekommen waren und der Amp Pipal mit der zivilisierten Außenwelt verband – dem Polizeiposten, dem Flugplatz und schließlich der 23 Kilometer entfernt liegenden Stadt Dhumre. Nur noch ein paar Jahre, und die neue Ost-West-Autostraße würde durch Dhumre führen. Aber jetzt war es 1971, und keine Straße weit und breit.

Der Strom wollte nicht abreißen. Vier Uhr, und immer noch waren Nachzügler auf dem Liglig-Pfad unterwegs, ihre Schatten grotesk verlängert von der tiefer stehenden Sonne. Die anderen standen schon in kleinen Gruppen auf dem Grasplatz vor dem Haupteingang des Missionshospitals.

Es war eine bunte Menge. Ein Teil war Bauern, die direkt vom Feld gekommen waren, in geflickten Hemden und malerisch gewickelten Umhängen aus selbstgesponnenem Tuch; viele waren barfuß. Die Ladenbesitzer, Lehrer und *Panchayat*-Mitglieder (Dorfvorsteher) waren mehr europäisch gekleidet. Aber eines war ihnen allen gemeinsam: Sie sahen zornig aus.

Hier war keine Spur von den gutmütigen, verträumten Naturkindern aus den Reiseführern. Hier brodelte und murmelte und gestikulierte es. Mit grimmigem Kopfschütteln hörte man sich an, was der Nachbar an neuesten Nachrichten mitgebracht hatte. Drohende Blicke richteten sich auf das Hospital; einige der Männer spuckten aus. Dann und wann lösten sich einzelne Rufe oder Flüche aus dem Stimmengewirr. Dann wieder brachen heiße Diskussionen los; der eine riet dies, der andere das. Zu unerhört war, was heute geschehen war: Der neue Doktor hatte eine Kuh getötet.

Der neue Doktor – das war ich. Und der Tatort war Nepal, ein hinduistisches Königreich, wo auf das Töten einer Kuh die gleiche Strafe stand wie auf Mord an einem Menschen: 18 Jahre Gefängnis. Falls der Mob einen heil in das Gefängnis ließ.

Nur wenige Stunden zuvor hatte ich ruhig und friedlich in meinem Haus gesessen, vor mir meine nepalische Grammatik, neben mir mein Sprachlehrer. Es war ein heiterer Sommersonnentag im August, einer der ersten freundlichen Tage nach all den nebligen, verregneten Monsunwochen. Das frische Grün der Berghänge leuchtete im Sonnenlicht. Frösche und Eidechsen begrüßten mit dankbar offenem Mund die zu neuem Leben erwachten Insektenschwärme. Zwitschernde Vögel hüpften und flatterten von Baum zu Baum.

Nach über dreißig Jahren Großstadtleben kamen wir uns hier in Amp Pipal wie im Paradies vor. Hier konnte man noch leben, hier war Schönheit, hier war unberührte Natur! Bis auf das Krankenhaus und die Wohnungen für das Personal war der ganze Berghang unter unserem Haus ein einziges Naturidyll. Kein Tag verging, ohne daß ich Gott dankte, daß er uns an diesen Ort geführt hatte.

Ich dankte ihm auch an diesem Tag, als ich meine nepalische Grammatik büffelte und hin und wieder sehnsüchtige Blicke auf das Fenster warf, wo hinter unserem Gemüsegarten die majestätische Kulisse des Himalaja lockte. Ja, unser Garten ... Er war nur klein und hatte Cynthia viel Arbeit und Zeit gekostet, nicht zu vergessen das Gehalt des Gärtners; aber er brachte manche Abwechslung auf unseren Mittagstisch und war unsere einzige Quelle für Gemüse und Salat, und wir waren stolz auf ihn.

Er hatte nur einen Haken. Früher hatten dort, wo jetzt unser Haus stand, mit Vorliebe die Ziegen, Büffel und auch ein paar Kühe unserer Nachbarn gegrast, und sie zeigten wenig Neigung, diese Gewohnheit aufzugeben. Monatelang hatten wir nach einer Methode gesucht, die ungebetenen Gäste loszuwerden, denn egal ob profaner Büffel oder heilige Kuh (wo der kleine Unterschied lag, war mir sowieso nie klar geworden) – es war ein betrübliches Erlebnis, mit ansehen zu müssen, wie das Ergebnis von drei Monaten Schweiß und Mühe in nur drei Sekunden im Schlund eines dieser gefräßigen Kolosse verschwand. Und so hatten wir schließlich aus mit Bambusstreifen zusammengehaltenen Stöcken und Zweigen einen uneleganten, aber brauchbaren Zaun zusammengezimmert, und als er fertig war, hatte ich zu Cynthia und einigen dabeistehenden Kollegen gesagt: „Jetzt sollen die Viecher ruhig kommen, wenn sie wollen, jetzt haben wir Ruhe!"

Und wir hatten Ruhe – bis zu jenem sonnigen Augusttag. Als ich wieder einmal von meiner Grammatik aufblickte, sah ich, wie vier große Tiere zielstrebig auf das andere Ende des Gartens zuwanderten. *Gut, daß wir jetzt den Zaun haben*, dachte ich und versuchte mich wieder auf mein Sprachbuch zu konzentrieren. Aber die Tiere hatten etwas entdeckt – Cynthias üppig wuchernde Gurken, die direkt hinter dem Zaun emporrankten. Schon beugten sie die Köpfe über den Zaun und begannen an den Ranken zu zerren. Um Himmels willen – zwanzig Meter Gurken in Gefahr!

Ich schlug Alarm: „Cynthia, die Biester fressen uns die Gurken kahl, tu was, schnell!" Cynthia, nicht faul, raste in den Garten und begann ein Steinbombardement auf die vier Gurkendiebe. Kein Erfolg. Die Tiere mampften seelenruhig weiter.

Ich stand am Fenster und sah zu und spürte einen hilflosen Zorn in mir aufsteigen. Ich kannte solche Szenen ja. Bevor wir den Zaun gebaut hatten, hatten Cynthia oder der Gärtner fast jeden Tag Tiere aus dem Garten verjagen müssen. Heute war noch nicht einmal der Besitzer der Tiere in der Nähe, er ließ sie einfach frei herumlaufen. Wenn wir sie heute nicht loswurden, würden sie morgen wiederkommen. Und übermorgen und immer wieder.

Hier mußte etwas geschehen! Ich ließ mein Buch liegen, lief hinaus, schnappte mir die scharfe Sichel unseres Gärtners, die neben der Tür lag, und stürmte zum Zaun. Wenn diese Dickhäuter auf Steine nicht reagierten, mußte man es wohl einmal mit etwas Schärferem versuchen; vielleicht verstanden sie diese Sprache ...

Hätte ich in diesem Augenblick etwas mehr Verstand als ein Hornochse gehabt, dann wäre mir eingefallen, daß der größte Teil des Gartens ja völlig sicher vor den Dieben war und daß ich Gurkensalat sowieso nie gemocht hatte. Aber in meinem sichelschwingenden Zorn vergaß ich dergleichen Überlegungen. Ich jagte die Tiere fort, wobei ich einem von ihnen mit der Sichel eine kleine Wunde am Hinterbein beibrachte. Zufrieden mit der gelungenen Operation schlenderte ich zurück in meine Sprachstunde.

Etwa eine Stunde später – ich saß immer noch in meiner Sprachstunde – begann draußen eine Frau zu brüllen. In Nepal braucht man kein Telefon; man schreit einfach.

Was brüllte sie? Nun, sie hatte gerade eine Kuh in einer Blutlache entdeckt und beschuldigte nun unseren fünfjährigen Tommy, der gerade auf der Bühne des Geschehens erschienen war, des Mordes. Tommy klärte sie ohne Umschweife über den wirklichen Täter auf, worauf sich ihre Stimmgewalt schlagartig verdreifachte.

Mein Sprachlehrer, ein höflicher junger Nepale, lauschte ein paar Augenblicke dem Gebrüll der Frau, dann wandte er sich mit besorgter Miene zu mir und fragte: „Haben Sie, als Sie vorhin hinausgelaufen sind, vielleicht einer Kuh etwas getan?"

Ach, eine Kuh war das! Wie dumm! dachte ich. Jedes Kind weiß, daß Hindus die Kuh als heiliges Tier verehren, und Missionare in hinduistischen Ländern wissen es natürlich erst recht. Auch ich kannte sie, die eiserne Regel: Willst du die Menschen gewinnen, dann sei nett zu den Kühen. Aber Theorie und Praxis liegen halt oft weit auseinander.

Wir gingen nach draußen und stiegen, der unermüdlichen Stimme der Frau folgend, die Terrassenfelder hinter unserem Haus hoch. Da stand die Frau, da lag die Kuh, und da kamen auch schon die ersten Nachbarn herbeigelaufen. Einige hatten eine Blutspur entdeckt und folgten ihr, aufgeregt rufend und gestikulierend, wie Schatzgräber, die kurz vor dem Ziel sind.

Ein Blick auf die Kuh, und ich war im Bilde. Etwa in der Mitte des einen Hinterbeins, am Kniegelenk, war eine vielleicht drei Zentimeter lange Wunde. Ich hatte mit der Sichel eine größere Arterie getroffen, die hier direkt unter der Haut verlief. Das Tier war bis hierher gelaufen und dann, durch den Blutverlust erschöpft, zusammengebrochen. Ich spürte, wie ich zu schwitzen anfing. Mit nervösen Fingern tastete ich die Kuh ab. Sie konnte – nein, sie durfte nicht tot sein, gab es denn wirklich keine Lebenszeichen? Völlig reglos lag sie da, bis auf ein gelegentliches schwaches, langgezogenes Keuchen. Die Nepalen, die um mich herum standen, hielten sie sichtlich für tot, und ich tat das eigentlich auch. Was sollte man auch anderes erwarten, wenn man die große Blutlache sah? Ich war verzweifelt. Daß jetzt kein Blut mehr aus der Wunde floß, machte die Sache kaum besser. Klar, wo kein Blut mehr war, konnte auch keines mehr herausfließen ...

Inzwischen waren auch einige unserer nepalischen Krankenhausangestellten herbeigekommen, darunter drei gläubige junge Männer, die zu unserer kleinen Gemeinde gehörten. Was mochte in ihnen jetzt vorgehen? Was für eine Hypothek war ich auf einmal für sie geworden! Aber was auch immer sie dachten, sie ließen es sich nicht anmerken, sondern führten mich rasch weg von der immer feindseligeren Menge, die sich um die Kuh drängte, und baten mich, mich unsichtbar zu machen und erst einmal abzuwarten; ich verspürte kein Bedürfnis, ihnen zu widersprechen. Bald danach erschienen die Ortsvorsteher, an ihrer Spitze der *Pradhan Panch* (Bürgermeister). Er fackelte nicht lange, sondern versprach der empörten Menge sofort, eine Bürgerversammlung einzuberufen – noch für diesen Nachmittag.

Und so stand ich nun, ganze drei Stunden nach meinem Abenteuer, vor dem Krankenhauseingang, vor mir eine aufgeregte Menge von wohl zweihundert Dorfleuten, und bekam meinen Nachhilfeunterricht zum Thema „heilige Kühe".

Der Pradhan Panch versuchte mehrere Minuten lang, die Anwesenden zur Ordnung zu rufen, dann gab er es auf. Aber die Versammlung begann auch so. Die Männer setzten sich nach und nach und der Lärm ebbte ab. Dann stand ein Mann nach dem anderen auf, um seine Meinung zu sagen. Die alten Feinde der Mission ließen sich diese unerwartete Gelegenheit nicht entgehen, und eine Zeitlang sah es fast so aus, als würden den Worten bald die Fäuste folgen. Ein Mann schrie: „Erst nehmen sie uns unser Land, dann das Wasser, dann das Brennholz, und jetzt bringen sie unsere Kühe um!" Und ein anderer meinte: „Wenn er das mit einer Kuh macht, was wird er dann mit unseren Kindern machen?" Was soviel heißen sollte wie: Wer Gold gestohlen hat, der wird auch Silber stehlen.

Die Versammlung dauerte fast vier Stunden, und in diesen vier Stunden fiel kein einziges Wort des Dankes oder der Anerkennung für das, was unser Krankenhaus für die Bevölkerung tat. Man betrachtete unsere Arbeit als eine Art Geldverdienen, wenn nicht sogar Ausbeutung und Bereicherung. Selbst die etwas aufgeklärteren Köpfe, die wußten, daß wir kein Profitunternehmen waren, konnten sich einfach nicht vorstellen, daß wir *ihnen dienen* wollten. Denn wo gab es das, daß man seine guten Werke *für den anderen* tat? Man tat sie selbstverständlich für sich selbst: um sich die Last der Seelenwanderung erträglicher zu machen und nach seinem Tod bessere Startchancen für die nächste Reinkarnation zu bekommen ...

Meine Rolle in den Verhandlungen war reichlich passiv. Ich stand wie ein begossener Pudel da, starrte geistesabwesend auf das bunt wogende Meer der *Topis* (der einheimischen Kopfbedekkung, die die meisten der Männer trugen) und versuchte, den wütenden Blicken, die in meine Richtung schossen, auszuweichen. Ich verstand viel zu wenig Nepali und war auch zu sehr mit mir selbst beschäftigt, um dem Gang der Diskussion richtig folgen zu können, aber zwei meiner älteren Missionarskollegen waren da, um, wenn nötig, eingreifen zu können, und sie übersetzten mir das Nötigste.

Die Menge war sich offenbar nicht einig, ob man die Angelegenheit an die Distriktverwaltung in der sechs Stunden Fußmarsch entfernt gelegenen Distrikthauptstadt melden oder aber sie selbst regeln sollte. Einige der Redner fanden, wenn die Sache erst einmal bei der Distriktverwaltung gelandet sei, habe das Dorf nichts mehr davon – im Klartext: das saftige Schweigegeld, das man von diesem „reichen Amerikaner" erpressen könne, sei dann verloren. Andere argumentierten nicht weniger lautstark, daß man einen Kuhmord doch unmöglich vertuschen könne, die Sache würde früher oder später so oder so ans Licht kommen und dann stünde der gesamte Dorfrat sehr schlecht da und würde mit Schimpf und Schande abgesetzt.

Es war nicht klar, welche Seite gewinnen würde; sehr klar war dagegen, daß unsere Mission der große Verlierer sein würde.

Der Streit wogte hin und her, ein Ende war nicht abzusehen. Da fragte auf einmal jemand, wie es denn der Kuh gehe; war sie denn wirklich tot? Darauf meldete sich einer der nepalischen Christen zu Wort. Er war gerade bei der Kuh gewesen und teilte der Versammlung mit, das Tier lebe noch – nicht sehr, aber immerhin. Worauf der Pradhan Panch, der des langen Diskutierens längst müde war, den Vorschlag machte, die Entscheidung über den Fall zu vertagen; es habe schließlich keinen Zweck, weiter zu verhandeln, solange das Überleben der Kuh noch in der Schwebe war; morgen früh könne man sich ja erneut treffen, sicher habe sich das Schicksal der Kuh bis dahin entschieden. Die Männer nahmen diesen Vorschlag widerwillig an – nicht so sehr aus Respekt vor ihrem Bürgermeister, als vielmehr, weil es dunkel wurde und sie ja noch nach Hause mußten. Und so brachen sie endlich auf und verschwanden im grauen Dämmerlicht; hier und da drehte sich einer noch einmal kurz um, um mir einen letzten drohenden Blick zuzuwerfen.

Zurück blieben ich, vier oder fünf meiner Kollegen und ein paar unserer nepalischen Helfer im Krankenhaus. Es war still nach dem endlosen Palaver – unheimlich still. Jetzt hing alles an dem Röcheln der ausgebluteten Kuh. Wir hatten alle den gleichen Gedanken, auch wenn niemand ihn laut aussprach: Was ist, wenn die Kuh stirbt? Selbst wenn sie überlebte, konnte mich das zwei Jahre Gefängnis kosten; schon das bloße Verletzen einer Kuh war ein Verbrechen.

Ich mußte an die Geschichte mit unserem Krankenwagenfahrer in Kathmandu denken, die ich erst vor kurzem gehört hatte. Er hatte den Wagen geparkt und den ersten Gang eingelegt gelassen. Als er wieder einstieg und den Motor startete, machte der Land Rover einen Satz nach vorne – direkt in eine Kuh, die sich vor den Vorderrädern zum Mittagsschlaf hingelegt hatte. Im Nu lief eine ansehnliche Menschenmenge zusammen, dicht gefolgt von mehreren Polizisten. Die Kuh wurde zur Beobachtung ins staatliche Veterinärkrankenhaus gebracht, den unglücklichen Fahrer steckte man ins Gefängnis. Einige Tage später, als sich gezeigt hatte, daß die Kuh keinen Schaden davongetragen hatte, ließ man ihn wieder frei.

Kein Zweifel: Übergriffe auf Kühe waren kein Kavaliersdelikt in diesem Land. Ein bloßer „Angriff" auf eine Kuh, selbst wenn man sie dabei nicht verletzte, konnte schon eine Geldstrafe von 200 Rupien (damals etwa 18 Dollar) bedeuten. So jedenfalls hatten es uns die verschiedenen Dorfvorsteher gesagt, die uns im Laufe dieses Nachmittags die einschlägigen Gesetze des Landes ausgelegt hatten, und ich hatte wohl keine andere Wahl, als diesen Auslegungen zu glauben. Was hätte es auch eingebracht, wenn ich verlangt hätte, den Gesetzestext einsehen zu dürfen oder über meine Rechte aufgeklärt zu werden? Soweit ich wußte, gab es im gesamten Distrikt keinen einzigen Rechtsanwalt, außer vielleicht dem Vertreter der Anklage.

Aber egal, was mir an Mitteln offenstehen mochte, um ein mildes Urteil zu erhalten, eines war doch wohl klar: Der Schaden war nicht wiedergutzumachen. Meine Laufbahn in Amp Pipal und sehr wahrscheinlich in ganz Nepal hatte ein plötzliches und höchst unrühmliches Ende erlitten.

Wir gingen schweigend den Hang hinauf zu der Kuh, die immer noch reglos dalag; ihr Atem ging langsam, fast unmerklich. Es war fast dunkel, aber man konnte die winzige Wunde noch sehen. Jemand schlug vor, ich könne doch die durchschnittene Arterie verbinden, damit sie nicht wieder zu bluten anfing. Unser nepalischer Labortechniker meinte, etwas Penicillin könne vielleicht nicht schaden.

Was sollte ich machen? Ich war zur Zeit der einzige praktizierende Arzt in Amp Pipal. Ich überwand mich und ging daran, den Schaden, den ich angerichtet hatte, zu reparieren. Der Labortechniker und mein nepalischer Operationsassistent, beides Mitglieder unserer Gemeinde, gingen zum Krankenhaus und holten eine Bahre. Im letzten Abendlicht hievten wir unseren Patienten auf die Bahre und trugen ihn in ein leeres Zimmer in der Tuberkulose-Station. Dort band ich beim Schein einer Kerosinlampe und unter den besorgten Blicken meiner Freunde die Arterie ab und nähte die Wunde – mit der gleichen Sorgfalt übrigens, mit der ich die anderen Wunden in meiner Karriere genäht habe.

Eine unserer nepalischen Krankenschwestern brachte eine vierfache Dosis Penicillin, während unser Baumeister, ein Mitmissionar aus Ohio namens Stan Kamp, einen seiner Arbeiter nach etwas Stroh und Wasser für die Kuh schickte – obwohl die weder Kraft noch Lust hatte, auch nur das Maul zu öffnen.

Nachdem wir alles getan hatten, was wir für unseren Patienten tun konnten, übergaben wir ihn zu guten Händen in die Obhut von Tej, dem Wäschemann des Krankenhauses; Tejs Aufgabe: dafür sorgen, daß der Patient fraß und trank. Die anderen gingen nach Hause und später noch in eine Gebetsversammlung, wo man lange und ernst darum betete, daß doch noch alles gut werden, die Kuh genesen und Gottes Ehre nicht weiter befleckt werden möge. Ich zog mich allein zurück und begann eine fast schlaflose Nacht.

Eigentlich wußte ich, daß ein so großes Tier unmöglich an einer so kleinen Wunde sterben konnte. Aber meine Gefühle weigerten sich, meinem Verstand zu folgen. Alles, was ich im Augenblick sehen und glauben konnte, war: Es ist aus. Aus der Traum, vorbei die Arbeit an diesem schönen Ort, den wir so liebgewonnen hatten. Und was ich heute dem Krankenhaus, ja der ganzen Mission angetan hatte, wie sollte ich das jemals wiedergutmachen? „Selig sind, die um der Gerechtigkeit willen verfolgt werden", hieß es in der Bibel. Sehr schön, aber was war mit denen, die um ihrer hornöchsigen Dummheit willen verfolgt wurden? Ich grübelte und grübelte. Erst kurz vor Tagesanbruch schlief ich endlich ein.

Als ich aufwachte, lag schon die Morgensonne auf den fernen Schneegipfeln im Westen. Aber vor ihnen, über dem Tal, fiel ein leichter Regen, und dort, über dem nassen Dunst, spannte sich von Horizont zu Horizont der herrlichste doppelte Regenbogen, den ich je gesehen hatte. Der innere Bogen strahlte so klar und hell, als könnte ich zum Fenster hinausgreifen und ihn berühren. Ich war nicht weiter überrascht, als ein paar Minuten später der Kassierer des Hospitals herbeigerannt kam und meldete, daß die Kuh aufgestanden war, fraß und trank und gute Fortschritte machte.

Als ich etwas später wieder zu dem Rasenplatz vor dem Krankenhaus ging, wo die Dorfversammlung fortgesetzt wurde, war es ruhig geworden in mir.

Es waren noch viel mehr Leute gekommen als am Tage zuvor, aber die Stimmung war völlig anders. Kein böses Wort mehr über mich oder die Mission; man war freundlich und versöhnlich, betonte, wie gut es war, daß es die Mission und ihr Hospital gab, und hatte Verständnis dafür, daß nicht alle ausländischen Ärzte die Feinheiten des nepalischen Rechts und den Unterschied zwischen einer Kuh und einem Büffel kannten; ein bißchen guter Wille und gegenseitiges Verständnis, und man würde es schon schaffen miteinander.

Die ganze Angelegenheit hätte sich wahrscheinlich in Wohlgefallen aufgelöst oder genauer gesagt in die nun einmal vom Gesetz geforderte Mindestgeldstrafe von 200 Rupien für tätliche Beleidigung einer Kuh, wenn man mehr Erfahrung mit dergleichen Fällen gehabt hätte und nicht der Besitzer des Tieres gewesen wäre. Aber dies war der erste Fall von Kuhmißhandlung durch einen Ausländer, den man in Amp Pipal je gehabt hatte, und jeder der Anwesenden hatte eine andere Meinung. Nach zwei Stunden hitziger Diskussionen, in denen es mehr um das Prestige der verschiedenen politischen Gruppierungen als um das Interesse der armen Kuh ging, entschied man schließlich, daß ich dem Eigentümer der Kuh eine angemessene Geldsumme als Schadenersatz zahlen sollte; man ging davon aus, daß er vielleicht vier- oder fünfhundert Rupien verlangen würde.

Aber man hatte die Rechnung ohne die Geldgier des Kuhbesitzers gemacht, der zudem auch noch ein überzeugter Gegner der Mission war. Er verlangte nicht weniger als 25.000 Rupien (etwa 2.200 Dollar). Alle, bis auf seine Familie und nächsten Nachbarn, fanden diese Forderung unverschämt und begannen wild auf ihn einzuschreien. Aber er war so störrisch wie eine Bergziege; diese

Chance, billig an Geld zu kommen, wollte er sich nicht entgehen lassen. Und so verbrachte die Versammlung zwei weitere Stunden – sie waren wesentlich lauter als die ersten beiden – damit, den Kuhbesitzer zur Vernunft zu bringen und seinen Preis herunterzuschrauben. Man rechnete ihm vor, daß die Sache, wenn sie sich nicht vor Ort regeln ließ, zwangsläufig an das Bezirksgericht gehen würde. Weder der Besitzer der Kuh noch wir waren von dieser Aussicht begeistert; er, weil er dann nur die gesetzlichen 200 Rupien bekommen hätte, wir, weil wir nicht wollten, daß die Affäre weitere Kreise zog als unbedingt notwendig.

Nach zähen Verhandlungen einigten wir uns schließlich auf eine Entschädigung in Höhe von 2000 Rupien (180 Dollar) – mehr als der durchschnittliche Nepale in einem ganzen Jahr verdienen konnte. Die meisten Anwesenden fanden die Summe astronomisch hoch, und nach der Versammlung kam der Bürgermeister zu mir, um sich im Namen der anderen für diese Behandlung zu entschuldigen. Aber der Preis hatte einen Vorteil: Wer so viel zahlen mußte, dem konnte man nicht mehr böse sein. Sogar der Besitzer der Kuh war zum Schluß die Freundlichkeit in Person.

Die nächsten 35 Tage verbrachte die Kuh als Privatpatient im Missionshospital, mit Einzelzimmer, eigenem Pflegepersonal in der Person von Tej und so viel vom besten Stroh, wie sie fressen konnte. Wie es ihr nach der Entlassung ergehen würde, dafür war ich nach nepalischem Recht nicht mehr verantwortlich.

Anfangs machte mir der Patient nicht wenig Sorgen. Er zerkaute seinen Verband und zog meine schönen Nähte mit den Zähnen heraus, worauf die Wunde sich wieder öffnete und eitrig wurde. Aber dann merkte ich, daß Gott seinen Kühen die Zunge nicht nur zum Zwecke des Gurkenverzehrs gegeben hat: Im Handumdrehen hatte das Tier die Wunde saubergeleckt, und eine Salbe aus Kuhdung und Stroh, mehrmals täglich dick aufgetragen, tat ein übriges: Nach zwei Wochen war die Wunde vollständig verheilt.

Wenn man es recht überlegt, hatte diese Kuh viel mehr für mich getan als ich für sie. Es brauchte ein geduldiges, nachsichtiges Rindvieh, um mir die Augen zu öffnen für jene unangenehmen Eigenschaften bei mir, die ich bisher immer nur bei den *anderen* amerikanischen Ärzten gesehen hatte. Und für meine trotz Bibelschule und bester Vorsätze noch vorhandenen Überlegenheitsgefühle gegenüber den „unzivilisierten“ Bergbauern gab es wohl keine bessere Therapie, als zweihundert von ihnen als ertappter Übeltäter gegenüberstehen zu müssen. Auch das Verhältnis zu meinen Missionarskollegen und meinen nepalischen Glaubensbrüdern und -schwestern in der Gemeinde wurde besser. Ob Gott mir auch auf sanftere Art diese Ecken und Kanten hätte abschleifen können? Ich glaube, nein. Und selbst jetzt waren noch längst nicht alle Kanten abgeschliffen. Aber es war ein Anfang.

Von Klaviersaiten und Blutegeln

Ich kenne keine bessere Lebensschule als Nepal. Fangen wir mit den Bergen von Gerümpel in unserem winzigen Haus in Amp Pipal an. Es ist zwecklos, sich zu merken, wo man etwas hingelegt hat; es macht sich gleichsam auf die Beine, schleicht davon und taucht der Himmel weiß wo wieder auf. Wir sind dazu übergegangen, nicht mehr zu fragen, wo etwas ist, sondern wo es sich versteckt hat. Es sieht bei uns fast immer aus wie kurz nach einem Wirbelsturm, besonders wenn unsere Köchin gerade den Fußboden fegt, das heißt den Staub und Dreck hoch in die Luft schleudert, damit er sich woanders wieder setzen kann.

Eine Zeitlang benutzte ich als Lichtquelle für mein frühmorgendliches Bücherstudium eine Kerosinlampe. Sie besitzen solch eine Lampe nicht? Dann können Sie auch nicht wissen, welch hervorragende pädagogische Eigenschaften sie hat. Im frühen, frischen Morgengrauen, wenn die meisten anderen intelligenten Menschen noch schliefen, erhob ich mich von meinem Lager und verbrachte die ersten zwanzig Minuten des jungen Tages damit, die Lampe anzuzünden. Am Ende der zwanzig Minuten brannte sie – oder besser gesagt, zischte, spuckte, spotzte, stotterte, rauchte, flackerte und qualmte –, bis meine Geduld zu Ende war, und ging dann wie auf ein geheimes Signal plötzlich und energisch aus, wie um mir zu sagen: Das Ganze noch einmal, bitte. Manchmal ging sie auch nicht aus, sondern loderte fast bis zur Decke hoch, worauf unweigerlich ein herrlich feiner Rußregen folgte. War die Anzündungszeremonie ausnahmsweise einmal erfolgreich, war natürlich alsbald das Kerosin alle; oder ich stieß etwas zu unsanft an das wertvolle Stück, so daß der Glühstrumpf riß. In den beiden Monaten, die ich mit der Lampe experimentierte, verschaffte sie mir Verbrennungen zweiten Grades an beiden Händen und fraß Ersatzteile wie ein Frosch Fliegen. Sie begann richtig, meinen Charakter zu formen – so gründlich, daß ich sie schließlich abschaffte und durch die gute alte Kerze ersetzte.

Es gibt eine unfehlbare Methode, aus jeder beliebigen Gruppe von Missionaren schnell und zuverlässig die Amerikaner zu ermitteln: Man zählt, wie viele Apparate, Zubehör und Extras sie haben. Amerikaner haben Kameras, Filmkameras, Diaprojektoren, Waschmaschinen, Zelte, Luftmatratzen, Gaskocher, Kurzwellenradios und Ferngläser, um nur das Allernötigste zu nennen. Und wenn es etwas Besonderes sein darf – nun, dann haben sie zum Beispiel ein Klavier.

Ein Klavier ist etwas sehr Schönes und Nützliches. Es stärkt die Fingermuskulatur und erfrischt Seele, Leib und Geist. Freilich nur solange nicht einen Tag vor einem wichtigen Konzert eine Saite reißt – wie bei Cynthia, als sie das erste Konzert für unsere Kollegen und Missionsfreunde in Amp Pipal geben wollte.

Und das kam so: Das Klavier war ziemlich verstimmt, und so schrieb Cynthia einen Hilferuf nach Hause und ließ sich das nötige Werkzeug zum Stimmen schicken, komplett mit Gebrauchsanleitung. Am Tag vor dem Konzert – dem allerersten gesellschaftlichen Ereignis dieser Art in Amp Pipal – ging sie daran, das Instrument zu stimmen. Sie nahm den Stimmschlüssel zur Hand, drehte den ersten Stimmwirbel (den Stift, um den das Ende der Saite gewickelt ist) etwas fester und schlug die Taste an. Hmm, immer noch der gleiche Mißton. Sie drehte weiter: keine Änderung. Sie drehte noch weiter: nichts. Sie versuchte es noch einmal – endlich, die Saite riß. (Hinweis für Heimwerker: Die Saite, die man fester dreht, sollte stets dieselbe sein wie die, die man anschlägt.)

Cynthia weinte bitterlich. Eine neue Saite zu bekommen, würde Wochen oder Monate dauern. Sie sich einfach per Post schicken lassen, ging nicht, denn Ausländer durften in Nepal nur zwei Pakete pro Jahr erhalten, und die hatten wir schon bekommen. Da müßten wir denn schon warten, bis jemand aus der Heimat uns besuchen kam und die Saite mitbringen konnte. Aber halt, vielleicht wußte die Gebrauchsanleitung, die mit dem Stimmschlüssel gekommen war, einen Rat? Jawohl, da stand es schon: „So repariert man eine gerissene Saite." Beide Enden einer Klaviersaite, so verriet uns die Anleitung, waren je drei volle Saitenlängen um den entsprechenden Stimmwirbel gewickelt; da nun eine Saite immer an einem der Wirbel riß, brauchte man nur von dem gegenüberliegenden Wirbel eineinhalb Längen abzuwickeln, quer durch das Innenleben des Instruments zu ziehen und schließlich fest um den anderen Stimmwirbel, den Ort des Mißgeschicks, zu wickeln; damit waren dann an jedem Wirbel eineinhalb Saitenlängen zum Wickeln vorhanden, was gerade noch ausreichte. Na bitte – was konnte einfacher sein?

Einfache Dinge sind – erraten! – mein Revier. Ich ging also ans Werk, halbherzig unterstützt von einer indischen Taschenlampe, die wie ein SOS-Signal eines Schiffs auf hoher See vor sich hinflakkerte, nur unregelmäßiger und nicht ganz so hell; hin und wieder sah es so aus, als sei das Schiff mit Mann und Maus untergegangen – aber nein, da war das Licht wieder. Dreimal dürfen Sie raten, wie dem Kapitän zumute war.

Aber nicht nur mit Technik und Kultur kann man Abenteuer erleben in Nepal; auch die Tierwelt ist nicht zu verachten. Das Land wimmelt von Tieren jeder Art und Größe, von winzigen Insekten in den merkwürdigsten Formen und Farben bis hin zu Bären, Leoparden und menschenfressenden Tigern. Ein Zeitungsartikel wußte kürzlich von einem Tiger zu berichten, der ein neunjähriges Mädchen aus den Armen seiner Mutter gerissen und anschließend vor ihren Augen verzehrt hatte. Ganz in der Nähe von Kathmandu übrigens, wie es beruhigend hieß.

Ja, was wäre das Leben in Nepal ohne die einheimische Fauna? Man tut gut daran, sich zeitig an sie zu gewöhnen, denn ausweichen kann man ihr nicht; sie ist überall: neben, vor, hinter, über, unter und um einen herum und manchmal sogar buchstäblich drinnen. Tiere im Garten, in der Küche, im Essen, in den Schränken, im Badezimmer, im Bett. Man könnte fast sagen, daß sich die Herrschaft des Menschen über den Rest der Natur noch nicht bis in die nepalischen Berge herumgesprochen hat.

Der ohne Zweifel gefährlichste Teil der Tierwelt in Nepal sind die Myriaden von Bakterien und Protozoen (einzellige Parasiten), die Trinkwasser und Nahrung verseuchen, Ruhr- und Typhusepidemien verursachen und auch für die beiden großen Geißeln Tuberkulose und Lepra verantwortlich sind, die Zehntausende von Nepalen quälen und ganze Familien und Dörfer treffen können. Solche und andere Infektionskrankheiten geben den Ärzten in diesem Land mit Abstand am meisten zu tun.

Aber lassen wir Bakterien und Einzeller; wie schädlich sie auch sein mögen, man kann sie wenigstens nicht *sehen*. Und die sichtbaren Tiere sind es, die uns vielleicht nicht um die Gesundheit, dafür aber um den Verstand bringen können.

Was würden Sie zum Beispiel machen, wenn Sie Zeuge würden, wie ein tausend Mann starker Trupp großer Ameisen über den

Fußboden Ihres Wohnzimmers marschiert? Erklären Sie ihnen mit Besen, Pantoffeln, kochendem Wasser und Insektenpulver den Krieg? Versuchen Sie es besser nicht. Neunzig Prozent des Feindes werden den Angriff überleben und sich über den ganzen Rest des Hauses verstreuen, und die gefallenen Krieger werden eine klebrige schwarze Masse bilden, die einen größeren Putzeinsatz verlangt. Nein, tun Sie besser – nichts. In zwei Minuten wird die Armee Ihr Haus durchquert und ohne Feindseligkeiten wieder verlassen haben – ausgenommen ein paar Dutzend Disziplinlose, die unerlaubt aus der Kolonne ausgebrochen sind und jetzt im Zuckertopf festsitzen. Oder glauben Sie, daß man Ameisen schneller tottrampeln kann als sie sich vermehren? Glauben Sie es besser nicht.

Oder nehmen wir Fliegen. Natürlich versuchen wir, sie uns vom Leib zu halten, und haben zu diesem Zweck unsere Fenster mit Fliegennetzen versehen. Aber unser Haus hat nicht nur Fenster, sondern auch Ritzen – nämlich unter dem Wellblechdach und um die Fensterrahmen herum, wo die Mauern nie ganz dicht sind. Was tun wir also? Magengeschwüre bekommen? Nein, wir sind dankbar – dankbar dafür, daß so eine Fliege nur 24 Stunden lang lebt. Ein kluger Mann hat einmal ausgerechnet, daß dann, wenn sie doppelt so lang lebten, die gesamte Erdoberfläche innerhalb eines Jahres zehn Zentimeter tief unter Fliegen begraben wäre. Ich bin geneigt, diese Rechnung zu glauben. Wenn wir nur immer wüßten, wie gut wir es haben …

Das anhänglichste Tier in Nepal ist der Blutegel. In der Trokkenzeit vergräbt er sich im Boden, in der Regenzeit ernährt und vermehrt er sich. Auf Blättern und Grashalmen liegt er geduldig auf der Lauer, und wenn man vorbeikommt, schlüpft er einszweidrei auf den Schuh, durch das Schnürloch, hinein in den Strumpf und voller Wonne auf die Haut. Spürt man den Juckreiz und sieht man das Blut durch die Socken sickern, hat er seine Mahlzeit in der Regel bereits beendet und das Lokal, ohne zu bezahlen, verlassen. Der Fuß wird noch einige Tage lang jucken – sofern er sich nicht entzündet, in welchem Fall er aufhört zu jucken und anfängt zu schmerzen.

Anfangs haben wir uns einen Sport daraus gemacht, zu zählen, wie viele Blutegelbisse man auf dem zwanzig Minuten langen Fußweg von dem eigentlichen Dorf Amp Pipal, wo einige unserer Kollegen wohnten, zum Krankenhaus bekommen konnte. Der meines Wissens bis heute gültige Rekord war 34. Ein hervorragender Ort für unsere Zählungen waren die abendlichen Bibelstunden oder sonstigen Versammlungen. Die Tür öffnet sich, und der nächste Teilnehmer tritt ein. Er schüttelt sich zuerst die Regentropfen und dann die Blutegel ab, worauf er die Bißstellen sorgfältig mit Toilettenpapier betupft. Haben alle dieses Ritual beendet, kann die Versammlung beginnen – bis auf einmal eines der Mädchen (gerne auch mehrere) laut aufkreischt, denn da torkelt ein aufgedunsenes Ungeheuer über den Fußboden, ein prall mit Blut gefüllter Egel. Allgemeine Besinnungspause: Von wem ist das Blut? Vielleicht von mir, vielleicht von meinem Nachbarn? Es hat keinen Zweck, die Sitzung fortzusetzen, bevor diese Frage nicht geklärt ist.

Er ist schon ein unterhaltsames Tier, der Egel. Besonders, wenn man noch bedenkt, an welchen Körperstellen er zuschlagen kann. Fuß und Knöchel waren natürlich die häufigsten Stellen, aber es gab auch interessante Abwechslungen; die allerinteressantesten entdeckte man freilich erst, wenn man wieder zu Hause war und sich zum Schlafen auszog.

Nepal ist zu Recht berühmt für seine reiche und überaus schöne Vogelwelt. Aber kaum jemand erwähnt seinen ungeheuren Reichtum an Insekten, darunter große Schmetterlinge in allen erdenklichen Farben und Mustern: dunkel glühend und hell schillernd, mit goldenen Punkten und roten Streifen, blauen Flecken und gelben Rändern. Die einen sind elegant, die anderen bizarr, die einen duften, die anderen stinken. Man wundert sich, daß es Nationaltiere gibt und sogar Nationalbäume, aber keine Nationalinsekten; was uns nicht davon abzuhalten braucht, auch hier Gottes Schöpfungswunder zu bestaunen. Selbst die Spinnen sind in Nepal mit bunten Streifen und Punkten verziert. Sie halten sich auch gern in der Nähe des Menschen auf. Manche haben unter ihrem pflaumengroßen Hinterleib Eiersäcke, die man besser unbeschädigt läßt, wenn man nicht zweihundert Spinnenbabies auf der Gardine herumkrabbeln haben will.

Cynthia mag keine Spinnen, und immer wieder drückt sie mir die Fliegenklatsche in die Hand, um wieder ein Exemplar aus ihrem Schuh oder der Küchenspüle oder der Toilette fachmännisch zu entfernen. Ich selbst habe ein relativ ungetrübtes Verhältnis zu Spinnen – bis auf das eine Mal, als ich in meiner Kaffeetasse eine ertrunkene Spinne entdeckte. Ich hatte den Kaffee schon getrunken; es war früh am Morgen, und in dem trüben Kerzenlicht hatte ich die Spinne für einen unaufgelösten Klumpen Kaffeepulver gehalten. Sicher kennen auch Sie die Theorie von den drei Entwicklungsstufen des Missionars (oder Lebenskünstlers), der eine Fliege in seiner Kaffeetasse entdeckt. Stufe eins: Er schüttet den Kaffee aus und besorgt sich einen neuen. Stufe zwei: Er fischt die Fliege heraus und trinkt den Kaffee. Stufe drei: Er trinkt die Fliege mit. Ich weiß nicht, ob die Theorie auch für Spinnen gilt. Vielleicht sind Spinnen auch die vierte Stufe; in diesem Fall habe ich die vierte Stufe noch nicht erreicht.

Man könnte eine ganze Abhandlung schreiben über die Fauna Nepals und ihre Wirkungen auf den Menschen. Allein den Reptilien müßte man mehrere Kapitel widmen; wer hat noch keine Abenteuer mit Schlangen erlebt? Und dann erst die Nagetiere. Man könnte von Ratten berichten, die die taub gewordenen Finger von Leprakranken abnagen oder die zwanzig Prozent (und in anderen Ländern noch viel mehr!) der Nahrungsmittel einer Familie auffressen. Auf unserem Dachboden haust eine ganze Rattenkolonie, die uns mit nächtlichen Wettkämpfen in Laufen, Weitsprung und Bodenturnen unterhält. Spähtrupps untersuchen die Küche, die Speisekammer und das Badezimmer. Und wenn eine Ratte sich mit einem ihrer Körperteile in einer Falle verfängt, ist uns ein stundenlanges Klopfkonzert über der Sperrholzdecke unseres Schlafzimmers sicher; so lange dauert es, bis das Tier sich totgezappelt hat. Natürlich kann man statt Fallen auch Gift nehmen, aber das bedeutet, daß die Übeltäter in irgendeiner unzugänglichen Ecke verenden, worauf das ganze Haus tagelang nach verwesten Ratten stinkt. Die biologische Bekämpfung mit Katzen hat Vorteile, aber nach unseren Erfahrungen noch mehr Nachteile. Kurz und gut: Nach zwölf Jahren Nepal haben wir das Rattenproblem immer noch nicht lösen können. Und mit dieser Bemerkung möchte ich meinen kurzen Ausflug in die nepalische Tierwelt abschließen.

Wie gut, daß Missionare nicht die Aufgabe haben, die Tiere auf ihrem Missionsfeld zu lieben; es würden sonst noch viel mehr Missionare die Koffer packen und aufgeben. Für die meisten ist es schon schwierig genug, die Menschen zu lieben.

Von Mensch zu Mensch

Haben Sie es schon erlebt, daß Ihnen eine Ziege Ihren schönen Mispelbaum aufgefressen hat? Oder eine Katze seine Früchte? Oder daß man Ihnen zwölf Pfennig für eine Ananas abverlangt, die nur zehn Pfennig wert ist? Oder daß gerade in dem Augenblick, als Ihre Abendgäste in Ihr Wohnzimmer treten, zweitausend Ameisen aus der Wand gekrabbelt kommen? Haben Sie schon einmal Ihren Milchmann entlassen, weil er die Milch mit Wasser gepantscht hat? Oder Ihren Gärtner angebrüllt, weil er statt des Unkrauts die Möhren gejätet hat? Oder sich über einen Träger geärgert, der eine Mark extra von Ihnen verlangt, weil er Ihre Schwiegermutter in einem Tragekorb zehn Kilometer bergauf getragen hat? Nein? Dann wird es Zeit, daß Sie nach Nepal kommen.

Ich habe diese Beispiele nicht zufällig ausgewählt; sie sind typisch für unser Alltagsleben in Amp Pipal. Und sie zeigen, wie leicht man seine Zeit und seine Kraft auf Dinge verschwenden kann, die bestenfalls nebensächlich sind.

Einmal bekamen wir zu Weihnachten einen Brief von einer lieben Freundin zu Hause in Amerika, in welchem diese bitter über die Hektik und Hast der amerikanischen Weihnachtszeit klagte. „Wenn ich jetzt nur bei Euch in Amp Pipal sein könnte", schrieb sie, „da könnte ich durchatmen und zu mir kommen, da hätte Weihnachten einen ganz neuen Sinn. Wie gut Ihr es habt, daß Ihr in so einer Oase der Ruhe wohnen könnt."

Ich wünschte, sie hätte bei uns sein können, als ihr Brief ankam. Cynthia erklärte der Köchin gerade zum zehnten Mal, wie man Kürbispudding macht; der Gärtner wollte wissen, wo er die Brokkoli hinpflanzen sollte; der Kühlschrank war kaputt, und unser Monatsvorrat an Fleisch fing an zu verderben; der Bananenmann, der Kartoffelmann und ein junger Lehrer, der Geld für ein neues Schuldach brauchte, standen vor unserer Tür; das Essen auf dem Herd war am Anbrennen; die Kinder waren gerade vom Spielen nach Hause gekommen und standen vor Dreck, aber es war kein Wasser da; und wir erwarteten vierzehn Gäste zum Abendessen. Oase der Ruhe? Nicht bei uns.

Der Europäer oder Amerikaner, der in einem Entwicklungsland arbeitet, lernt nicht nur dieses Land und seine Leute kennen; er lernt vor allem sich selbst kennen, in einem Maße, wie es ihm zu Hause, in dem gutgeölten Räderwerk westlichen Wohlstands und westlicher Kultur, kaum möglich wäre. Wer weiß schon, wer er ist und was er kann, solange Bus und Bahn pünktlich sind, der Bäcker zuverlässig seine Brötchen liefert, die Waschmaschine funktioniert und der Strom aus der Steckdose kommt?

Nicht, daß diese Einsicht neu ist. Ganze Bibliotheken sind schon über den sogenannten „Kulturschock" geschrieben worden. Jeder weiß heute, daß andere Länder nicht nur andere Sitten, sondern auch andere Speisezettel und andere Vorstellungen über Hygiene haben. Wohl jeder Missionar hat vor seiner ersten Ausreise einen intensiven Unterricht in der Kultur seines Missionsfeldes bekommen. Man hat ihm eingeschärft, daß der Erfolg seiner Arbeit weitgehend davon abhängt, ob es ihm gelingt, sich dieser Kultur mit all ihren Ecken und Kanten anzupassen und sich von den Ecken und Kanten und Vorurteilen seiner eigenen Kultur freizumachen. Er weiß, daß er mit Anfällen von Hochmut, Bevormundung, Geringschätzung, Ungeduld und Frustration rechnen muß, selbst wenn er sich bisher für einen Heiligen gehalten hat. Und natürlich weiß er auch, daß Wohl oder Wehe seiner Missionarslaufbahn letztlich an einem hängt: ob er sich täglich und stündlich von Gott leiten läßt.

Aber trotz all solcher Vorbereitungen, die sehr notwendig und sehr hilfreich sind – wohl den meisten Missionaren geht es in ihren ersten Jahren auf dem Missionsfeld so wie uns in Amp Pipal: Sie erleben sich als hoffnungslose Stümper und Versager. Vor allem wenn ihre Freunde in der Heimat sie dann auch noch auf das Podest der Pioniere, Heiligen und Gottesstreiter erheben, deren Worte und Taten vollkommen und deren Fehler verborgene Tugenden sind.

Wenn die Freunde nur wüßten, wie die Gottesstreiter aus der Nähe aussehen! Für unsere Eltern war es ein heilsamer Schock, als sie mehrere Monate lang bei uns zu Besuch waren. Sie stellten rasch fest, daß unsere unangenehmen Eigenschaften auf dem Missionsfeld mitnichten verschwunden waren, sondern im Gegenteil noch deutlicher hervortraten als zu Hause. Sie müssen sich mehr als einmal gefragt haben, was wohl die „Einheimischen" über uns dachten.

Der Missionar aus dem Westen sitzt in der Dritten Welt ständig auf dem Präsentierteller. Alles, was wir tun oder sagen, jede Kleinigkeit wird beobachtet, untersucht, besprochen und verbreitet. Da heißt es Ruhe bewahren, gelassen bleiben, sich nicht provozieren lassen. Aber wie soll man das schaffen mit einer Köchin wie unserer, die nicht lesen, nicht zählen, sich nichts merken und nicht riechen kann, die Zimt auf die Rühreier und Pfeffer in den Pfannkuchenteig streut und die bei unserem geliebten Kürbispudding schon jede Zutat mindestens einmal vergessen hat (bis auf den Kürbis)? Kürbispudding kann ungemein wichtig für das Dasein werden, wenn man ihn jeden Abend ißt – und man muß ihn jeden Abend essen, wenn man zweihundert Kürbisse geerntet hat und nicht weiß, wo man sie lagern soll.

Doch tun wir unserer Köchin nicht unrecht. Auf ihre Art ist sie unbezahlbar. Sie ist ehrlich und zuverlässig; sie liebt unsere Kinder, und ihre Treue zu uns kennt keine Grenzen. Was sie in ihrem Leben schon mitgemacht hat, treibt uns die Tränen in die Augen. Mit zwölf Jahren wurde sie mit einem Alkoholiker verheiratet, der ihr statt Liebe Schläge gab. Nach drei Jahren rannte sie fort und versteckte sich im Wald, sechs Tage lang, ohne Essen und Trinken; ihre Tante fand sie schließlich. Sie hat sechs Kinder geboren und fünf wieder verloren. Als Frau in einer hinduistischen Gesellschaft ist sie so gut wie rechtlos. Sie muß ihren Mann fast wie einen Gott verehren und darf noch nicht einmal seinen Namen aussprechen. Freizeit und Ausspannen sind Fremdwörter für sie. Wir wissen nicht, was es heißt, wirklich „mühselig und beladen“ zu sein; diese Frau weiß es. Für sie ist Christi Joch unendlich sanft und seine Last wunderbar leicht. Jedesmal wenn uns wegen ein bißchen Kürbispudding der Kragen platzen will, spüren wir den Mühlstein um unseren Hals, den Jesus in Matthäus 18,6 denen versprochen hat, die andere an ihm irre werden lassen.

Vielleicht fragen Sie sich, warum wir denn überhaupt eine Köchin haben. Nun, in unseren nepalischen Bergen gibt es keine Tiefkühltheken, keine Konserven, keinen Bäcker, keine Lebensmittelgeschäfte, keine Märkte. Ob Essig oder Marmelade, Gewürzmischungen oder Brot – man muß alles selbst machen, und eine größere Mahlzeit kann einen ganzen Tag Arbeit bedeuten. Unsere Köchin nimmt uns diese Arbeit ab. Sie rupft Hühner, schält Reis, kauft Brennholz und kocht unser Gartengemüse ein. Wenn wir sie nicht hätten, würde Cynthia kaum aus dem

Haus kommen – und schließlich ist auch sie nach Nepal gekommen, um den Menschen als Missionsarzt zu dienen.

Der Kürbispudding unserer Köchin ist nur eines von vielen Beispielen für eine der Hauptschwierigkeiten des westlichen Dritte-Welt-Missionars: Er ist ein Perfektionist und erwartet, daß die anderen Menschen das auch sind; er ist es einfach nicht gewöhnt, mit Menschen zusammenzuarbeiten, die ungebildet, ungelernt, vielleicht unbeholfen sind.

Ich hatte in der Ambulanz unseres Hospitals viele Jahre lang einen nepalischen Mitarbeiter, der sehr nett und freundlich war, dabei aber so langsam, umständlich und trottelig, daß er mich jeden Tag fast an den Rand des Wahnsinns brachte. Ich konnte ihm sagen, was ich wollte, er begriff es nicht; oft wäre es besser gewesen, ich hätte meinen Mund gar nicht erst aufgemacht. Da stand ich, fuchtelte mit Armen und Beinen wie ein wildgewordener Hampelmann und schickte ihn in alle vier Himmelsrichtungen gleichzeitig – und da stand er, ein Bild verständnisvollster Geduld, lächelte bis über beide Ohren und sagte: „Yes, Sir." Worauf ich mich jedes Mal zehn Zentimeter kleiner fühlte. Wieder eine Lektion in der Schule des Lebens; ob auch er etwas lernte dabei?

Ein frischgebackener Missionar muß nicht selten feststellen, daß er die Menschen auf seinem Missionsfeld nicht ganz so begeistert und idealistisch liebt, wie er immer gedacht hatte. Sie sind anders, als er sie sich vorgestellt hatte; sie denken anders, benehmen sich anders, reagieren anders. Und er begreift schnell: Wenn ich unter diesen Menschen leben will, muß ich mich mit ihnen arrangieren. Wohlgemerkt: Er hat sich an sie anzupassen, nicht sie an ihn; das ist die Regel Nummer eins in jedem Missionslehrbuch.

Aber wie sagen es die Psychologen so schön: Eine Regel kennen und sie befolgen sind zwei verschiedene Dinge. Nehmen wir ein ganz einfaches Beispiel: Besucher. Durchschnittlich zehn Mal am Tag kommen, einzeln oder in ganzen Gruppen, Nepalen an unsere Tür. Ein Drittel von ihnen will uns etwas verkaufen, das zweite Drittel sind Bettler und das letzte Drittel gewöhnliche Besucher oder Neugierige. Viele wollen ganz einfach einmal mit eigenen Augen sehen, wie es in dem Haus dieser merkwürdigen Weißen aussieht; und so stehen sie dann vor unserer Tür. Oder, noch einfacher, vor unseren Fenstern.

Einer unserer ersten und hartnäckigsten Besucher war ein unattraktiver junger Bursche, der regelmäßig seine Nase an unserem Wohnzimmerfenster plattdrückte; da vor dem Fenster ein Blumenbeet war, drückte er gleichzeitig auch Cynthias Blumen platt. Er war schmutzig und ungepflegt, und sein Stoppelgesicht war ständig zu einem unverschämten Grinsen verzogen. Wir erfuhren schließlich, daß er von den Dorfleuten „Laato" genannt wurde und taubstumm war; aber dieses Wissen machte seine häufigen Besuche nicht angenehmer. Wenn er nicht seinen Posten vor dem Fenster bezogen hatte, saß er vor unserer Tür, stundenlang, massierte grunzend und grinsend seinen angeblich leeren Bauch und wartete darauf, daß wir ihm etwas zu essen gaben. Gaben wir ihm etwas, kam er am nächsten Tag wieder; gaben wir ihm nichts, blieb er sitzen, bis wir ihm etwas gaben. Und er schröpfte nicht nur uns. Eines Tages, als wir ihm gerade einen großen Teller Reis gegeben hatten, wurde ich ins Krankenhaus gerufen, um nach einem Patienten zu sehen. Unterwegs kam ich bei unserem Nachbarn vorbei, und wer saß da? Laato; er aß seine nächste Mahlzeit. Zwanzig Minuten später, auf meinem Rückweg nach Hause, sah ich ihn vor dem dritten Haus sitzen, mit einem noch größeren Reisteller auf den Knien; diesmal aß er schon langsamer. Er zwinkerte mir schelmisch zu, wie um mir zu sagen: Na, bin ich nicht schlau? Meine Gefühle waren weniger fröhlich.

Aber dann, als ich wieder einmal Laatos breite Nase hinter unserer Fensterscheibe sah, mußte ich auf einmal daran denken, was Jesus über die Menschen gesagt hatte, die dem Hungrigen zu essen geben, den Fremden beherbergen und den Nackten kleiden: „Was ihr für einen meiner geringsten Brüder getan habt, das habt ihr für mich getan" (Matthäus 25,40). Und ich begann, Laato mit neuen Augen zu sehen und mich nicht mehr über sein Betteln zu ärgern. Seine Besuche wurden daraufhin seltener; es war fast, als ob ich ihn jetzt, wo ich meine Lektion gelernt hatte, nicht mehr brauchte …

Aber es sollte noch lange dauern, bis die Lektion richtig saß. Die Besuche, die Laato uns nicht mehr abstattete, übernahmen andere. Laato hatte übrigens seine eigenen privaten Gründe dafür, daß er nicht mehr so oft kam: Wir waren dazu übergegangen, ihn für seine Mahlzeiten arbeiten zu lassen.

Zurück zu unseren Blumen: Unsere Besucher trampeln nicht nur auf ihnen herum (wie Laato, wenn er vor dem Fenster stand), sie pflücken sie auch; unerlaubt, versteht sich. In Nepal ist es mehr oder weniger in Ordnung, wenn man die Blumen – oder auch die Bananen, Äpfel oder Pflaumen – anderer Leute pflückt; mehr, wenn man nicht erwischt wird, weniger, wenn man erwischt wird. Nach einem alten nepalischen Sprichwort hat Obst drei verschiedene Geschmäcker, je nachdem wie reif es ist: Wenn es grün ist, schmeckt es bitter; wenn es blaßgelb ist, säuerlich; und wenn es richtig reif ist, gar nicht, denn dann hat der Nachbar es schon gestohlen!

Wir konnten uns mit diesen Sitten nur schwer anfreunden. Vor allem die Blumenpflücker brachten mich auf die Palme. Wenn ich in ihrer Nähe stand, warteten sie noch nicht einmal, bis ich ihnen meinen Rücken zudrehte. Ich wußte, daß es das Beste war, wenn ich ihnen die Blumen großmütig gönnte, aber sollte man soviel Unverschämtheit auch noch belohnen? Und dann wußten diese Leute mit ihrem Diebesgut noch nicht einmal etwas anzufangen. Sie pflückten eine Blume – und einen Augenblick später warfen sie sie achtlos weg oder zupften sie auseinander.

Ich ließ die Blumendiebe gewöhnlich gewähren, solange es nur um eine oder zwei Blumen ging; erst wenn jemand Lust auf einen größeren Strauß zeigte, bat ich ihn, die Blumen doch bitte stehenzulassen, er könne sich ja auch so an ihnen erfreuen. Aber einmal ergriff ich härtere Maßnahmen. Ein kleines Mädchen – Kinder waren die fleißigsten Blumendiebe – hatte an unsere Tür geklopft, um Brennholz zu verkaufen, und als es wieder ging, packte es sich eine besonders große und hübsche Blüte, die gerade in einem von Cynthias Töpfen aufgegangen war, und riß sie ab. Und da tat ich etwas, was ich noch nie getan hatte: Mit ein paar resoluten Schritten, wie ein Geschäftsbesitzer, der einen Ladendieb erwischt hat, trat ich neben das Mädchen und nahm ihm die Blume wieder ab. Aber zusammen mit der Blume bekam ich auch das Kleid des Mädchens zu fassen; ein häßliches Ratschen, und die ganze Seite war von oben bis unten aufgerissen. Unter den Fetzen – die nackte Haut.

Was half es, daß ich das Kleid nicht absichtlich zerrissen hatte? Was half es, daß es sowieso nur noch von seinen Löchern zusammengehalten wurde? Das Kind hatte es immer noch tragen können, und sehr wahrscheinlich war es sein einziges. Das Mädchen sagte kein Wort, sah mich einfach aus großen Augen an. Und ich stand wie versteinert da und hielt meine kostbare Blume in der Hand.

Unsere Köchin, der keine Neuigkeit entging, kam herbeigerannt. Dann sah ich, daß am Gartentor eine ältere Frau stand, die offenbar mit dem Mädchen gekommen war; es war die Mutter meines höflichen Assistenten in der Ambulanz. Großartig! Das Mädchen drehte sich abrupt um, rannte die Stufen hinunter und lief zum Tor hinaus. Die Großmutter folgte ihm, nicht ohne mir zuerst einen langen, unergründlichen Blick zuzuwerfen; wahrscheinlich fragte sie sich, warum um alles in der Welt ich in ihr Land gekommen war.

Ich schickte natürlich unsere Köchin hinter ihnen her, aber sie schaffte es nicht mehr, das Kind einzuholen; es war schnurstracks bis nach Hause gerannt. Aber die Großmutter kam zurück, nahm meine Entschuldigung an und versprach, ihre Enkelin demnächst zu uns zu bringen, damit wir ihr neue Kleider geben konnten. Als wir endlich unser *Namaste* austauschten, den gängigen nepalischen Abschieds- wie auch Willkommensgruß, hielt ich immer noch die Blume in der Hand, wie der Rosenkavalier. Und ich mußte denken: *Das Komischste in diesem Land sind doch eigentlich nicht die Nepalen, sondern wir.*

Ja, wir sind immer für eine Überraschung gut, wir unterhaltsamen Ausländer. Ständig stolpern wir über einen neuen Stein, tappen in eine neue Falle. Und das alles eigentlich nur deswegen, weil wir viel zu sehr mit unseren großen und kleinen, schweren und lächerlichen Alltagssorgen beschäftigt sind. Der Berufsmissionar schwebt ja nicht irgendwo über der Welt; er steht mitten drin, und mehr noch als alle anderen Christen muß er sich von den tausend Sorgen und Problemen, die seine Aufmerksamkeit fesseln wollen, freimachen und seinen Blick auf die Ewigkeit und Gottes große Pläne richten. Es ist eine Aufgabe, die ein Leben lang dauern kann.

Aber wir stolpern nicht nur über Nebensächlichkeiten. Wohl das größte ernsthafte Problem, dem wir auf unserem Missionsfeld gegenüberstehen, ist die Armut. Was machen wir mit all den Menschen, die tagtäglich zu uns kommen und den „reichen Missionar" um Geld und Brot, Kleidung und Hilfe bitten?

Da klopft es an die Tür, und wieder steht ein Bettler draußen. Was für einer ist es diesmal? Ein Drückeberger und Faulenzer? Oder ein echter Bedürftiger, der unverschuldet in Not geraten ist? Oft ist er beides. Wie behandeln wir ihn? Wir können ihn großzügig abfertigen und wir können versuchen, ihm zu helfen. Fertigen wir ihn ab, lassen wir ihn schmerzlich spüren, wie lästig er uns ist, und wiederkommen wird er trotzdem. Aber Helfen braucht Zeit. Und Weisheit. Und oft klopft es gerade dann an die Tür, wenn wir aus dem Haus gehen wollen und absolut keine Zeit haben; oder wir wollen gerade unser Abendessen beginnen, unsere dritte Mahlzeit an diesem Tag also, und der Fremde an der Tür hat vielleicht den ganzen Tag noch nichts gegessen und hat auch nicht viel zu erwarten, wenn er nach Hause kommt. Am einfachsten ist immer das Abfertigen; es schont unsere Zeit und beruhigt das Gewissen. Doch zurück bleibt ein bohrendes Unbehagen – die Vorahnung, daß unsere rasche Freigebigkeit zwar für den Augenblick eine Not gelindert, auf lange Sicht jedoch neue Probleme geschaffen hat.

Am Schreibtisch zu sitzen und über das Problem der Armut nachzudenken, ist schon schwierig genug. Aber noch viel schwerer ist es, wenn aus der Theorie Praxis wird und man der Armut auf Tuchfühlung gegenübersteht. Jeder Europäer, der schon einmal in einem Entwicklungsland gewohnt hat, weiß ein Lied davon zu singen. Da wollen wir nach einer arbeitsreichen Woche unserer Familie etwas Besonderes bieten und lassen uns an einem schönen Fleckchen zu einem gemütlichen Picknick nieder. Es dauert keine fünf Minuten, und wir sind von einer ganzen Horde schmutziger, halbnackter Kinder aller Altersstufen umgeben; grinsend und sabbernd stehen sie da und reiben sich unzweideutig den Bauch. Etwas abseits stehen, dezent, aber unübersehbar, einige Erwachsene und schauen interessiert zu: Wie werden sie sich benehmen, die reichen Weißen?

Nun, anfangs schlagen wir uns nicht schlecht. Wir lächeln tapfer und überlegen vorsichtshalber, ob wir wirklich den ganzen Picknickkorb brauchen werden; ein paar Stücke Brot und die halbe Ananas könnte man ja vielleicht entbehren, oder wie wäre es mit etwas Kürbis ... Als nächstes versuchen wir, die aufdringlichen Zuschauer einfach zu ignorieren; wenn man so tut, als sähe man sie nicht, gehen sie sicher wieder. Aber weit gefehlt, es kommen immer mehr, alle wollen sehen, was es hier Besonderes gibt. Sie drängen sich um uns, gestikulieren, lachen, schwätzen, manche haben eine feuchte Aussprache. Nach zwanzig Minuten finden wir, daß es jetzt genug ist, und machen zaghafte Versuche, sie loszuwerden. Wir lächeln sie an, winken ihnen zu, sagen auf Wiedersehen, tschüß, macht's gut, spielt schön weiter ... Aber sie verstehen uns nicht, oder tun jedenfalls so; wir sind die Störenfriede hier, nicht sie. In uns beginnt es zu kochen: Das ist doch unverschämt, wie frech die sind, wir sind doch auch wer, wir haben auch unsere Rechte, man wird doch wohl noch ein Picknick ... *Halt*, meldet sich die leise innere Stimme, *Christen haben keine Rechte in dieser Welt, Christen haben nichts anderes zu erwarten.*

Unsere Kinder werden allmählich quengelig, unsere Frau ist immer einsilbiger. Der schöne Nachmittag ist verdorben. Wir versuchen verzweifelt, die Menge zum friedlichen Abzug zu bewegen; kein Erfolg. Jetzt reicht es uns! Unser Lächeln verschwindet, unsere Stimme wird hart, wir sagen den Unverschämten unsere Meinung. Das wirkt. Wie von Zauberhand erstarren die Gesichter um uns herum, die Münder bleiben offenstehen, und unsere leise innere Stimme seufzt auf: *Da, jetzt hast du es wieder gemacht.* Sofortige Reue: Wie konnten wir nur, wir wollen doch Christen sein, Jesus ist nie zornig geworden, wenn sich die Menge um ihn drängte; schnell das Ruder herumreißen und wieder lächeln, es war ja nicht so böse gemeint ... Aber zu spät. Die Menge hat den Rückzug angetreten, ihre Fröhlichkeit ist fort, sicher denkt sie sich ihr Teil. Nun ja, eigentlich könnten wir auch gehen, es ist sowieso bald Zeit. Mit vollem Bauch und leerem Herzen sammeln wir die Reste unserer Mahlzeit ein. Jetzt sind wir endlich allein, die Zuschauer sind weg. Unser Mantel, den wir irgendwo abgelegt hatten, ist auch weg – gestohlen. Hundert Gedanken wirbeln in unserem Kopf, und wieder einmal stehen wir vor der großen Wahrheit, die uns aus so vielen Bibelstunden und Predigten vertraut ist: Die Liebe Christi kann nur Christus selbst geben, nicht wir.

Ein überspitzter Einzelfall? Schriftstellerische Übertreibung? O nein, sondern alltägliche Erfahrung für jeden, der als Reicher unter Armen lebt. Szenen wie die oben geschilderte ereignen sich jeden Tag, in Dutzenden von Ländern und Hunderten von Variationen. Selbst in dem traditionell „unverdorbenen" Nepal nehmen Betteln und Diebstahl neue Dimensionen an, seit immer mehr westliche Touristen ins Land strömen. Immer wieder passiert es uns, daß wir einem Menschen unser Vertrauen und Mitleid schenken und böse ausgenutzt und betrogen werden dafür. Oder wir sind zu vorsichtig und mißtrauisch und tun einem ehrlichen Menschen bitter weh. Einen goldenen Mittelweg gibt es anscheinend nicht.

Oder haben wir es uns vielleicht zu schwer gemacht bei dem Picknick? Sicher hätte man mit den Leuten ganz vernünftig reden können? Oder, falls das nichts fruchtete oder man ihre Sprache nicht verstand, einfach seine Sachen packen und weggehen? Ein wohlgemeinter Rat, aber er übersieht, wie groß die Kluft zwischen Arm und Reich ist. Man gebe der hungrigen Schar das ganze Essen, und sie wird versuchen, auch noch den Korb zu nehmen.

Es ist schwierig, unseren Freunden in der Heimat begreiflich zu machen, wie reich selbst der ärmste Missionar gegenüber den Menschen in einem Land wie Nepal ist. Oft leuchtet das Glitzern unserer Güter heller als das Licht unseres Evangeliums. Jeden Tag kommen Menschen an unsere Tür und bitten um ein Hemd, eine Blechdose, ein Paar alte Schuhe, etwas zu essen, ein wenig Geld. Geben wir ihnen, um was sie bitten, kommen am nächsten Tag noch mehr, und wir bekommen eine Gemeinde von „Reischristen". Geben wir ihnen nichts, haben wir ein schlechtes Gewissen, denn schließlich wissen wir genau, daß wir sieben Hemden in unserem Kleiderschrank haben, die wir eigentlich nicht brauchen ... Es gibt Missionare, die dieses Problem radikal gelöst haben: Sie haben ihren ganzen Besitz verkauft und gönnen sich nicht mehr, als ihre Nachbarn haben. Die übrigen (darunter auch wir) versuchen, „realistisch" zu sein, und steuern einen Kompromißkurs.

Ich glaube nicht, daß alle Christen dazu berufen sind, ihren Besitz aufzugeben und buchstäblich arm zu sein. Aber es läßt sich nicht leugnen, daß eine solche Berufung ihre Vorteile hat; sie macht vieles von dem, was Jesus über die Armut, aber auch über die Nachfolge gesagt hat, einfacher und eindeutiger. Wie leicht ist es doch, Jesu Worte umzudeuten, zu entschärfen, zu bloßen „Symbolen" und „Bildern" zu machen. Aber immer noch stehen sie da: „Wenn einer dich um etwas bittet, dann gib es ihm; wenn einer etwas von dir borgen möchte, dann leih es ihm" (Matthäus 5,42). Und: „Verkaufe alles, was du hast, und gib das Geld den Armen ... und dann geh mit mir!" (Markus, 10,21) Ob uns diese Worte nicht doch helfen können, die Kluft zwischen dem Reichtum des weißen Missionars und der Armut seines Missionsfeldes, die so oft sein christliches Zeugnis verdunkelt, zu überbrücken?

Aber hinter dem Problem des materiellen Reichtums liegt ein noch tieferes Problem. Hören wir überhaupt auf Gottes Stimme?

Lassen wir uns von ihm etwas sagen? Lieben wir ihn so sehr, daß wir bereit sind, alles für ihn aufzugeben, wenn er es verlangt? Solange wir diese Fragen nicht klar beantwortet haben, ist alles Grübeln über die Zahl unserer Hemden oder die Größe unseres Bankkontos letztlich sinnlos. Wenn wir wirklich unser altes, egoistisches Ich ans Kreuz gehängt, wenn wir von ganzem Herzen Ja zu Gott gesagt haben und die Liebe Christi in unserem Leben sichtbar wird, dann schließt sich die Kluft, die durch unseren Besitz entstanden ist, wie von selbst.

Medizinisches

Als wir nach Amp Pipal zogen, kamen wir in ein Gebiet, in dem nicht weniger als eine halbe Million Menschen wohnten, die bisher nur einen einzigen Missionsarzt zur Verfügung gehabt hatten. Sicher empfingen sie uns mit offenen Armen? Falsch. Den meisten war es schlicht egal, ob wir kamen oder nicht; wir waren für sie so etwas wie Hausierer, die eine neue Ware verkaufen wollten. Selbst heute, nach fünfzehn Jahren, ist bei vielen das Mißtrauen noch nicht verschwunden. Sie verstehen einfach nicht, warum wir in ihr Land gekommen sind.

Der Begriff der selbstlosen Liebe ist dem Hinduismus fremd; man tut seine guten Werke nicht für den anderen, sondern selbstverständlich für sich selbst – um Pluspunkte für seine nächste Inkarnation, das nächste Leben im Kreislauf der Wiedergeburten zu sammeln. Die meisten unserer Patienten empfinden daher keine Dankbarkeit, wenn wir sie behandeln; im Gegenteil, sie erwarten, daß *wir ihnen* dankbar sind, haben sie uns doch eine Gelegenheit gegeben, unser himmlisches Verdienstkonto aufzubessern. Gut, daß wir nicht hierhergekommen sind, um uns danken zu lassen; wir hätten es sonst nicht lange ausgehalten.

Dieses Mißtrauen gegenüber unseren Motiven ist nicht die einzige Barriere, die unsere Arbeit behindert. Ein mindestens genauso großes Problem ist die allgemeine Unwissenheit der Menschen, ihre Unkenntnis auch nur der einfachsten medizinischen und hygienischen Zusammenhänge. In den nepalischen Bergen, wo kaum einer der Erwachsenen eine Schule besucht hat, hat alles Neue einen schweren Stand, hält man zäh an seinen jahrhundertealten Traditionen und Gebräuchen fest, wie abergläubisch oder schädlich sie auch sein mögen.

Der nepalische Bergbauer glaubt nicht an Bakterien und findet es komisch, wenn diese ausländischen Ärzte sich über etwas aufregen, was man gar nicht sehen kann. Wir zeigen ihm einen stattlichen Bandwurm und erklären ihm, daß dieses Tier aus Eiern entstanden ist, die man auch nicht sehen kann. Aber auch das überzeugt ihn nicht; er zuckt ungläubig die Achseln.

Der gebildete Europäer oder Amerikaner glaubt fest an den Sieg des Wissens über die Unwissenheit. Wenn jemand etwas nicht weiß, bringt man es ihm halt bei – so einfach ist das. Wirklich so einfach? Ich erinnere mich da an einen Hygiene-Vortrag, der von einer unserer besten und redegewandtesten Schwestern gehalten wurde. Ihr Thema: Krankheitsübertragung durch Fliegen.

Um ihren Unterricht so recht anschaulich zu machen, breitete sie vor ihren wißbegierigen Zuhörern die Krönung westlicher Pädagogik aus: ein großes Lern-Poster, das in gigantischer Vergrößerung, mit bizarren Knollenaugen, langen, häßlich behaarten Beinen und furchteinflößendem Rüssel, eine Stubenfliege zeigte. Mit angehaltenem Atem und weit aufgerissenen Augen lauschten die Zuhörer, wie die Schwester die Übeltaten dieses abscheulichen Insekts beschrieb. Sie erklärte ihnen, wie solche Fliegen Krankheitskeime aufnehmen und sie dann auf Lebensmittel und Geschirr, auf der Haut und in Wunden ablegen. Sie erläuterte auch, welches die Krankheiten sind, die von Fliegen übertragen werden, und beschrieb, wie schnell Fliegen sich vermehren und wie sie ihre Eier legen.

Als sie geendet hatte, brach unter ihren Zuhörern eine angeregte Diskussion los. Sie waren äußerst beeindruckt von diesen britischen Riesenfliegen (die Schwester kam aus England) und unbeschreiblich erleichtert, daß es solche Ungeheuer in ihrem schönen Nepal nicht gab. Wie furchtbar mußte es sein, in einem Land zu leben, wo eierlegende Drachen von der Größe eines Kürbisses in die Häuser flogen und die Menschen krank machten ... Ob diese Ausländerin am Ende gar deswegen nach Amp Pipal gezogen war?

Der durchschnittliche nepalische Dorfhaushalt ist ein Paradies für Bakterien. Die Menschen bereiten und servieren ihre Mahlzeiten auf dem Fußboden, und der Fußboden ist eine Mischung aus rotem Lehm und Büffeldung, die *Lipnu* genannt und täglich aufgefrischt wird. Sie essen mit den Fingern, die sie vor jeder Mahlzeit in ein rituelles Waschgefäß aus Messing tauchen, wobei sie jedoch kaum genügend Wasser verwenden, um auch nur den gröbsten Dreck abzuspülen. Mit Wasser geht man sparsam um in Nepal, denn es muß in irdenen Krügen von der nächsten Quelle herbeigeschafft werden, und die liegt nicht selten eine halbe Stunde entfernt. Seife ist unerschwinglich (ein Stück kostet einen halben Tageslohn) und auch unbeliebt, denn wer will schon, daß sein Essen nach Seife schmeckt?

Wasser ist nicht nur kostbar, sondern auch oft verunreinigt. Und wenn das Wasser sauber ist, ist wahrscheinlich der Topf verschmutzt. Natürlich könnte man das Wasser abkochen, aber das verdirbt das Aroma und kostet Feuerholz, das ebenfalls kostbar ist. Die schlimmste Verschmutzungsquelle sind natürlich die menschlichen Exkremente, die man überall findet. Latrinen und Aborte sind so gut wie unbekannt, und der fortschrittliche Bürger, der es unternimmt, eine dieser neumodischen Erfindungen an sein Haus anzubauen, bricht das Projekt gewöhnlich nach einer Woche wieder ab, weil ihm der Gestank auf die Nerven geht.

Dabei ist der Gestank noch ein relativ harmloses Problem, das man mit etwas Kalk lösen kann. Schlimmer ist der weitverbreitete Aberglaube, daß die Geister einen holen, wenn man zu seiner Entleerung den gleichen Ort zweimal benutzt. Einige Nepalen aus den höheren Kasten vergraben ihren Stuhl und tragen zu diesem Zweck einen kleinen Spaten mit sich, aber diese Sitte ist fast ausgestorben. Kürzlich versuchte auf einer Dorfversammlung ein junger Lehrer, für sie zu werben. Er beendete sein Plädoyer mit dem vorwurfsvollen Hinweis, daß seine Zuhörer weniger Verstand hätten als eine Katze; Katzen lassen ihre Exkremente nicht einfach liegen, sondern vergraben sie.

Ein anderes großes Problem ist die Ernährung. Das Land produziert kaum genügend Nahrungsmittel für seine Bewohner. Um so wichtiger wäre es für sie, mit dem Wenigen, was sie haben, weise umzugehen. Aber sie verstehen nichts von richtiger Ernährung; folglich sind sie unterernährt; die Unterernährung schwächt ihre Widerstandskraft, was zu schweren Krankheiten führt. Kranke Bauern aber sind zu schwach, um richtig zu arbeiten; die unausbleibliche Folge sind schlechte Ernten; schlechte Ernten aber bedeuten weniger Essen, mithin mehr Unterernährung. Es ist ein schlimmer Teufelskreis, und sein Motor ist der Aberglaube und die Unfähigkeit, aus dem alten Geleise auszubrechen.

Am schlimmsten trifft die Unterernährung die Kinder; viele von ihnen sterben. Aber auch die Kranken bekommen ihr Teil ab. Immer noch gilt es als korrekt, Kranken möglichst wenig zu essen zu geben und Durchfallpatienten nichts trinken zu lassen. Wer eine Erkältung hat, sollte keine Bananen zu sich nehmen, und der Frau, die gerade entbunden hat, verbietet man Kürbisse und

Gurken. Und wer nicht krank ist, hat immer noch die zahlreichen religiösen Diätvorschriften zu beachten. Wer zur Kaste der Brahmanen gehört, darf zum Beispiel keine Eier essen, womit ihm eine der wichtigsten Proteinquellen verschlossen ist – ein Verbot, das (wieder einmal) besonders die Kinder trifft.

Aber dem durchschnittlichen Nepalen kommt es nicht in den Sinn, daß seine Ernährungsweise oder seine Hygiene mangelhaft sein könnte. Für ihn sind Krankheiten das Werk von Geistern und Hexen – und bei Krankheiten, die vor allem das Nervensystem angreifen, wie zum Beispiel Meningitis, Tetanus oder Epilepsie, muß dieser Glaube auch einleuchtender erscheinen als unsere modernen wissenschaftlichen Erklärungen. Sind aber die Geister schuld, dann geht man am besten zum Priester oder Schamanen, damit er sie durch die richtigen Rituale besänftigt oder austreibt. Nur die aufgeklärteren Köpfe kommen zu uns, wenn sie krank sind, und dann auch nur bei bestimmten Krankheiten.

Nicht alles, was die „Dorfdoktoren" tun, schadet ihren Patienten. Priester wie Schamanen haben durchaus Heilungen zu verzeichnen, und ihre allgemeine psychotherapeutische Funktion ist nicht zu unterschätzen. Ich sollte einmal einen jungen Mann behandeln, der an nervöser Impotenz litt. Ich sagte ihm, daß ich nichts für ihn tun könne, worauf er erwiderte, ein Schamane habe ihm aber schon einmal eine Medizin gegeben, die zwei Jahre lang wahre Wunder gewirkt habe. „Dann nehmen Sie die Medizin weiter", sagte ich ihm. (Ich wüßte zu gern, was für eine Medizin das war.)

Aber die Dorfmedizin hat eben auch ihre Kehrseite. Immer wieder kommen Patienten mehr tot als lebendig in unser Krankenhaus, nachdem man sie tage- oder wochenlang mit den falschen Kräutern behandelt und halb vergiftet hat. Schaffen wir es dann nicht mehr, sie zu retten, sind natürlich wir die Dummen. Oder der Patient ist ohnmächtig, und was tun seine besorgten Verwandten? Sie gießen ihm Wasser in den Mund, damit sein Geist nicht durstig wird und womöglich vorzeitig den Körper verläßt. Das Wasser läuft in die Lunge des Kranken und erstickt ihn; er stirbt – und wieder einmal hat die moderne Medizin versagt ...

Am furchtbarsten für uns ist die Sitte, Schwerkranke, deren Ende nahe scheint, aus dem Krankenhaus zu holen und ans Ufer eines Flusses zu bringen, damit ihre Seele schnell und reibungslos in ihr nächstes Leben übergehen kann. Wir erleben es immer wieder, daß wir uns stunden-, ja tagelang um einen Menschen bemühen, und gerade, als die Medikamente zu wirken beginnen und der erste Hoffnungsschimmer sich zeigt, kommen die Verwandten, heben den Kranken aus seinem Bett und tragen ihn fort, zum nächsten Fluß. Wir versuchen, mit ihnen zu reden, bitten sie, doch noch etwas Geduld zu haben – umsonst. Es hat Jahre gedauert, bis wir herausfanden, warum diese Menschen so unnachgiebig sind: Sie haben Angst davor, daß der Geist des Kranken unter ihnen umgeht und spukt. Nur wenn er in der Nähe eines Flusses stirbt, können sie sicher sein, denn dann fährt der Geist kurz vor dem Tod in das Wasser.

Die Therapien der Priester und Schamanen können nicht nur wirkungslos oder schädlich sein; oft sind sie auch teuer. Ich erinnere mich an einen älteren Mann, der mit Gelbsucht zu uns kam. Er war früher einmal ein wohlhabender und einflußreicher Mann in seinem Dorf gewesen, hatte dann aber seine gesamten Ersparnisse geopfert und seinen ganzen Besitz und den seiner Familie verkauft, um den Priester bezahlen zu können, der ihn behandelte. Jetzt war er völlig ruiniert und besaß keinen Pfennig mehr; nur seinen Gallenstein hatte ihm der Priester gelassen. Die Geschichte dieses Mannes ist kein Einzelfall. Kein Wunder, daß so viele unserer Patienten es sich nicht leisten können, unsere Krankenhausrechnung zu bezahlen oder auch nur zu uns zu kommen.

Womit wir wieder bei dem Thema „Armut" sind. Sie erweist sich nicht selten als ein noch größeres Hindernis als Unwissenheit und Aberglaube. Viele unserer Patienten haben einen grauen Star und brauchen eine Operation. Aber solange die Staroperation Geld kostete, war kaum jemand an ihr interessiert. Seitdem wir sie kostenlos anbieten können, weil eine amerikanische Organisation (Operation Eyesight Universal in Calgary, Alberta) uns finanziell unterstützt, hat sich das Bild völlig gewandelt: Jetzt ist die Staroperation unser häufigster chirurgischer Eingriff geworden – etwa hundert Patienten pro Jahr.

Armut ist ein relativer Begriff. Ein Nepale, der auch nur die Hälfte dessen sein eigen nennen könnte, was ein deutscher oder amerikanischer Sozialhilfeempfänger besitzt, wäre der reichste Mann in seinem ganzen Distrikt. Darauf kann man natürlich antworten, daß ein solcher Vergleich unfair sei, da doch das Leben in einem Land wie Deutschland oder den USA viel teurer ist als in

Nepal. Und es ist auch teurer. Aber *warum* ist es denn teurer? Doch vor allem deswegen, weil unsere *Ansprüche* so hoch sind. Was brauchen wir nicht alles, um ein „menschenwürdiges" Dasein zu haben!

Der einfache Dorfbewohner in Nepal besitzt ein winziges, aus Lehm und Steinen gebautes Haus, ein paar Ziegen und Hühner, einen Holzpflug, ein paar Töpfe, Teller und andere Gerätschaften, eine oder zwei Decken (für die ganze Familie), einige Strohmatten und die nötigsten Kleider. Gehört er zu den vielleicht dreißig Prozent, die die „Mittelklasse" bilden, besitzt er darüber hinaus eine Kuh oder zwei oder drei Büffel und genügend Land, um sich mehr oder weniger für das ganze Jahr mit Essen zu versorgen; außerdem nicht ein Hemd pro Person, sondern mehrere, einen Regenschirm, eine Sonnenbrille und vielleicht sogar ein Paar Schuhe. In der oberen Mittelklasse ist man stolzer Besitzer des größten aller Statussymbole: eines Kofferradios. Noch mehr Wohlstand findet man nur in einem Prozent der Bevölkerung, gewöhnlich Großgrundbesitzer, die schon seit langem in Kathmandu wohnen; sie sind die einzigen, die man in Amerika oder Westeuropa nicht als „arm" bezeichnen würde.

Arbeitsplätze sind in den Bergen von Nepal eine Seltenheit. Die meisten Menschen haben kein geregeltes Einkommen, und wer eines hat, zeigt damit gewöhnlich nur, daß er zu den Ärmsten der Armen gehört, weil er kein eigenes Ackerland besitzt; er schlägt sich mit so niedrigen Arbeiten wie Lastentragen durch und lebt von der Hand in den Mund. Das Durchschnittseinkommen in Nepal beträgt pro Kopf der Bevölkerung rund 160 Dollar, aber in dem Gebiet, wo wir wohnen, ist es nur ein Bruchteil davon. Selbst eigenes Ackerland ist keine Garantie dafür, daß man das ganze Jahr über genug zu essen hat; die meisten Bauern sind darauf angewiesen, Nahrungsmittel zu kaufen, um ihre Vorräte zu strecken – oder, wenn sie das nötige Geld nicht haben, bis zur nächsten Ernte mit einer Mahlzeit pro Tag auszukommen.

Es braucht uns wirklich nicht zu wundern, daß unsere Patienten meist erst dann zu uns kommen, wenn es ihnen wirklich elend geht, vielleicht schon gar zu spät ist. Und es geht ja nicht nur um das Geld. Die Menschen scheuen natürlich sowieso davor zurück, sich in die Hände dieser merkwürdigen weißen Fremden zu begeben. Außerdem ist der Gang ins Krankenhaus ein höchst langwieriges und kompliziertes Unternehmen, das die ganze

Familie nebst Garten, Haus und Hof in Mitleidenschaft zieht. In Nepal reist man nämlich nicht gern allein, und die meisten Patienten erscheinen mit einer ganzen Begleitmannschaft von Verwandten und Freunden, oft acht oder zehn Personen, die dann womöglich selbst auch untersucht werden wollen, damit sich die Reise auch lohnt.

Bevor die Reise angetreten wird, muß man Nachbarn finden, die nach den Kindern und Tieren sehen, die zu Hause bleiben müssen. Zweitens müssen, falls der Patient nicht mehr gehen kann, Träger gemietet werden. Drittens muß genügend Verpflegung für die ganze Mannschaft gepackt und den ganzen Weg getragen werden, falls man es nicht vorzieht, sie in Amp Pipal zu überhöhten Preisen zu kaufen. Und viertens muß man natürlich Geld mitnehmen (wenn man denn welches hat), um die Rechnung für die Behandlung bezahlen zu können. Nicht selten verschlingt die Rechnung die Ersparnisse mehrerer Monate.

Medizinische Behandlung hat ihren Preis, und irgend jemand muß ihn zahlen. Soll der Staat zahlen? Es gibt in Nepal staatliche Krankenhäuser, und die Behandlung in ihnen ist in der Tat kostenlos; aber was hilft das, wenn womöglich keine Medizin da ist? Das jährliche Gesundheitsbudget der nepalischen Regierung beträgt ganze 30 Cent (knapp 60 Pfennig) pro Kopf der Bevölkerung, und damit lassen sich keine großen Sprünge machen. Unsere Missionshospitäler haben genügend Medizin, werden aber nicht vom Staat unterstützt und sind daher darauf angewiesen, Gebühren von ihren Patienten zu verlangen; und eben diese Gebühren halten so manchen davon ab, rechtzeitig zu uns zu kommen. Zwei Tagelöhne für eine Röntgenaufnahme? Zwei Monatslöhne für eine Operation? Höchstens die Hälfte der Menschen im Einzugsgebiet unserer Klinik kann sich einen Besuch bei uns finanziell leisten, von den anderen Hindernissen einmal ganz abgesehen.

Ja, das ist das furchtbare Dilemma, in dem wohl die meisten Missionsärzte in der Welt stehen: Wie können wir den Armen helfen und gleichzeitig unsere Arbeit finanziell über Wasser halten? Falls einer meiner Leser eine Lösung weiß, sage er sie mir bitte.

Welche Transportmittel benutzt man, um zum Missionshospital Amp Pipal zu kommen? Einfach: Man geht zu Fuß. Auf steinigen Bergpfaden, denn ausgebaute Wege und Straßen gibt es nicht.

Die meisten Patienten haben, wenn sie zu uns kommen, einen vollen Tagesmarsch hinter sich. (Ein *gesunder* Amerikaner oder Europäer wäre für die gleiche Strecke zwei Tage lang unterwegs und wahrscheinlich am Rande des Zusammenbruchs.) Ist der Patient zu krank, um selbst zu laufen, trägt man ihn – huckepack, auf den gleichen steinigen Pfaden und (mindestens) wieder einen vollen Tag lang. Daß das Krankenhaus knapp unter dem Gipfel eines Berges liegt, macht die Sache nicht einfacher, allerdings auch nicht schwieriger. Klettern muß man immer in unserem Gebiet, und da die Bewohner sich recht gleichmäßig auf Berg und Tal verteilen, ist es letztlich egal, ob das Hospital oben oder unten liegt; wer nicht auf dem Hinweg klettern muß, muß sehr wahrscheinlich auf dem Heimweg klettern.

Wichtiger ist da schon die Jahreszeit. Sowohl während der Reisernte als auch wenn der neue Reis gepflanzt wird, wird jedes Familienmitglied auf dem Feld gebraucht, und man kann es sich nicht leisten, einen Kranken ins Hospital zu bringen. Gemeinwohl geht vor Eigenwohl; es ist wichtiger, daß die ganze Familie genug zu essen hat, als daß ein einzelner gesund wird.

Man geht auch nicht an einem der zahlreichen hinduistischen Feiertage ins Krankenhaus. Gar nicht so selten geschieht es sogar, daß jemand, der bereits im Krankenhaus ist, plötzlich wieder nach Hause geht, um den Feiertag im Kreise seiner Angehörigen und Nachbarn zu verbringen.

Schließlich die Regenzeit: So mancher Gang ins Krankenhaus fällt dem Monsun zum Opfer. Flüsse, die in der Trockenzeit viele Furten haben, werden zu reißenden Strömen, die man nur noch auf einer der wenigen festen Brücken überqueren kann. Die nächste Brücke aber liegt oft ein oder zwei Tagereisen entfernt oder ist überhaupt nicht zugänglich.

So ironisch es klingt: Wir sind nicht böse, daß so viele nicht zu uns kommen können. Kämen sie, wir wüßten nicht mehr, wo wir mit unserer Arbeit anfangen sollten. Wir haben im Laufe der Jahre den Punkt erreicht, wo wir einfach nicht noch mehr Patienten verkraften können. Bei uns sind alle Betten belegt.

Wir bekommen nur einen Bruchteil des Leides unserer Nepalen zu Gesicht. Viele kommen gar nicht erst, und die, die kommen, haben meist den größten Teil ihres Leidens schon hinter sich, weil sie den Gang zu uns so lange aufgeschoben haben.

Da hat zum Beispiel jemand Zahnschmerzen. Kein Problem, möchte man sagen, man geht eben zum Zahnarzt. Aber was ist, wenn die Praxis einen Tagesmarsch weit entfernt liegt? Oder noch weiter? Man schiebt den Besuch vor sich hin; wer weiß, vielleicht geht der Schmerz von allein wieder weg. Der Schmerz wird stärker und beginnt zu pochen; man wartet immer noch. Man wartet so lange, bis der ganze Kiefer vereitert ist und Gesicht und Schlund so geschwollen sind, daß man nicht mehr sehen und nicht mehr schlucken kann. Und das ist nur eines aus einer ganzen Legion von Beispielen.

Leid hat viele Gesichter, und irgendwann trifft es jeden. Aber so viel von dem Krankheitsleid in Nepal ist schlicht unnötig! Die Hälfte der Bevölkerung hat Wurmkrankheiten, die man mit Medizin für 20 Pfennig auskurieren kann – wenn der Kranke die Medizin bekommt... Kinder werden für den Rest ihres Lebens zu Krüppeln, weil eine leichte Verbrennung oder ein Knochenbruch nicht behandelt wurde. Die Hälfte der Kinder in den Bergen stirbt in den ersten fünf Lebensjahren, die meisten davon gleich im ersten Jahr; fast immer wäre die Krankheit heilbar gewesen. Wegen dieser enormen Kindersterblichkeit beträgt die durchschnittliche Lebenserwartung in Nepal ganze 44 Jahre, in den ärmeren Regionen sogar nur 35. Statistische Zahlen, hinter denen sich Abgründe an Leid verbergen.

Das Einzugsgebiet unseres Hospitals ist etwa 3.000 Quadratkilometer groß, etwas mehr als das Saarland, und über dieses Gebiet verstreut wohnen 500.000 Menschen. In den späten sechziger Jahren, als das Krankenhaus gebaut wurde, gab es in diesem gesamten Gebiet keinerlei medizinische Einrichtungen, bis auf eine kleine Missionsapotheke und Ambulanz im Dorf Amp Pipal. Das Hospital wurde 1970 eröffnet, und der erste Arzt war Dr. Helen Huston aus Kanada. Sie hat inzwischen drei Kollegen bekommen. Vier Ärzte auf eine halbe Million Menschen. In den Vereinigten Staaten wären es fünfhundert, in der Bundesrepublik Deutschland tausend.

Vor einigen Jahren ist sechs Fußwegstunden von Amp Pipal entfernt ein neues Distriktkrankenhaus eröffnet worden, das von einem staatlichen Arzt betreut wird, der jedoch nur mit großen Unterbrechungen am Ort ist. Die Regierung hat große Schwierigkeiten, genügend Personal für die Krankenhäuser in den entlegeneren Gebieten zu bekommen, denn auch in Nepal ziehen die

Ärzte die lukrativere Arbeit in den Städten vor. Ein großer Hoffnungsschimmer ist, daß man in Kathmandu endlich eine medizinische Fakultät eröffnet hat, so daß die nepalischen Medizinstudenten nicht mehr auf die wenigen Studienplätze im Ausland angewiesen sind. Es wird jedoch noch viele Jahre dauern, bevor es in den Bergen auch nur annähernd genügend Ärzte gibt.

Noch wichtiger als die medizinische Fakultät ist das wachsende Netz von „Gesundheitsposten" im ganzen Land, in denen staatlich ausgebildete „Hilfsärzte" gewisse einfachere Behandlungen und Eingriffe vornehmen. Wenn dieses Projekt erfolgreich ist, wird es eines Tages praktisch kein Dorf mehr geben, das ohne medizinische Versorgung ist. Aber bis dahin ist es noch ein weiter Weg. Zur Zeit jedenfalls sind die meisten Menschen in unserem Gebiet noch ohne hinreichende und finanziell erschwingliche medizinische Versorgung.

Als das Missionshospital Amp Pipal gebaut wurde, gab es weit und breit keine einzige Straße. Das Baumaterial mußte zu Fuß auf unseren Berg transportiert werden – von dem zehn Kilometer entfernt liegenden kleinen Landeplatz oder gleich den ganzen Fünftagemarsch von Kathmandu direkt. Die nepalischen Bauarbeiter hatten in ihrem ganzen Leben noch kein Krankenhaus gesehen, geschweige denn eines gebaut. Aber Dr. Huston und die anderen Missionare gaben nicht auf, und ihre Tatkraft und Weitblick wurden belohnt. Der Besucher, der zum ersten Mal nach Amp Pipal kommt, will seinen Augen nicht trauen: Ein modernes Krankenhaus inmitten dieser wilden Berge und Schluchten, das ist doch nicht möglich! Und eigentlich ist es auch nicht möglich. Aber nichts ist unmöglich für Gott, der auch diese Bergbauern fern von jeder Zivilisation liebt.

Das Krankenhaus bietet Betten für vierzig Patienten. Es hat zwei Operationszimmer, eine Röntgenabteilung, ein kleines Labor und eine kleine Apotheke mit den nötigsten Medikamenten. Trotz ständiger Nachschubprobleme können wir in den meisten Fällen unseren Patienten helfen.

Die Zahl unserer Patienten ist im Laufe der Jahre steil gestiegen. Zur Zeit behandelt allein unsere Ambulanz zwischen 35.000 und 40.000 Patienten pro Jahr. In den letzten sechs Jahren hat sich die Zahl der Operationen verdreifacht, bei den größeren Eingriffen sogar verfünffacht. Pro Jahr werden über 1.200 chirurgische Eingriffe durchgeführt! Die Kapazität der Klinik und die

Belastbarkeit der Mitarbeiter sind an ihre äußersten Grenzen gelangt.

Die United Mission to Nepal erwartet von ihren Krankenhäusern, daß sie sich, so weit irgend möglich, selbst tragen, bis auf die ausländischen Mitarbeiter, die ja durch Spenden und Zuwendungen aus ihren Heimatländern unterstützt werden. Es gibt auch Zuschüsse für die Behandlung bestimmter Krankheiten wie Lepra und Tuberkulose sowie für mittellose Patienten. Die Gebühren, die wir von unseren Patienten erheben, decken den größten Teil der laufenden Kosten des Hospitals, einschließlich der Gehälter der sechzig nepalischen Angestellten. Die Gebühren sind äußerst niedrig: Ein Besuch in der Ambulanz kostet im Durchschnitt 1,30 Dollar (etwa DM 2,50), ein Tag stationäre Behandlung knapp das Doppelte, wobei der Bettenplatz mit 0,25 Dollar zu Buche schlägt; eine größere Operation bekommt man für 12 Dollar. Kostendämpfung? Wir haben sie. Und doch, für die meisten unserer Patienten sind wir teuer, für viele unerschwinglich.

Der Leser fragt sich inzwischen vielleicht schon längst, warum wir denn so unbarmherzig sind und von unseren armen Patienten Geld verlangen. Wäre es nicht viel schöner, die gesamte Arbeit durch Spenden aus der Heimat zu finanzieren, aus dem reichen Amerika und Europa? Nun, solche Gedanken sind sehr verständlich, aber unrealistisch. Der durchschnittliche Spender ist begeistert dabei, wenn es um ein neues Projekt geht, aber er wird leicht müde, wenn er Jahr für Jahr dasselbe alte Projekt unterstützen soll. In Nepal müssen wir außerdem damit rechnen, daß unsere Krankenhäuser und Schulen eines Tages verstaatlicht werden, und wir würden dem Land einen schlechten Dienst erweisen, wenn wir ihm Häuser überließen, die von Spenden aus dem Ausland abhängig sind.

Wir müssen uns also unsere Dienste bezahlen lassen, so unangenehm das auch sein mag; und es *ist* unangenehm, einem gerade genesenen Patienten, der noch nicht einmal ein Paar Schuhe besitzt, seine nächsten drei Monatslöhne abzufordern. Es ist erstaunlich, wie gut das System trotz allem funktioniert. Unsere Kassierer, die selbst Nepalen sind, erledigen ihre Arbeit auf eine höchst zuverlässige und feinfühlige Art, und die meisten Patienten sind in der Lage und auch bereit, mindestens einen Teil der Rechnung zu bezahlen. Kann ein Patient nicht den vollen Betrag zahlen, erlassen wir ihm den Rest; kann er überhaupt nicht zahlen, weisen wir ihn nicht ab, sondern behandeln ihn trotzdem. Im ganzen tun wir bis zu einem Viertel unserer Arbeit gratis. Die dadurch entstehenden Verluste werden durch Subventionen aus anderen Quellen abgedeckt und zum Teil auch durch die zahlenden Patienten, denn die Gebühren sind so bemessen, daß sie etwas mehr als kostendeckend sind.

Als das Hospital eröffnet wurde, waren ausgebildete nepalische Krankenpfleger und -schwestern Mangelware. Die Mission eröffnete daher eine Art Schwesternschule, die sich sehr bewährt hat. Die meisten unserer jetzigen Mitarbeiter haben erst hier in Amp Pipal ihre Ausbildung erhalten. In den letzten Jahren können wir allerdings auch zunehmend staatlich ausgebildetes Personal einstellen. Der Posten der Oberschwester wird demnächst von einer eigens dafür ausgebildeten nepalischen Mitarbeiterin übernommen werden, und unser Endziel ist, das gesamte Krankenhaus in die Hände geeigneter nepalischer Ärzte zu übergeben; bis jetzt haben wir jedoch noch keinen Arzt finden können, der bereit wäre, in Amp Pipal zu arbeiten.

Vierzig Krankenhausbetten und eine halbe Million Menschen – unsere Grenzen sind nur allzu deutlich. Viele Patienten kommen, wie gesagt, gar nicht erst zu uns, und manche von denen, die kommen, müssen wir unbehandelt wieder fortschicken, weil sie – jedenfalls mit unseren Mitteln – unheilbar sind und wir unsere Kräfte auf die aussichtsreicheren Fälle konzentrieren müssen. Immer wieder kommt es vor, daß ein ausgemergelter Schwerkranker sich drei Tage lang bergauf, bergab tragen läßt, in der verzweifelten Hoffnung, daß eine Spritze oder eine Operation ihn retten wird – und wir müssen ihm eröffnen, daß wir nichts für ihn tun können … Glücklicherweise ist dies der Ausnahmefall für uns, aber er tut doch weh.

Krishna

Der dürre kleine Junge, der mir in meinem Sprechzimmer gegenübersaß, klagte darüber, daß es ihm beim Wasserlassen brannte. Kein besonders komplizierter Fall offenbar. Ich untersuchte ihn flüchtig, verschrieb ihm etwas Medizin und entließ ihn. Der Nächste, bitte. Es war wieder einmal ein hektischer Tag, achtzig oder neunzig Patienten. Den Jungen hatte ich bald vergessen. Ich hätte noch nicht einmal sagen können, wer ihn gebracht hatte. Kein Wunder, denn er war allein gekommen. Allein zum Arzt zu gehen, ist in Nepal schon bei einem Erwachsenen etwas Besonderes; ein Kind, das allein in die Praxis kommt, ist eine Sensation.

Eine Woche später war er wieder da, die Medizin hatte nicht gewirkt. Wieder war er allein gekommen, die ganzen zwei Stunden von seinem Dorf. Ich fragte ihn, warum ihn denn niemand von seinen Verwandten begleitete. Er habe keine Verwandten, antwortete er.

Er hieß Krishna und war neun Jahre alt, aber nicht größer als ein amerikanischer Fünfjähriger. Sein Vater war vor ein paar Jahren in einem Erdrutsch ums Leben gekommen, und seine Mutter war mit einem anderen Mann zusammengezogen und hatte Krishna in der Obhut von Nachbarn zurückgelassen, die sich offenbar mehr schlecht als recht um ihn kümmerten. Der Junge begann mich zu interessieren. Er hatte eine höchst einnehmende, halb erwachsene, halb hilflose Art, wie er da vor mir saß und mich rundheraus bat, ihm doch bessere Medizin zu geben. Er war sehr selbständig für sein Alter.

Krishnas Urin war voller Bakterien, und ich gab ihm stärkere Medizin. Aber nach einer Woche kam er wieder zurück, immer noch krank. Diesmal ließ ich ihn röntgen, und siehe da, er hatte einen tennisballgroßen Blasenstein.

Wir setzten uns mit der Familie, bei der Krishna wohnte, in Verbindung, und sie stimmte der Operation zu, unter der Bedingung, daß sie nichts kostete. Schwieriger war es schon, jemanden zu finden, der für den Jungen sorgte, während er im Krankenhaus lag. Wir verhandelten mit einem der Männer des *Panchayat* (Dorfvorstand), und der versprach uns schließlich, sich um die

Sache zu kümmern und unter den Leuten aus Krishnas Dorf einen kleinen Pflegedienst zu organisieren. „Jetzt ist gerade die Maispflanzzeit“, erklärte er uns, „da hat eigentlich keiner Zeit, bei einem Kranken zu sitzen. Aber ich werde mein Bestes versuchen.“

Am vereinbarten Tag brachte der Mann vom *Panchayat* persönlich Krishna ins Krankenhaus, und am nächsten Morgen entfernte ich den Blasenstein. Wir gaben dem Jungen keine Vollnarkose, sondern eine Rückenmarksbetäubung, so daß er während des ganzen Eingriffs zwar schmerzfrei, aber hellwach war. Er zeigte keinerlei Angst und verhielt sich gelassener als mancher Erwachsene.

Die Operation war erfolgreich, und Krishnas Genesung machte zunächst gute Fortschritte. Ein paar Tage nach der Operation gab ich ihm den Blasenstein, als Andenken. (Ich gebe jeden Stein, den ich entfernt habe, an seinen „Besitzer“ zurück; dies ist der beste Beweis, daß meine Diagnose korrekt und unsere Operation kein Humbug war). Krishna nahm den Stein ohne ein Wort entgegen. Ganz behutsam, fast schon ehrfürchtig, hielt er ihn in seinen beiden Händen und betastete ihn, als sei er ein kostbarer Edelstein. Und plötzlich wußte ich: Dies war das erste Stückchen Eigentum, das Krishna in seinen Händen hielt, der erste Gegenstand seines Lebens, der wirklich ihm gehörte und nur ihm. Selbst die Lumpen auf seinem Rücken waren nicht Krishnas Lumpen gewesen, sondern die abgelegten Kleider anderer Kinder. Eine ganze Woche lang bewahrte er den Stein unter seinem Kissen auf, bis ihn irgendein Dummkopf aus seinem Dorf auf den Zementfußboden fallen ließ, um zu sehen, ob er zerbrechen würde. Er zerbrach, und mit ihm Krishnas Herz. Ich habe den Stein nie wieder gesehen.

Als Krishna nicht so schnell wieder gesund wurde, wie sie es sich vorgestellt hatten, wurden die Besuche der Leute aus seinem Dorf seltener. Sie brachten ihm nur noch hin und wieder etwas zu essen, dann gar nicht mehr. Schließlich blieb sogar der alte Mann, der am treuesten und regelmäßigsten nach ihm gesehen hatte, weg. Als er ihn das letzte Mal besucht hatte, sagte er mir: „Ich habe keine Zeit mehr für Krishna, kümmer’ du dich um ihn. Tu es für deine Religion.“ Sprach’s und ging.

Bald ging es Krishna nicht mehr besser, sondern immer schlechter. Er bekam eine neue Infektion im Unterleib, lag apathisch da und wollte nichts mehr essen, egal was wir ihm anboten. Wir kannten diesen Zustand nur zu gut; wenn ein Patient einmal so weit war, gab es nicht mehr viel zu hoffen. Mehrere Tage lang schwebte Krishna zwischen Leben und Tod, es ging sichtlich dem Ende zu. Aber dann ging es auf einmal wieder aufwärts, fast unmerklich zunächst. Langsam, ganz langsam kam Krishna wieder zu Kräften. Es war ein einsamer Kampf; aus seinem Dorf besuchte ihn kein Mensch.

Wir beschlossen, Krishna so lange in unserer Klinik zu behalten, bis er kräftig genug war, um mit der mageren Kost, die ihn zu Hause erwartete, auszukommen. Wir dachten dabei nicht nur an Krishnas Wohl, sondern auch an unsere anderen Patienten: Wenn er nach seiner Entlassung durch Unterernährung starb, würde man natürlich unserer Operation die Schuld geben, und viele Patienten, die eigentlich auch eine Operation brauchten, würden zu Hause bleiben, nach dem Motto: Wer sich von diesen Ausländern den Leib aufschneiden läßt, der wird schwach und stirbt.

Als Krishna fast wieder gesund war, sagte ich ihm jeden Tag, wenn ich meine Visite machte: „Bald darfst du wieder nach Hause."

Worauf er mich jedesmal mit bittenden Augen ansah und antwortete: „Bitte schick mich nicht hier weg."

Und ich mußte denken: *Na, der kann sich wohl nicht von unserem guten Essen trennen.*

Ich schickte ihn nach Hause. Die meisten nepalischen Waisenkinder, selbst wenn sie keine richtigen Verwandten haben, kommen in ihrer Umgebung gut zurecht. Krishna hatte den größten Teil seines Lebens in diesem Dorf verbracht; dort gehörte er hin.

Als ich Krishna das nächste Mal sah, war er fast tot. Nach drei Wochen in seinem Dorf, mit zu wenig Essen und fast ohne jede Pflege, war er nur noch Haut und Knochen. Er war so schwach, daß er noch nicht einmal seinen Kopf heben konnte.

Der alte Mann, der ihn damals als letzter verlassen hatte, brachte ihn. „Er gehört jetzt euch", sagte er, „wir können nichts mehr für ihn tun."

Der Alte wußte zu berichten, daß man in dem Dorf hin- und herdiskutiert hatte, an was für einer Krankheit Krishna wohl litt. Einige glaubten, daß während der Operation der Geist einer Hexe in die Wunde eingedrungen war und jetzt den Körper des Jungen beherrschte. Der Glaube an Hexen war weit verbreitet in unserer Gegend, und die Schamanen, die ja die Spezialisten für die Bekämpfung böser Geister und Hexen waren, hatten immer gut zu tun. Die Hexen selbst waren Menschen, die in der Nähe des jeweiligen Dorfes wohnten und die man abwechselnd mied und sich günstig zu stimmen versuchte. Die meisten Hexen waren sich ihres „Berufes" sehr wohl bewußt, denn er war gewöhnlich erblich, und nutzten dieses Wissen aus, um jeden, der ihnen nicht wohl wollte, einzuschüchtern.

Hexen hatten indessen wenig Macht über gesunde Menschen; sie konnten ihr böses Handwerk nur dort ausüben, wo jemand durch eine Krankheit geschwächt war oder auch eine Wunde hatte, durch die die Hexe in ihr Opfer eindringen konnte. Und genau dieses letztere sollte auf Krishna zutreffen. Es handelte sich sogar um eine ganz besonders mächtige Hexe, womit klar war, daß es für Krishna keine Hoffnung mehr gab. Aber andererseits ... hatte dieser weiße Arzt nicht aus dem kleinen Bauch des Kindes einen riesigen Stein herausgeholt? Wer so etwas konnte, der konnte vielleicht noch mehr, man konnte es ja noch einmal versuchen. Und so hatte man Krishna dann doch wieder zu uns gebracht.

Was sollte ich halten von diesem großmütigen Vertrauensbeweis? Ich betrachtete das ausgemergelte Häufchen Elend, das da vor mir auf dem Untersuchungstisch lag, und war geneigt, alle Hoffnung aufzugeben. Krishna war fast verhungert, und Infektionen hatte er auch wieder. Aber wir mußten es versuchen. Vor allem mußte er zu essen bekommen. Da er schon zu schwach war, um selbst zu essen, begannen wir ihn künstlich zu ernähren. Das wirkte wahre Wunder. Wir konnten es kaum glauben, aber nach nur einer Woche blickte er uns wieder aus aufgeweckten Augen an, sprach mit uns und aß wieder selbst, mit wachsendem Appetit. Was ein bißchen gutes Essen doch vermochte! Unsere Medikamente hatten weniger Erfolg. Wir probierten eines nach dem anderen unserer Antibiotika aus, aber die Infektion blieb.

Nach einem Monat war Krishna fast ganz wieder zu Kräften gekommen. Jetzt stand ein neues Problem vor uns: Eigentlich mußten wir ihn jetzt wieder zurück in sein Dorf schicken. Aber wie lange würde er dort überleben mit dieser chronischen Infektion? Andererseits konnten wir ihn aber auch nicht als Dauergast im Hospital behalten. Je länger er blieb, um so schwieriger würde es, ihn nach Hause zu schicken.

Bei jeder Visite erinnerte ich Krishna daran, daß er bald wieder in sein Dorf könne. Jedesmal wurde er traurig und begann zu bitten und zu betteln. Laßt mich doch bleiben, schickt mich nicht fort, ich will auch gern für euch arbeiten, alles, nur nicht zurück nach Hause ... Wenn ich dann weich werden wollte, rief ich mir all die guten und logischen Gründe ins Gedächtnis, die dagegen sprachen, Krishna bei uns zu behalten: Ein Krankenhaus war eine ungute, unnatürliche Umgebung für ein Kind. Wir konnten Krishna nicht ewig durchfüttern. Sein Dorf hatte gefälligst für ihn zu sorgen. Und was war, wenn wir Ausländer eines Tages das Land verlassen mußten und die Regierung das Krankenhaus übernahm? Nein, keine falsche Sentimentalität, der Mensch muß realistisch sein, wir durften Krishna nicht bei uns bleiben lassen.

Als wir Krishna schließlich entließen, war er drei Monate bei uns gewesen. Niemand kam, um ihn abzuholen. Ich hatte versucht, mit seinem Dorf Kontakt aufzunehmen, aber weiter keine Reaktion erhalten. Der Fall Krishna war für diese Leute sichtlich abgeschlossen. Nun gut, dann mußte er eben allein nach Hause gehen, es waren ja nur zwei Stunden, und das erste Mal war er auch allein gekommen und gegangen.

Ich ging an sein Bett und sagte ihm, daß er jetzt entlassen würde. Jawohl, jetzt. Heute.

Krishna protestierte: „Es regnet aber doch gleich, da kann ich doch nicht gehen!"

Ich blickte nach draußen und sagte: „Es regnet bestimmt erst, wenn du zu Hause bist. Schau mal, wie die Sonne scheint!"

„Dann kriege ich einen Sonnenbrand!" konterte er. Worauf ich bemerkte, daß aber gerade zwei große Wolken im Anmarsch seien, die bald die Sonne verdecken würden – ideales Wanderwetter, nicht zu warm und doch trocken. Was für ein raffinierter kleiner Schauspieler dieser Knabe doch war! Ob ihm am Ende seine Dorfleute beigebracht hatten, so auf die Tränendrüsen zu drücken, damit sie ihn besser loswürden? Ich vergaß in diesem Augenblick ganz, daß ihn ja die ganzen drei Monate keine Menschenseele besucht hatte.

Ich blieb hart. Als ich mich umdrehte, um zum nächsten Bett zu gehen, warf Krishna mir einen letzten hilflosen Blick zu, als könne er einfach nicht fassen, daß das, was er in unserem Krankenhaus gefunden hatte, auf einmal vorbei sein sollte, und ich mußte denken, daß man halt in meinem Beruf manchmal schwierige Entscheidungen zu treffen hatte. Aber schwierig oder nicht schwierig, dieser Junge gehörte zurück in sein Heimatdorf, das war das Beste für ihn, das war doch wohl klar.

Krishna war nicht ganz dieser Meinung. An einem Samstagnachmittag, zwei Wochen, nachdem ich ihn fortgeschickt hatte, kam er wieder, diesmal direkt zu unserem Wohnhaus. Er war schon wieder etwas dünner.

„Was willst du?“ begrüßte ich ihn.

„Ich will hier bleiben und für dich arbeiten“, sagte er.

„Warum bleibst du nicht zu Hause?“

„Da will mich keiner. Sie geben mir nichts zu essen und sie schlagen mich.“

„Komm, Krishna, das glaubst du doch selbst nicht. Die Leute hier in Nepal schlagen doch keine Kinder, sie lieben Kinder.“

„Na ja, ihre eigenen vielleicht. Mich lieben sie nicht.“

„Also, Krishna, daß du hier bleibst, das kommt nicht in Frage. Wir können nicht für dich sorgen, wir haben kein Zuhause für dich und auch keine Arbeit. Du mußt zurück in dein Dorf.“ Ich sprach freundlich, aber fest.

„Wie soll ich denn zurückgehen? Ich bin krank. Ich brauche wieder Medizin.“

„Dann hättest du nicht an einem Samstag kommen sollen. Du weißt doch, daß das Krankenhaus dann geschlossen ist. Heute kannst du keine Medizin bekommen.“

„Dann laß mich heute im Krankenhaus schlafen“, bettelte er, „dann kann ich die Medizin ja morgen bekommen.“

Na, wenn das keine Raffinesse war! Nur nicht unterkriegen lassen, war da die Devise, wenn ich heute A sagte, müßte ich morgen B sagen. „Nein, Krishna, du gehst jetzt nach Hause und kommst ein anderes Mal wieder, wenn kein Samstag ist, dann kannst du deine Medizin bekommen.“

Er sah mir fest in die Augen und antwortete: „Schick mich nicht zurück! Ich habe kein Zuhause. Ich bin ein Kind ohne Vater. Du bist mein Vater. Du bist der einzige Vater, den ich habe.“ Er sagte es ganz sachlich, einfach so, seine Stimme klang nicht berechnend.

Eine innere Stimme in mir sagte: *Paß auf, gleich hat er dich!* Ich wußte nur zu genau, daß es in jedem Land Kinder gab, die es meisterhaft verstanden, die Seelen nichtsahnender Erwachsener zu massieren. Es war ihre Überlebenstaktik, und Krishna war ganz offensichtlich ein Meister in ihr.

Ich saß auf den Stufen vor meiner Haustür, neben mir Krishna, und dachte nach. Lange Zeit sagte keiner von uns ein Wort. Ich grübelte hin und her. Vielleicht war es doch keine Raffinesse, vielleicht brauchte der Junge mich wirklich – aber nein, meine Pflicht war klar, er mußte zurück in sein Dorf, und wenn es ihm (und mir) auch noch so schwer war. Was ich ihm jetzt ersparte, wenn ich ihm seinen Wunsch erfüllte, würde später nur mit um so größerer Wucht zurückkommen; ewig bei uns bleiben konnte er ja sowieso nicht. Und wer sollte denn für ihn sorgen auf dieser Missionsstation, wo jeder alle Hände voll zu tun hatte? Vor allem aber: Wenn wir *ein* Waisenkind aufnahmen, würden dann nicht bald hundert andere vor unserer Tür stehen? Und was dann? War es nicht genug, daß wir hier Tag für Tag Kranke pflegten, Hungernden zu essen gaben und den Armen die Rechnung erließen? Man konnte doch nicht von uns erwarten, daß wir auch noch anfingen, Kinder zu adoptieren!

„Krishna, du mußt nach Hause. Jetzt."

Er brach in Tränen aus.

Meine Entscheidung war völlig korrekt, logisch und wohldurchdacht. Und doch war sie falsch. Krishna weinte lange, und zusammen mit seinen Tränen schüttete er sein Herz vor mir aus: seine Angst, seine furchtbare Einsamkeit, seine brennende Sehnsucht nach Liebe und einem Zuhause. Ich mußte an den Bibelstundenabend vor ein paar Wochen denken, als ich in meinem gebrochenen Nepali den 27. Vers im ersten Kapitel des Jakobusbriefes zu erklären versucht hatte: „Man ehrt Gott, den Vater, auf die rechte Weise, wenn man den Waisen und Witwen in ihrer Not beisteht und sich nicht an dem ungerechten Treiben dieser Welt beteiligt." Dieser Vers ist die einzige Stelle im Neuen Testament, an der vom Dienst an den Waisen die Rede ist, und ich hatte damals nicht viel mit ihm anfangen können. Aber jetzt, als der schluchzende Junge neben mir saß, füllte sich dieser Vers auf einmal mit Bedeutung. Was Jakobus meinte, war doch dies: Wenn ich nicht bereit war, Waisen in ihrer Not beizustehen, dann war mit meiner Religion etwas nicht in Ordnung, dann war meine Liebe zu Gott unecht. Und Gott sprach weiter: „Hier ist ein Waisenkind, hier neben dir, du brauchst nicht lange zu suchen. Wenn du diesem Jungen nicht helfen willst, wem willst du dann jemals helfen?"

Krishna brauchte nicht zurück in sein Dorf zu gehen. Wir gaben ihm eine Bleibe im Krankenhaus und fragten Gott, wie wir ihm am besten helfen konnten. Wir fanden schließlich einen Platz für ihn in einem christlichen Waisenhaus in Kathmandu, wo er viele Freunde gewann und den Gott der Christen näher kennenlernte. Heute ist Krishna selbst ein strahlender Christ.

Nur keine Angst vor dem Doktor

Ärzte sind bekanntlich dazu da, Menschen gesund zu machen und Leben zu retten. Aber es kann auch einmal anders kommen. Vor allem bei Chirurgen. In jeder Minute einer Operation kann etwas schiefgehen, sei es, daß der Chirurg einen Fehler macht, sei es, daß es einfach so passiert. Besonders arm dran ist der Patient, bei dem es zweimal passiert.

Eines kühlen Februarnachmittags kam ein junges Ehepaar mit seinem acht Monate alten Kind zu uns. Am Abend zuvor war das Kind in die Feuerstelle ihres Hauses gerollt und hatte sich beide Füße verbrannt. Die Feuerstelle – der Herd sozusagen – war, wie in nepalischen Dorfhütten allgemein üblich, einfach eine Vertiefung in der Mitte des Fußbodens, ohne jede Ummauerung. Die junge Familie hatte sich in der kalten Winternacht dicht neben der glühenden Asche schlafen gelegt – zu dicht. Es war ihr erstes Kind.

Der Vater, der vielleicht zwanzig Jahre alt sein mochte, sah mich mit offenen, ruhigen Augen an. Seine Frau war ein schmächtiges Teenagermädchen und sichtlich verschreckt und verschüchtert, als sie hier zum ersten Mal in ihrem Leben in einem Krankenhaus war. Sie waren ganz einfache Leute vom Dorf und wohnten in einem Einzimmerhaus, zwei Stunden vom Hospital entfernt. Der Mann besaß ein kleines Stück Land, das ihnen für etwa ein Viertel des Jahres zu essen gab; den Rest mußten sie sich als Tagelöhner auf den Feldern anderer Leute und durch kleine Gelegenheitsarbeiten dazuverdienen.

Schwere Verbrennungen gehören zu den Dingen, vor denen wir am meisten Angst haben. Kleine, oberflächliche Verbrennungen sind kein Problem, man braucht sie fast gar nicht zu behandeln. Aber wenn die Brandwunde tiefer geht, bedeutet das unweigerlich einen langen Krankenhausaufenthalt mit unzähligen Verbandswechseln, einer Hauttransplantation und noch mehr Verbänden. Und die meisten Nepalen haben etwas gegen lange Krankenhausaufenthalte; entweder wollen sie gar nicht erst mit der Behandlung beginnen oder sie machen zunächst mit, überlegen es sich dann aber anders.

Bei diesem kleinen Jungen waren beide Füße verbrannt, vor allem die Zehen und Fußsohlen. Ohne eine Hauttransplantation würde er nie laufen können, soviel war klar. Drei Wochen würde es dauern, bis die Wunden so weit verheilt waren, daß wir die Transplantation vornehmen konnten, und bis zur völligen Ausheilung kämen noch einmal zwei Wochen dazu. Ich erklärte den jungen Eltern alles, und nach vielem Hin und Her waren sie mit der Behandlung einverstanden. Das größte Problem war, daß die Mutter sich weigerte, allein mit dem Kind im Krankenhaus zu bleiben. Wenn sie schon fünf Wochen hier hausen sollte, dann nur zusammen mit ihrem Mann. Ihr war dieses viel zu große Gebäude mit all seinen fremden Menschen, Geräuschen und Gerüchen, mit seinen gefängnisartigen Korridoren und Betonfußböden einfach nicht geheuer. Wenn aber ihr Mann bei ihr blieb, mußte er seine Arbeit aufgeben, und wie sollte er dann seine Familie ernähren? Ich erledigte die Sache, indem ich ihm mit milder Stimme vorhielt, daß es doch wohl das Wichtigste war, daß sein Sohn laufen konnte. Worauf er einlenkte, denn der Arzt mußte es ja wohl wissen.

Es ging alles wie geplant, und nach drei Wochen konnten wir die Transplantation durchführen. Die Eltern waren in diesen drei Wochen mehr als einmal drauf und dran gewesen, die Behandlung abzubrechen und ihr Kind einfach wieder mit nach Hause zu nehmen, aber unter dem vereinten Druck des Krankenhauspersonals und der Verwandten anderer Patienten waren sie dann doch dageblieben. (Unseren Patienten und ihren Verwandten ist es ein Herzensanliegen, daß *alle anderen* Patienten folgsam sind und tun, was der Herr Doktor sagt.)

Die Hautverpflanzung verlief routinemäßig, aber nach etwa vier Tagen entzündete sich an dem einen Fuß die neue Haut und fiel wieder ab, vor allem an der Sohle, wo sie am nötigsten war. Da gab es nur eines: noch eine Transplantation, wenn nicht all die Zeit und Mühe, die wir bisher schon aufgewendet hatten, umsonst sein sollte.

Aber da wollten die Eltern des Kindes nicht mitmachen. Vier Wochen hatten sie Geduld gehabt, und jetzt sollte die Warterei von vorne anfangen? Warum hatte dieser fremde Arzt ihnen das nicht früher gesagt? Nein, sie wollten nach Hause.

Ich ging in die Offensive und zog alle Register der Überredungskunst. Schließlich war ich der Arzt und wußte, was für das

Kind das Beste war. *Wartet nur, ihr werdet mir noch dankbar sein*, dachte ich, und ohne noch lange auf die Zustimmung des jungen Paares zu warten, legte ich einfach den Termin für die neue Transplantation fest. Aber als die Schwester das Kind in den Operationsraum holen wollte, weigerten sich die Eltern. Nein, wir wollen keine Operation mehr. Was tun? Ich marschierte höchstpersönlich in die Kinderabteilung, setzte die allwissende Miene des Gottes in Weiß auf und sagte den Eltern mit freundlicher, aber fester Stimme: „Es tut mir leid, aber diese Operation *muß* sein. Seien Sie doch nicht so unvernünftig, denken Sie doch an die Zukunft Ihres Kindes, Sie wollen doch sicher nicht, daß es sein Leben lang ein Krüppel ist." Und dann nahm ich der Mutter das Kind einfach aus den Armen, hielt einen Augenblick lang inne und trug es dann langsam in den Operationsraum. Die Mutter ließ es geschehen, der Vater sah resigniert zu, niemand sagte ein Wort.

Wir gaben dem Kind eine Äthernarkose, genau wie bei der ersten Operation. Dann lösten wir mit einem elektrischen Dermatom die Hautlappen, die wir brauchten, vom Oberschenkel des Kindes ab und legten sie auf das rohe Fleisch des Fußes. Jetzt mußte ich den Fuß nur noch verbinden. Mit äußerster Vorsicht, damit nur ja kein Stück Haut verrutschte, wickelte ich eine Lage Verband nach der anderen um den Fuß. Ich war fast fertig, da bemerkte ich plötzlich, daß das Kind nicht mehr atmete. Was war das? Ich nahm ein Stethoskop und horchte. Keine Herztöne. Eine der gefürchtetsten Komplikationen bei einer Operation war eingetreten: Herzstillstand.

Ich begann sofort, den Brustkorb zu massieren. Auf und ab, auf und ab. Die Pupillen des Kindes waren starr und weit. Alle paar Minuten hielt ich kurz inne und horchte mit dem Stethoskop. Nichts. Ich führte einen dünnen Schlauch in die Luftröhre ein, so daß wir das Kind mit einem Atembeutel beatmen konnten. Fünf Minuten und immer noch keine Herztöne. Ich pumpte und betete weiter. Zehn Minuten – keine Veränderung. Fünfzehn Minuten – ich fing an, zu verzweifeln. Zwanzig Minuten – was sollte ich bloß den Eltern sagen? Fünfundzwanzig Minuten – *das ist doch verrückt, gib's auf, so lange überlebt kein Mensch einen Herzstillstand. Fünf Minuten noch und dann Schluß.*

Ich pumpte die fünf Minuten zu Ende und horchte dann, müde und geistesabwesend, ein letztes Mal das Herz ab. Nichts – oder doch? Unmöglich, das mußte mein eigener Herzschlag sein. Aber halt, da war doch etwas! Das Herz des Kindes schlug wieder! Da – die Lippen bewegten sich, das Kind atmete ein, jetzt noch einmal, abrupt und unregelmäßig, aber es atmete … Und jetzt wurde der Atem regelmäßig. Konnte es wahr sein? Hatte Gott ein Wunder getan? Doch, es mußte wohl so sein. Aber so richtig froh werden konnte ich nicht, zu groß war meine Erschöpfung, ich fühlte mich wie eine Maus, die knapp vor den Krallen der Katze ins rettende Loch geschlüpft ist. Und ein bohrendes Unbehagen wollte mich nicht loslassen: War wirklich alles in Ordnung mit dem Kind?

Wir brachten den kleinen Patienten zurück auf die Kinderstation. Seine Eltern hatten von dem Drama im Operationsraum nichts bemerkt. Sie wußten nur, daß die Operation vorbei war, der Doktor hatte Wort gehalten.

Eine Stunde verging, und das Kind war noch nicht aufgewacht. Noch eine Stunde. Es schlief immer noch. Drei Stunden. Vier.

Sein Vater meldete sich: „Das letzte Mal hat es aber doch nicht so lange gebraucht, um wieder wach zu werden. Ist etwas nicht in Ordnung?“

„Manchmal dauert es etwas länger“, antwortete ich. Ich wußte, daß diese Antwort nicht lange genügen würde. Aber wie bringt man jemandem die volle Wahrheit bei, ohne ihn gleich in Panik zu versetzen? Und es konnte ja sein, noch brauchte man die Hoffnung nicht ganz aufzugeben …

Als ich nach dem Abendessen wieder nach dem Kind sah, war es immer noch bewußtlos. Die einzigen Lebenszeichen waren der Herzschlag und der pfeifende Atem. Aber etwas Neues gab es: Der Mund ruckte und zuckte. Das Kind hatte einen Schüttelkrampf. Jetzt mußte es heraus. Und ich sagte den Eltern, daß ihr kleiner Sohn durch die Narkose eine schwere Komplikation bekommen hatte, einen Schaden an seinem Gehirn, und daß ich nicht wußte, ob er wieder gesund werden würde.

Die Eltern nahmen die Hiobsbotschaft still und gefaßt entgegen. Ich versuchte, in ihren Gesichtern zu lesen. Was dachten sie jetzt? Aber ich sah nur Trauer – jene stille, tiefe Traurigkeit, die man so oft unter den Ärmsten der Armen antrifft, wenn sie noch eine Last zu ihrem Leid dazubekommen. Keine Bitterkeit, kein Zorn, kein „Warum hat er uns das angetan?“ – einfach stumme, hilflose Trauer.

Ein Tag nach dem anderen verging; das Kind wachte nicht auf. Zwei- oder dreimal am Tag stand ich neben den Eltern an seinem

Bett, und jeder Tag brachte weniger Hoffnung. Die Krämpfe hörten zwar auf, die neue Haut wuchs fest, die Füße verheilten. Aber der Patient wachte nicht auf.

Nach einem Monat sagte mir der Vater: „Wir haben keine Hoffnung mehr. Wir müssen gehen. Unsere Ernte haben wir schon verloren, und wenn ich nicht schnell Arbeit bekomme, werden wir überhaupt nichts zu essen haben."

Die Mutter weinte, als sie sich von mir verabschiedeten. Sie wußte, daß ihr Kind zu Hause nicht lange überleben würde. Fast bis zu dieser Minute hatte sie geglaubt, daß ich ihr Kind heilen würde, so daß es laufen konnte. Stumm sah ich dem Paar nach, wie es langsam über den Grasplatz vor dem Krankenhaus ging und auf dem Pfad zwischen den Feldterrassen verschwand. Und wieder einmal fragte ich mich: Warum erteilt Gott dir seine Lektionen so oft auf Kosten der Armen und Elenden?

Vier Monate danach kam der junge Vater zu mir. Sein Kind war, kurz nachdem sie zu Hause angekommen waren, gestorben. Auch sein Arbeitsplatz war weg; jemand anderes hatte ihn bekommen, während er bei seiner kleinen Familie im Krankenhaus war. Jetzt suchte er dringend neue Arbeit. Sein kleines Feld hatte er einem reichen Mann in seinem Dorf geben müssen, als Bürgschaft für ein Darlehen, das er dringend brauchte; er würde sein Feld wohl nie mehr zurückbekommen. Er hatte kein Geld, kein Land, keine Arbeit, und seine Frau war wieder schwanger. Ob ich ihm nicht helfen konnte?

Wie oft hatte ich diese Geschichte schon gehört! Ein arbeitsloser Mann verpfändet in seiner Verzweiflung sein Land,damit er sich Essen kaufen kann, und wenn das Geld aufgebraucht ist, klopft er an unsere Tür und bittet um Arbeit. Eine bekannte Geschichte, allerdings diesmal mit einem wichtigen Unterschied: Ich war mit schuld daran, daß es so weit gekommen war.

Es war keine Stelle frei bei uns. Und wenn eine frei gewesen wäre, hätte das dem jungen Vater auch nicht geholfen, zu viele hatten schon vor ihm um Arbeit nachgefragt, die Warteliste war lang. Außerdem, so die Oberschwester, konnte man wohl kaum von uns erwarten, daß wir als Entschädigung für Operationsfehler Arbeitsplätze vergaben.

Mit Mühe und Not kam die junge Familie über die Runden. Das neue Kind wurde geboren, dann noch eines. Hin und wieder konnte der Vater für unseren Baumeister Steine tragen, womit er gerade genug verdiente, um seiner Familie jeden Tag etwas zu essen geben zu können. Und alle vier Wochen kam er wieder und fragte, ob nicht eine feste Stelle im Krankenhaus freigeworden sei.

Endlich wurde seine Geduld belohnt. Einer der Krankenhausfeger (unser männliches Gegenstück zur Putzfrau) hörte auf, und die Oberschwester hatte Erbarmen mit dem jungen Vater und gab ihm die Stelle. Drei Jahre waren vergangen, seit er und seine Frau ihr erstes Kind zu uns gebracht hatten. Drei schlimme, mühevolle Jahre, aber jetzt war ich jeden Tag Zeuge, wie der junge Mann fröhlich und zufrieden in unserem Hospital arbeitete, und hin und wieder sah ich auch seine Frau mit den beiden gesunden Kindern, die ebenfalls sichtlich gelöster und glücklicher geworden war. Das böse Tal lag hinter ihnen. Es lag auch hinter mir, und die dunklen Erinnerungsschatten wurden langsam blasser.

Nur eine Sache machte mir Sorgen. Was, wenn der Vater seinen neuen Beruf dazu benutzte, die Patienten zu bereden und ihnen von einer Operation abzuraten?

Ich hatte die Sorgen nicht lange. Eines Tages sprach ich in der Kinderstation mit einem jungen Paar, das uns gerade sein Kind gebracht hatte. Diagnose: Schwere Verbrennungen. Ich beschrieb die Behandlung und die Hauttransplantation und verschwieg auch nicht die Risiken und daß das Kind wochenlang bei uns bleiben müßte. Die Eltern hörten mich an und schüttelten den Kopf. Nein, sie wollten keine Operation. Erstens war das Kind nur ein Mädchen, und zweitens hatten sie nicht die nötige Zeit und auch kein Geld. Während ich mit ihnen verhandelte, bemerkte ich im Hintergrund den neuen Feger; er hatte gerade das Badezimmer geschrubbt und unser Gespräch mitgehört. Was mochte in ihm vorgehen? Gut, daß ich diesmal sowieso nicht vorhatte, die Eltern auf Biegen oder Brechen zu der Operation zu überreden, es wäre mir wohl kaum gelungen mit diesem leidgeprüften Zeugen im Hintergrund. Ich lenkte schließlich ein und sagte den Eltern, sie könnten ihr Kind gleich wieder mitnehmen. Und ich ging ins Büro, um den Entlassungsschein zu schreiben.

Ein paar Minuten später kam der Feger zu mir und zupfte mich am Ärmel. „Sie bleiben“, sagte er, „ich habe sie überzeugt.“

Er lächelte mich wissend an. Dieser Mann hatte mehr Vertrauen in meine Therapie als ich. Nur keine Angst vor dem Doktor, Herr Doktor.

Einsteigen, bitte!

Eine staubbedeckte Straße, auf der barfüßige Kinder herumtollen. Rechts und links ein monotones Band wackliger Holzhäuser und Baracken, über deren Wellblechdächern die Berge im warmen Dunst schimmern. Stämmige Träger, schwerbepackt mit Waren, die sie verkaufen oder tauschen wollen. Grelle Reklameschilder: Star-Bier, Cola, Himal-Zigaretten, Familienplanungsmittel, Hotels mit „allem Komfort" und „Blick auf den Himalaja". Hinter den rohen Bretterwänden der Geschäfte Waren jeder Art, von riesigen Kupferkesseln bis hin zu Räucherstäbchen, Marke Annapurna. Draußen Kerosin- und Dieselfässer, Berge von Steinsalz, das mit Maultierkarawanen aus Tibet gekommen ist, rostige Vorkriegsvehikel, die verzweifelt versuchten, Autos ähnlich zu sehen, und leere Kartons, Flaschen und Dosen jeder Größe und Art.

Wir befinden uns in Dhumre, einer aufstrebenden Stadt an der neuen Ost-West-Fernstraße, etwa 130 Kilometer westlich von Kathmandu. Noch vor vier Jahren, als die Straße gerade gebaut wurde, bestand Dhumre aus einem halben Dutzend verschlafener strohgedeckter Hütten. Jetzt ist es für Hunderte von Dörfern, die in weitem Umkreis über die Vorberge des Himalaja verstreut liegen, darunter auch Amp Pipal, Handelszentrum und Tor zur großen weiten Welt. Was so eine Straße alles vermag!

Vor einer der Baracken hat sich eine große Menschentraube versammelt, ein buntes Gewirr aus Männern und Frauen, Großen und Kleinen, quirlig, nervös, ungeduldig. Was haben sie vor? Bald wissen wir es, denn jetzt mischt sich in das Hämmern, Kratzen, Sägen, Stampfen, Poltern, Rufen und Palavern der geschäftigen Stadt ein neues Geräusch – ein fernes Scheppern und Klappern, das langsam lauter wird und zu einem heiseren Gedröhn anwächst. Der Expreßbus nach Kathmandu kommt. Ein heftiges Ächzen, Stöhnen und Quietschen, und er hält an. Ein wahrhaft ehrwürdiges Gefährt, mit bunten Bildern hinduistischer Gottheiten und noch bunteren geometrischen Mustern bemalt, das nach fünfundzwanzig Jahren Vorbereitungsdienst auf den Dorfstraßen Indiens in die Hände der Mahendra Transport Company of Nepal übergegangen ist. Für fünfundfünfzig Fahrgäste ist er zugelassen, schätzungsweise hundertfünfzig sind drin, und wer nicht drin ist, sitzt oben drauf, auf dem Dach, malerisch eingerahmt von Säcken, Bündeln und Kisten.

Der Mann auf dem Fahrersitz, ein bartloser achtzehnjähriger Jüngling, spielt verzückt mit dem einen noch jugendlichen Körperteil der alten Blechdame, der volltönenden Hupe. Man darf einsteigen. Die Menge wird zu einem schiebenden, drückenden, stoßenden Knäuel, wer wagt, gewinnt, ein paar steigen nicht ein, sondern aus, auch gut, die Tür ist für alle da, nur nicht verzagen. Zwanzig der neuen Passagiere klettern auf das Dach, einige haben große Koffer und Schlafmatten dabei; ein Dutzend weniger Glücklicher findet Halt auf den Leitern an der Rückwand des Busses. Ich ziehe das große Los und ergattere einen Stehplatz im Inneren, direkt bei der hinteren Tür. Kein Schlagloch wird mich umwerfen, dafür ist das halbe Dutzend Nachbarn auf dem nächsten halben Quadratmeter um mich die beste Garantie. Der Motor brüllt auf, die Räder holpern los, keine drei Minuten Aufenthalt, Respekt, ich bin auf dem Weg nach Kathmandu, zur allerersten Sitzung des Gesundheitsausschusses der United Mission to Nepal.

Wo Menschen sind, braucht man Verwaltung, auch Missionsgesellschaften sind da keine Ausnahme. Und zum Glück gibt es Leute, die ein angeborenes Talent zum Zählen, Planen und Organisieren haben. Bedenklich wird es erst, wenn man dieses Talent nicht besitzt und trotzdem drei Tage lang Berichte, Protokolle und Beratungen über sich ergehen lassen muß. Das ist dann ungefähr so schön wie Masern, Mumps oder Zahnschmerzen.

Aber was sollte ich machen? Als medizinischer Leiter des Missionshospitals Amp Pipal, also eines der vier Krankenhäuser der United Mission to Nepal, mußte ich bei den Sitzungen des Gesundheitsausschusses (Health Services Board) zugegen sein, denn schließlich wurde dort über die Ziele und Strategien, die Gesundheitspolitik sozusagen, der United Mission entschieden. Und so mußte ich denn dreimal im Jahr meine Patienten für fünf oder sechs Tage im Stich lassen. Ich hatte natürlich versucht, mich vor dieser unliebsamen Verwaltungsaufgabe zu drücken, aber vergeblich.

Die erste Sitzung, im Februar 1976, war noch gar nicht einmal so schlecht. Der Ausschuß war gerade erst gegründet worden, die

Zukunft lag offen vor uns; wir waren Kapitäne, die darüber berieten, welche fernen Kontinente sie mit ihrem Schiff erforschen wollten. Aber schon bei der zweiten Sitzung war der Reiz des Neuen vorbei, und bald ging es nicht mehr um die fernen Kontinente, sondern um die Taue, Planken und Nägel des Schiffes: Stellenbesetzungen, Gehälter, Hausordnungen und was dergleichen mehr war. Oft führten die kleinsten Tagesordnungspunkte zu den größten Diskussionen: Sollten zum Beispiel die Toiletten für das neue Gebäude X des Projektes Y innerhalb oder außerhalb des Gebäudes installiert werden? Oder warum benötigte das Hospital Amp Pipal fünf neue Matratzen? Aha, fünf Matratzen waren gestohlen worden. Aber was für Matratzen sollten es sein? Und waren sie aus dem laufenden Budget zu finanzieren oder aus dem Baufonds? Dann beantragte der Baumeister von Amp Pipal eine neue Kette für die Kettensäge. Der Antrag wurde heftig debattiert und schließlich abgelehnt; Begründung: für ein Entwicklungsland wie Nepal sei eine Kettensäge eine „nicht angemessene Technologie". Unser Baumeister – er versteht übrigens mehr von angemessener und nicht angemessener Technologie als der gesamte Ausschuß – bekam die Ersatzkette schließlich von seinem Bruder in Kanada geschenkt.

In einer anderen Sitzung redeten wir uns die Köpfe heiß darüber, ob wir im Laufe der nächsten fünf Jahre die Darmparasiten in den Dörfern zu neunundneunzig Prozent ausrotten sollten oder nur zu fünfzig Prozent. Es war ein müßiger Streit, wußten wir doch, daß wir schon für fünf Prozent dankbar sein mußten, aber die Optimisten siegten, und das einzige Zugeständnis an die Wirklichkeit war das eine Prozent, das auch in Zukunft „zulässig" sein sollte.

Ja, es hat seine Tücken, wenn ein Dutzend über das ganze Land verstreute Projekte bis in die Einzelheiten von einem zentralen Ausschuß geleitet werden sollen. Und es war kein leichtes Unterfangen, jedesmal fünfzehn Mediziner, die eigentlich unabkömmlich waren, für drei Tage nach Kathmandu zu beordern. Aber schauen wir nicht nur auf das Negative. Diese Sitzungen hatten nämlich auch ihr Gutes, im großen und ganzen waren sie durchaus nicht unnütz, sondern im Gegenteil sehr hilfreich. Und so heftig wir auch in Nebensachen diskutieren und streiten mochten, im großen Ziel waren wir, von Mal zu Mal stärker, ein Herz und eine Seele.

Am lebhaftesten im Gedächtnis geblieben sind mir jedoch nicht die Ausschußsitzungen selbst, sondern die An- und Rückreisen, die mit ihnen verbunden waren. Es begann jedesmal mit dem fünfundzwanzig Kilometer langen Fußmarsch von Amp Pipal bergab nach Dhumre – ohne jeden Zweifel der für Leib und Seele angenehmste Teil der Prozedur und eine unerläßliche Vorbereitung und Stärkung für die sechsstündige Busfahrt auf der einspurigen und sehr kurvenreichen Straße nach Kathmandu.

Es zeigte sich bald, daß der überfüllte Bus auf meiner ersten Fahrt keine Ausnahme gewesen war. Vierzehnmal mußte ich zu Sitzungen des Gesundheitsausschusses, und nur dreimal gelang es mir, einen größeren Teil der Fahrt auf einem richtigen Sitzplatz zu verbringen. Den originellsten Sitzplatz hatte ich auf der zweiten Anreise. Ich war beim Einsteigen durch die vordere Tür geschoben worden und stand nun fest eingekeilt im Mittelgang, wie die berühmte Sardine in der Dose. Nach einer halben Stunde bemerkte ich, daß niemand auf der Motorabdeckung saß, ganz vorne neben dem Fahrer. Was für ein Glück! Ich quetschte mich hin und setzte mich.

Es war ein schöner warmer Maitag, der Bus war mindestens dreifach überladen, und die Straße führte durch gebirgiges Gelände. Jede Steigung war ein neues Abenteuer für den Motor. Er quälte sich durch den ersten Gang, keuchte und dröhnte – und lief heiß. Bald wußte ich, warum mein Sitzplatz leer gewesen war. Aber es war zu spät. Noch mehr Menschen hatten sich in den Mittelgang gequetscht, und ich war gefangen. Auf jeder Steigung fühlte ich mich wie ein Spiegelei in der Pfanne. Kurz bevor ich anbrannte, waren wir dann oben, der Bus wurde schneller, und der frische Fahrtwind rettete mich; aber nur für kurze Zeit, denn sobald wir unten waren, begann die nächste Steigung. Mit wachsendem Entsetzen dachte ich daran, daß es die letzten dreißig Kilometer vor Kathmandu nur noch bergauf ging.

Ich hatte Glück im Unglück. Kurz vor Beginn dieser letzten Etappe ertönte direkt unter meinen Füßen, wo das Getriebe war, ein ohrenbetäubendes Kreischen und Krachen. Wir standen. Nach einer kleinen Pause von sechs Stunden kam ein Ersatzbus von Kathmandu und holte uns ab. Wir erreichten Kathmandu kurz nach Mitternacht.

Auf der dritten Fahrt stieg ich, durch Schaden klug geworden, wieder hinten ein und fand auch gleich einen Platz auf der hintersten Sitzbank. *Na, diesmal hast du aber wirklich Glück!* dachte ich. Ich dachte es zwei Minuten lang, dann blickte ich kurz nach unten auf meine Füße und entdeckte ein großes Loch im Fußboden. Konnte man hier am Ende im Abgrund versinken? Man konnte nicht, aber auf jedem nicht asphaltierten Straßenstück spuckte der Abgrund große Staubwolken nach oben, zielsicher ins Gesicht des Passagiers auf dem Glücksplatz. Und wieder war ich gefangen, die Mauer der Stehplätze war undurchdringlich.

Moral: Vorsicht bei freien Sitzplätzen. Fast jeder Bus hatte mindestens einen, und an jeder Haltestelle stürzte sich mindestens ein Dutzend neuer Fahrgäste auf ihn; meistens mußten sie ernüchtert feststellen, daß dem letzten Inhaber des Platzes schlecht geworden war, sehr schlecht sogar.

Einmal wurde ich auf meiner Fahrt nach Kathmandu von Ken Webster begleitet, unserem Geschäftsführer. Ken war ein ehemaliger Kaufhausdirektor aus Australien und gerade erst in Nepal angekommen. Zu unserer allerangenehmsten Überraschung bekamen wir in Dhumre auf Anhieb zwei Sitzplätze nebeneinander. Dazu noch Kens korrekte Kleidung mit weißem Hemd und Krawatte, und fertig war der Luxusexpreß. Ich fühlte mich fast wie ein Staatsoberhaupt auf Reisen.

An der nächsten Haltestelle stieg ein Mann mit einer sehr großen Ziege ein und zwängte sich, Ziege zuerst, direkt neben Ken. Die Ziege hatte sanfte, traurige Augen und einen standesgemäßen langen weißen Bart, und für die nächsten vier Stunden ruhte ihr Kopf auf Kens linkem Knie. Ken tat so, als sei die Ziege Luft. Aber als er etwas später das Essenspaket öffnete, das seine Frau ihm mitgegeben hatte, klemmte er sich die Papiertüte direkt unter seine Nase und aß wie ein Verschwörer, heimlich und still. Die Ziege rollte mit den Augen und ließ das Wasser, das ihr im Maul zusammenlief, fleißig auf Kens Hose tropfen.

Ken hatte es gut: Die Ziege wandte ihm ihren Kopf zu. Eine Landsmännin von ihm, eine in Würden ergraute Kinderärztin, die seit einigen Jahren in Amp Pipal arbeitete, hatte ebenfalls das Vergnügen, ihren Sitzplatz mit einer Ziege zu teilen. Diese Ziege jedoch wandte ihr nicht den Kopf zu, sondern den entgegengesetzten Körperteil. Als der Bus durch ein paar besonders tiefe Schlaglöcher fuhr, entleerte das verschreckte Tier seine Blase in ihre Reisetasche. Es dauerte Monate, bis die Tasche wieder einen zivilisierten Geruch angenommen hatte.

Der Gesundheitsausschuß tagte gewöhnlich in Kathmandu, hin und wieder aber auch in Tansen, einer großen Stadt südwestlich von Amp Pipal, wo die United Mission ein Hundert-Betten-Krankenhaus hatte. Während man Kathmandu in einem Tag erreichen konnte, dauerte die Busfahrt nach Tansen gewöhnlich zwei Tage, mit Umsteigen in Pokhara. Einmal erreichte ich Pokhara gerade noch rechtzeitig, um dem davonfahrenden Tansen-Expreßbus nachwinken zu können. Nun ja, dafür wäre ich beim nächsten Bus der erste beim Einsteigen, ein seltenes Vorrecht.

Der nächste Bus war kein Expreßbus, obwohl mir der Fahrer dienstbeflissen versicherte: „Yes, yes. Express bus, yes." Wenn der Fahrgast das Wort „Express" wünscht, gibt man es ihm, das ist Dienst am Kunden. Ich stieg ein, betrachtete mit stillem Vergnügen die fünfzig leeren Sitzplätze und beschloß schließlich, es mir direkt hinter dem Fahrer gemütlich zu machen, wo fünfzig Extrazentimeter genügend Platz für meine Beine versprachen. (Auf den meisten anderen Plätzen sitzt man als Nichtasiat wie ein zusammengeklapptes Taschenmesser.) Aber die fünfzig Zentimeter wurden rasch kleiner. Kisten, Taschen und Bündel schoben meine Füße immer weiter zurück, auch der Fahrer brauchte Platz für seine Siebensachen, und als wir endlich losfuhren, war aus der großzügigen Kniefreiheit ein klein wenig Zehenfreiheit geworden. Zwei vollschlanke Nepalinnen, die sich auf dem Sitzplatz neben mir niederließen, vervollständigten die Blockade.

Aber das war nur der Beginn meines Ungemachs. An der Querstange über dem Fahrersitz war ein kleiner schwarzer Kasten angebracht, dem ich zunächst keine Beachtung schenkte. Dann ließ der Fahrer den Motor an, und der Kasten wurde lebendig. Es war ein Lautsprecher, der über ein sinnreiches Kabel mit einem Kassettenrecorder verbunden war, auf dem der Fahrer seine indischen und nepalischen Lieblingsstücke abspielte. Da der Lautsprecher seine Klänge nach hinten abstrahlte, mußte der Fahrer ihn auf volle Lautstärke drehen, damit ihm seine geliebte Musik nicht im Motorenlärm unterging. Für den kulturhungrigen Fahrgast, dem der schallspendende Kasten ja zugewandt war, bedeutete dies dynamische Klangwucht in Vollendung – Hifi auf nepalisch. Und ich saß in der Ehrenloge.

Neun Stunden dauerte die Fahrt nach Tansen, und neun Stunden währte der Wettstreit zwischen dem Motor und dem Lautsprecher. Der Lautsprecher siegte auf der ganzen Linie, wozu freilich die nicht ganz unparteiische Zusammenstellung des Konzertprogramms durch den Fahrer ihr Teil beitrug: Alle vier Bänder bestachen durch den konsequenten Einsatz von Schlagzeuggruppen, und wenn das vierte abgelaufen war, legte der Fahrer wieder das erste ein. Den Motor empfand ich bald nur noch als ein schnurrendes Kätzchen, fast hätte ich ihn streicheln mögen. Ungefähr in der Mitte der Reise brachte ein frisch zugestiegener Betrunkener Abwechslung in das Programm, indem er eine Stunde lang aus voller Kehle sang. Der Kassettenrecorder besiegte auch ihn. Erschöpft schlief er ein, zwei zu null für die Schlagzeuger.

Neun Stunden indische Rockmusik, Dieselduft, Schlaglöcher und Haarnadelkurven. Wie ich in Tansen aus dem Bus gekommen bin, weiß ich nicht mehr; auch nicht, was am ersten Tag der Konferenz verhandelt wurde. Als ich endlich wieder ganz zu mir gekommen war, war es auch schon Zeit, den nächsten Bus zu besteigen, zurück nach Dhumre.

Meine allerschlimmste Busreise jedoch war eine Rückfahrt von Kathmandu. Mit mir reisten zwei unserer Schwestern; die eine, aus Großbritannien, leitete unser Programm für Gesundheitserziehung und Hygiene, die andere, eine Amerikanerin, war unsere leitende OP-Schwester. Wir fuhren in aller Frühe los, in einem Expreßbus mit reservierten Plätzen. Es war der modernste und schnellste Bus, den man bekommen konnte, ein sehr kompaktes, kurzes Gefährt, speziell für den schnellen Einsatz auf kurvenreichen Straßen entwickelt.

Die Straße von Kathmandu nach Dhumre beginnt mit einem endlos langen Gefälle, das wiederum aus einer endlosen Reihe von Serpentinen besteht. Ob dieser Spezialbus sie wirklich schneller durchfahren konnte? Er konnte, daran war nach der ersten Serpentine kein Zweifel. Nach der zehnten Kurve kam ich mir vor wie eine Apfelsinenkiste, die Achterbahn fährt. Nach der dreißigsten begann mein Magen die Apfelsinen zu pressen. Irgendwo zwischen der fünfzigsten und sechzigsten mußte ich meinen Kopf durch das Fenster stecken, und als wir unten waren, war mein Magen leer, und der interessierte Fußgänger, der die Straße entlangwanderte, konnte studieren, was ich in den letzten drei Tagen gegessen hatte. Und vier weitere Stunden Kurvenfahrt lagen noch vor uns.

Als wir Dhumre erreichten, war ich mehr tot als lebendig und außerstande, den Bus aus eigener Kraft zu verlassen. Meine besorgten Kolleginnen zogen mich heraus, einige höfliche nepalische Passagiere trugen mein Gepäck. Der Fahrer, der sich seine Gedanken über meine Lebenserwartung gemacht haben mochte, kam höchstpersönlich zur Ausstiegstür, um sich zu vergewissern, daß er mich auch wirklich los war.

Ich spürte, wie meine Füße festen Boden berührten. Vor mir schwammen undeutlich die Köpfe einiger Neugieriger, die meinen uneleganten Ausstieg beobachtet hatten. Man flüsterte und tuschelte: „Ist das nicht der Doktor von Amp Pipal?“ Die leitende OP-Schwester forderte mich zum dritten Mal auf, doch endlich aufzustehen und zu laufen. Ihre Stimme klang streng. Waren ihr die vielen Zuschauer peinlich? Oder genoß sie es, daß ihre und meine Rolle so unerwartet und so gründlich vertauscht waren? Egal, ich wollte nicht laufen, ich wollte sterben.

Selbst die strengste Schwester mußte einsehen, daß ich vielleicht für fünfundzwanzig Meter Fußweg gut war, kaum aber für fünfundzwanzig Kilometer. Man heuerte also zwei kräftige Träger an, beides alte Bekannte, die den Auftrag bekamen, mich gegen Geld in einem der üblichen Tragekörbe nach Amp Pipal zu transportieren. Eine Seite des Korbes sägte man ab, damit meine viel zu langen amerikanischen Beine hinausbaumeln konnten. Dann wurde ich mit vereinten Kräften in den Korb gehoben und sorgfältig zurechtgelegt, -geschoben und -gefaltet, auf daß ich den Transport möglichst unbeschadet überstünde. Die besorgten Bürger von Dhumre, die sich in wachsender Zahl um uns geschart hatten (man sieht nicht alle Tage, wie ein Chefarzt in einen Korb verladen wird), sparten nicht mit fachmännischen Ratschlägen. Ich war ein Korbpatient geworden.

Unsere kleine Karawane zog los. Ein beharrlicher Landregen sorgte für die richtige Atmosphäre auf dem rutschigen Pfad. Die OP-Schwester bemühte sich hingebungsvoll, neben mir zu gehen und einen Regenschirm über mich zu halten, was ihr indes nur an den Stellen gelang, wo der Weg breiter war als sie. In den Dörfern spähten erstaunte Augenpaare aus den Türen. Man verstand die Welt nicht mehr.

„Das ist doch der Doktor von Amp Pipal!“

„Der Doktor? Unmöglich!“

„Doch, doch, bestimmt, der Doktor!“

„Ja, was hat er denn?“

„Keine Ahnung.“

Der Reserveträger gab bereitwillig Auskunft. „Dem ist im Bus schlecht geworden."

„Schlecht geworden? Dem Doktor?"

„Wie, ist das alles?"

„Ja. Muß die ganze Zeit gebrochen haben, von Kathmandu bis Dhumre."

Es war schon keine Krankheit mehr, es war sozusagen eine Schande. Ich hatte mich immer gewundert, warum so viele unserer Patienten eine panische Angst vor dem Tragekorb hatten. „Lieber sterbe ich, als daß ich in einem Korb zum Krankenhaus komme!" hieß es. Jetzt wußte ich, warum.

Am schlimmsten war das rhythmische Schaukeln des Korbes. Bei jedem Schritt meines Trägers hüpfte er auf und ab, auf und ab, auf und ab. Und als ob das nicht genug war, flößte die rührige OP-Schwester mir unentwegt Wasser ein. Der Patient hatte Flüssigkeit verloren, folglich mußte er doppelt soviel wiederbekommen, und wenn Jesus einen Becher kalten Wassers für den notleidenden Bruder empfohlen hatte, konnten drei Liter nicht verkehrt sein. Ich konnte das Wasser in meinem Magen gluckern hören. Was, wenn er wieder rebellisch wurde und den Rücken des Trägers mit der Wand des Busses verwechselte? Aber dieser letzte Tropfen im Faß meiner Leiden blieb mir denn doch erspart, und nach sechs beschwerlichen Stunden durch Regen, Dreck und Schlamm erreichten wir endlich ein kleines Dorf am Fuße des Liglig, wo wir übernachteten.

Am nächsten Morgen hatte mein Magen sich beruhigt, die furchtbare Übelkeit war fast weg, aber ich war immer noch zu schwach, um zu laufen, zumal bergauf. Nach und nach wurde mir jedoch das ständige Schaukeln lästiger als meine Schwäche, und gegen Mittag hielt ich es in dem Korb nicht mehr aus und stieg ab, um die letzten beiden Wegstunden auf meinen eigenen Beinen zurückzulegen. Etliche Tassen gesüßten Tees vervollständigten meine Verjüngungskur, und den späten Nachmittag und Abend verbrachte ich schon wieder im Operationsraum, wo ich in fast alter Frische fünf der Patienten verarztete, die sich während meiner fünf Tage Abwesenheit „angesammelt" hatten. Am nächsten Tag noch einmal sieben Operationen, und auch die letzten Nachwehen der Ausschußsitzung waren überstanden.

Eigentlich habe ich bei jener Fahrt in dem Kurvenbus noch großes Glück gehabt. Ich hatte einen Fensterplatz. Es gibt nämlich kaum etwas Schlimmeres, als wenn man sich erbrechen muß und nicht weiß, wohin. Genau dies passierte einmal unserer hübschen norwegischen Oberschwester Rigmor Hildershavn, als sie nach Kathmandu fuhr. Sie wurde leicht reisekrank, und so war sie gleich auf das Dach des Busses gestiegen, in der Hoffnung, daß die frische Luft ihrem Magen gut tun würde. Zwei oder drei Haltestellen weit ging alles gut, aber dann stieg eine große Gruppe von Schülern und Studenten zu, die gerade aus den Ferien zurückfuhren, und wo gab es noch freie Plätze? Auf dem Dach. Rigmor zählte sie, wie sie die Leiter heraufstiegen: zehn, zwanzig, dreißig ... über fünfzig. Bald stand sie fest zwischen ihnen eingekeilt, die einzige Frau unter fünfzig jungen Männern, eine blonde Prinzessin im Kreise ihrer braunen Höflinge. Ade, frische Luft.

Sie merkte, wie ihr schlecht wurde. Der Rand des Busdachs lag in unerreichbarer Ferne. Sie betete, daß der Bus doch anhalten möge, aber er war so überfüllt, daß er an jeder Haltestelle weiter fuhr. Da kam ihr der rettende Gedanke: Die Plastikdose mit den Butterbroten! Sie holte die Dose aus ihrer Reisetasche, öffnete sie und begann, ein Butterbrot nach dem anderen zu zerbröckeln und die Stücke lässig in die Luft zu werfen, wie ein Passagier eines Fährschiffes, der an der Reling steht und die Möven füttert. Als das letzte Stück über Bord war, erbrach sie sich in die Dose, verschloß sie mit dem Deckel und schob sie sorgfältig zurück in die Tasche. Eine ehrfürchtige Stille senkte sich auf die Dachpassagiere. Bis zu dieser Stunde hatten sie nicht gewußt, was Haltung und Würde war. Wahrhaftig eine Prinzessin.

Govinda Devkota

Die Sitzungen des Gesundheitsausschusses unserer Mission waren nicht nur für die Teilnehmer eine Strapaze, sie trafen auch so manchen Patienten, der ja dann auf „seinen" Arzt verzichten mußte. Ein Fall, den ich nie vergessen werde, ist der von Govinda Devkota, einem Bauern mittleren Alters aus der Kaste der Brahmanen, der in einem Dorf auf der anderen Seite des Liglig wohnte, zwei Stunden Fußmarsch von unserem Hospital entfernt.

Das Wort „Brahmane" hat für viele Menschen in den westlichen Ländern keinen guten Klang. Die Brahmanen – das ist die herrschende Kaste, stolz, reich, arrogant. Sie sind die Großgrundbesitzer, die andere für sich schuften lassen und ihnen dafür auch noch die Hälfte der Ernte abnehmen; sie sind die Ausbeuter, die den Armen Geld zu Wucherzinsen leihen und dann, wenn sie sie nicht mehr bezahlen können, ihr Land einziehen.

Sie sind auch die religiöse Elite. Nur ein Brahmane kann ein hinduistischer Priester sein. Viele von ihnen sind speziell für dieses Amt ausgebildet, aber auch die übrigen nehmen oft Priesterfunktionen wahr, vor allem in den kleineren Dörfern. Und ich bin schon oft Zeuge geworden, wie ein Nepale aus einer der unteren Kasten sich vor einem reichen Brahmanen bückte, um ihm die Füße zu küssen. Es ist ein uralter Akt der Ehrerbietung, für den Küssenden keine Schande, sondern ein Stück Karma (Schicksal), und für den Brahmanen etwas, das ihm zusteht.

Soweit das Porträt des „typischen" Brahmanen. Im wirklichen Alltagsleben freilich, in welchem man es ja mit Menschen und nicht mit Typen zu tun hat, habe ich nur sehr wenige Brahmanen gefunden, die in allen Einzelheiten diesem Porträt entsprechen. Dafür kenne ich viele, die geradezu das Gegenteil sind. Zum Beispiel Govinda Devkota.

Govinda war nicht reich, sondern gehörte höchstens zur Mittelklasse. Er hatte keine Pächter, die für ihn arbeiteten, sondern bestellte sein Land selbst. Niemand küßte ihm die Füße. Seine beiden Söhne gingen auf die höhere Schule, und das Schulgeld mußte er sich fast vom Mund absparen. Er hatte sich nicht wie so viele seiner Landsleute eine zweite oder dritte Frau zugelegt, sondern war seiner ersten Frau treu geblieben. Er war nüchtern, schlicht, freundlich und gutmütig und in seiner Geradlinigkeit so recht der Nepale von seiner besten Seite. Ich lernte Govinda in unserem dritten Jahr in Amp Pipal kennen, und von der ersten Minute an mochte und schätzte ich ihn.

Als ich ihn das erste Mal sah, lag er auf meinem Untersuchungstisch. Er klagte über Schmerzen im Bauch, die ihn schon seit Wochen plagten, vor allem rechts; in den letzten paar Tagen hatten sie auch auf den übrigen Bauch übergegriffen und waren fast unerträglich geworden. Sein Dorfpriester hatte sich nach Kräften um ihn bemüht und alle vorgeschriebenen Opfer dargebracht und war jetzt mit seinem Latein am Ende.

Als Govinda gemerkt hatte, daß die Kräuter und Beschwörungsformeln nicht halfen, hatte er seine Familie zusammengerufen und sie gebeten, ihn in das neue Missionskrankenhaus in Amp Pipal zu bringen. Das verursachte einigen Wirbel in seinem Dorf. Einige der Nachbarn waren zwar schon einmal in dem Krankenhaus gewesen und auch geheilt zurückgekommen, aber sie waren relativ leichte Fälle gewesen. Diese geheimnisvolle Krankheit dagegen … „Geh lieber nicht, Govinda“, sagten einige der Dorfältesten, „wer so krank ist wie du, darf nicht ins Krankenhaus, da sind schon Leute gestorben.“ Und sie schlugen ihm vor, statt dessen den berühmten Schamanen aus der nächsten Stadt holen zu lassen. Aber davon wollte Govinda nichts hören. Er wollte ins Missionskrankenhaus, auch wenn er nicht wußte, was ihn dort erwartete. Und so hatte man ihn denn an jenem Morgen in einem Korb nach Amp Pipal getragen, und jetzt lag er vor mir, um ihn herum seine besorgten Verwandten und ein halbes Dutzend skeptischer Nachbarn.

Govinda hörte sich meine Fragen aufmerksam an und beantwortete sie prompt und höflich. Es muß ihn einiges an Selbstbeherrschung gekostet haben, denn sein Zustand war erbärmlich. Er hatte eine schwere Bauchfellentzündung, der ganze Leib war geschwollen. Er war ausgemergelt und hatte viel zu wenig Flüssigkeit im Körper, sein Puls war schwach, sein Atem rasch und flach. Seit Wochen hatte er kaum noch etwas gegessen, weil Essen die Schmerzen schlimmer machte. Mir war klar: Dieser Mann brauchte dringend eine Notoperation. Aber sollte ich es wirklich wagen? Was, wenn er mir auf dem Operationstisch starb? Wenn zu viele unserer Patienten starben, konnte das unsere Arbeit um Jahre, ja um Jahrzehnte zurückwerfen.

Bei dem Wort „Operation“ warfen Govindas Verwandte sofort abwehrend die Hände in die Höhe. Operation, nein, nein, wir wollen doch nur etwas Medizin, wir bringen ihn auch gleich wieder nach Hause. Doch Govinda stimmte nicht in ihren Protest ein. „Ich bleibe hier“, erklärte er ihnen, „wenn der Doktor sagt, daß ich eine Operation brauche, dann brauche ich eine ... und überhaupt, was habe ich schon zu verlieren?“

Sein Mut und seine Offenheit imponierten mir. In der Tat, er hatte nichts zu verlieren. Ohne Operation war er ein toter Mann, und er wußte das. Und wenn er operiert wurde und trotzdem starb, dann war der größte Verlierer nicht er, sondern das Krankenhaus, das dann halt wieder einmal versagt hatte – man hätte es sich ja gleich denken können ...

Wir begannen mit den üblichen Operationsvorbereitungen: Infusionen, Antibiotika, Narkose, Magenschlauch, Urinkatheter. Meine Diagnose konnte nur vorläufig sein; ich vermutete eine geplatzte Gallenblase, deren Inhalt sich dann in die Bauchhöhle ergossen hatte. An und für sich war so etwas selten, ein geplatzter Blinddarm oder ein durchgebrochenes Magengeschwür kamen viel häufiger vor, aber dazu wollten die Symptome nicht so recht passen. Nun ja, bald würden wir es ganz genau wissen. Bei einem Notfall wie Govinda ist die genaue Diagnose zunächst einmal zweitrangig, die alles entscheidende Frage lautet: Operieren oder nicht? Und bei Govinda mußte man operieren.

Als ich die Bauchdecke öffnete, schoß mir ein heftiger Schwall einer schmutziggrünen Flüssigkeit entgegen, die über die Operationstücher und bis auf den Fußboden spritzte. Jawohl, die Gallenblase war geplatzt. Nicht nur das, sie war durch die Entzündung so hoffnungslos mit ihrer Umgebung verklebt, daß ich sie kaum noch finden konnte. Ich legte eine Röhre von der Gallenblase zur Bauchdecke, damit auch der Rest der Galle abfließen konnte. Viel mehr konnte ich im Augenblick nicht tun. Wenn Govinda überlebte, würde ich dann später, wenn er wieder zu Kräften gekommen war, die Gallenblase entfernen.

Govinda überstand die Operation wider Erwarten gut. Schon nach ein paar Tagen konnte ich die Röhre wieder entfernen. Zehn Tage nach der Operation ging er voll Dankbarkeit nach Hause, auf seinen eigenen Beinen. Ich sagte ihm, daß er noch keineswegs gesund sei und mit Gallenblasenentzündungen rechnen müsse, aber er bekam keine einzige. Ich habe seine Gallenblase nie entfernen müssen.

Einige Monate später kam Govinda wieder. Mir schwante nichts Gutes; sicher hatte ihm seine Galle wieder einen Streich gespielt? Aber nein, er kam gar nicht als Patient, er hatte einen Patienten mitgebracht, einen Mann aus seinem Dorf, der krank war, aber Angst davor hatte, allein ins Krankenhaus zu gehen. Er sollte nicht der einzige Patient bleiben, den Govinda uns brachte. Wohl fünf- oder sechsmal im Jahr kam er zu uns, und immer aus dem gleichen Grund: um einem kranken Nachbarn oder Bekannten die Angst vor dem Krankenhaus zu nehmen. Mußten wir den Patienten stationär behandeln, sorgte Govinda dafür, daß seine Verwandten benachrichtigt wurden, und blieb so lange bei ihm, bis einer von ihnen kam. Govinda war unerschütterlich davon überzeugt, daß wir jedem helfen konnten. Er war die beste Reklame, die wir uns vorstellen konnten.

Aber dann, fast sieben Jahre nach seiner Operation, wurde Govinda auf einmal wieder krank. Eines Nachts wachte er mit furchtbaren Darmkrämpfen auf. Er wußte aus eigener Erfahrung, daß Abwarten die Sache nur verschlimmern würde, und so kam er gleich am nächsten Morgen zu uns ins Hospital. Diagnose: Beginnender Darmverschluß. Govinda brauchte sofort eine Operation. Aber da war ein Haken: Am gleichen Morgen, gerade vor zwei Stunden, hatte ich Amp Pipal verlassen, um zur nächsten Sitzung des Missionsgesundheitsausschusses zu fahren.

Eigentlich hatte Govinda alle Aussichten, wieder gesund zu werden. Er war sofort zu uns gekommen. Es ging ihm nicht wie so vielen anderen Darmverschlußpatienten, die auf die wohlgemeinten, aber wertlosen Ratschläge ihrer Verwandten und Freunde hören, ein Hausmittel nach dem anderen ausprobieren und dann nach unbeschreiblichen Leiden viel zu spät zu uns gebracht werden, wo sie dann womöglich noch vor der Operation sterben. Nein, Govinda hatte es richtig gemacht. Nur – ich war nicht da.

Wir hatten einen Notplan für solche Fälle: Der Patient wurde an das staatliche Krankenhaus in Pokhara überwiesen. Aber das bedeutete einen fünfundzwanzig Kilometer langen Fußmarsch nach Dhumre und danach noch drei Stunden Busfahrt. Govinda war verzweifelt. Eine ganze Tagereise, und am Ende der Reise eine völlig fremde Stadt und wildfremde Ärzte. Dazu die Kosten. Träger müßten gemietet werden, und Govindas ältester Sohn müßte sein Studium unterbrechen, um die Eltern auf dieser langen Reise zu begleiten. Govinda und seine Frau überlegten hin und her, wertvolle Zeit verstrich. Nein, es geht nicht anders, wir müssen nach Pokhara.

Das Mieten der Träger und die sonstigen Vorbereitungen waren etwas, das man nicht in einer halben Stunde erledigen konnte, und so verbrachte Govinda den Rest des Tages und die ganze Nacht in unserem Hospital, wo man ihm Infusionen und schmerzstillende Mittel gab. Früh am Morgen brachten die Träger, seine Frau und sein Sohn ihn in einem *Doli* (einer Art Hängematte an einer langen Stange, deren Enden auf den Schultern der beiden Träger ruhten) den Berg hinunter nach Dhumre, von wo es mit dem Bus weiterging. Was Govinda auf dieser Reise mitgemacht haben muß – die Krämpfe, schlimmer als Messerstiche, das Erbrechen, die ständig zunehmende Schwellung, die Sonnenhitze, der überfüllte Bus – spottet jeder Beschreibung.

Als sie am Abend endlich in der Klinik in Pokhara ankamen, war der Chirurg nicht da. „Er ist gerade unterwegs", hieß es, „aber morgen kommt er wieder zurück." Er kam nicht. Dann werde er aber ganz bestimmt am nächsten Tag wieder da sein, versicherte man Govinda. Aber auch der dritte Tag kam und ging, und immer noch kein Chirurg. Govinda wurde immer schwächer, die Schmerzen und das Erbrechen waren nicht mehr auszuhalten. Am Morgen des vierten Tages sagte er: „Bringt mich zurück nach Amp Pipal. Heute abend kommt mein Arzt aus Kathmandu zurück, der wird mich gleich morgen früh operieren."

Und so stiegen wir zur gleichen Zeit in den Bus nach Dhumre – Govinda und seine Familie in Pokhara, ich in Kathmandu.

Da die Busfahrt von Kathmandu länger dauerte, waren Govinda, seine Frau und sein Sohn zwei oder drei Stunden eher in Dhumre als ich. Sie mieteten neue Träger und ein *Doli* – der Preis war höher als die gesamte Krankenhausrechnung – und machten sich auf den langen Weg nach Amp Pipal. Spät am Nachmittag, hoch oben auf dem Liglig, holte ich sie ein. Ich erkannte Govinda kaum wieder, so abgemagert war er; und was machte er auf diesem Pfad, sein Haus lag doch in der anderen Richtung ... Sein Sohn erzählte mir alles. Govinda selbst konnte fast nicht mehr sprechen, aber in seinen Augen leuchtete die Hoffnung auf, als er mich sah. Hoffnung? Ich mußte den Kopf schütteln. Nein, hier war keine Hoffnung mehr.

„Ich fürchte, es ist zu spät", sagte ich. „Ich würde so gerne helfen, aber ..."

„Doch“, protestierte der Sohn, „doch, du mußt ihn operieren, du hast ihm doch schon einmal das Leben gerettet! Wir sind den ganzen Tag hierher zurückgekommen, weil du unsere letzte Hoffnung bist! Laß uns nicht im Stich!“

Der Kranke flüsterte: „Wenn ich bei der Operation sterbe, dann sterbe ich eben. Bitte operiere mich, auch wenn es noch so schlecht aussieht, du kannst mich heilen, ich glaube es.“

„Nur Gott kann dich heilen“, sagte ich. Ob Gott vielleicht ein Wunder tun wollte? Und wenn ja, wollte er es mit Operation tun, oder ohne?

Wir legten Govinda sofort in ein Bett und gaben ihm die ganze Nacht Infusionen und hochdosierte Antibiotika. Am nächsten Morgen hatte sich sein Zustand kaum gebessert, aber noch weiter zu warten, hatte keinen Zweck, wir mußten die Operation wagen. Die erste Hürde, die es zu meistern galt, war die Narkose. Bei Schwerstkranken kann hier schon ein leichter Fehler zum Tod führen, besonders in einem Krankenhaus wie unserem, das nur die allernötigsten Geräte und das allernötigste Personal besitzt. Aber Govinda ließ sich ohne Schwierigkeiten betäuben, und das gab uns etwas Auftrieb. Wenn er die Narkose so anstandslos vertrug, dann hatte er, wer weiß, vielleicht doch noch eine Chance ...

Die Hoffnung zerplatzte jäh, als ich die Bauchdecke öffnete. Wie ein Nest toter Schlangen quollen die Gedärme aus der Öffnung hervor, schwarzrot und ekelhaft aufgedunsen, dazu ein ganzer Strom einer stinkenden dunklen Flüssigkeit. Wir schnitten an die fünf Meter toten, brandigen Darmgewebes heraus und nähten den Rest so gut es ging zusammen. Wir konnten kaum begreifen, daß Govinda noch atmete. Würde er diesen Eingriff überleben? War es möglich?

Wir begannen, die Bauchdecke wieder zu schließen, und unsere Hoffnung kehrte zurück, erst nur zögernd, dann immer stärker. *Danke, Gott, daß du Govinda so bewahrst, danke für dieses Wunder!* Noch zehn Minuten, und ich könnte Govindas Frau und seinem Sohn die frohe Nachricht bringen: Die Operation ist gelungen, dein Mann ist gerettet, dein Vater wird wieder gesund!

Wir nähten gerade die Haut wieder zusammen, da meldete unser Anästhesist, daß der Blutdruck des Patienten gefallen war. Wir stellten sofort den Äther ab und gaben Govinda Plasma-Infusionen, um den Blutverlust auszugleichen. Hektische Untersuchungen: Was war los, war irgendwo ein Fehler, den man korrigieren konnte? Umsonst. Als wir die Verbände angelegt hatten, war Govinda tot. Er starb an septischem Schock, einer Komplikation, die man auch in den Krankenhäusern der westlichen Welt findet und die dann eintritt, wenn der Blutkreislauf plötzlich so mit Bakterien überschwemmt wird, daß er zusammenbricht.

Das Trauergeschrei von Govindas Frau und seinen beiden Töchtern, die gerade in Amp Pipal eingetroffen waren, konnte man auf dem halben Berg hören. Eine Tragödie hatte ihr bitteres Ende gefunden. Hier war nicht nur ein Patient gestorben; wir hatten einen Freund verloren. Und wir hatten ihn verloren, weil ich zu der Sitzung des Gesundheitsausschusses mußte. Das durfte nicht noch einmal geschehen! Und ich begann mit neuer Kraft zu fragen und zu bohren: Konnte ich mich in Zukunft nicht doch von jemand anderem vertreten lassen?

Nirmala

Es half nichts, auch bei der nächsten Sitzung des Gesundheitsausschusses mußte ich anwesend sein, einer der Punkte auf der Tagesordnung konnte ohne mich nicht verhandelt werden. Ich fuhr mit großem Herzklopfen hin; was würde diesmal in Amp Pipal passieren? Aber es passierte nichts, und ich wurde wieder optimistischer. Vielleicht war ich doch etwas vorschnell in Panik geraten, als Govinda Devkota gestorben war; es war halt eine höchst unglückliche Verkettung widriger Umstände gewesen, so etwas kam einmal vor, aber nicht zweimal.

Als also einige Monate später wieder eine Sitzung in Kathmandu kam (die zweite nach Govindas Tod), packte ich meinen Rucksack, putzte meine Schuhe, machte mich auf den Weg nach Dhumre und ahnte nichts Böses. Am zweiten Tag der Konferenz, als ich es mir in meinem weichen Sessel so richtig gemütlich gemacht hatte und vor mich hindöste, gab mir mein Nebenmann auf einmal einen sanften Rippenstoß und zeigte zur Tür, wo jemand stand und mit einem Brief in meine Richtung gestikulierte. Es war der „Vorsteher" des kleinen Dorfes ganz in der Nähe unseres Hospitals, und der Brief war von meiner Kollegin Dr. Helen Huston. Sie schrieb mir, daß Nirmala, die Tochter des Vorstehers, als Notfall ins Krankenhaus gekommen sei, mit einer sehr schmerzhaften und größer werdenden Schwellung im Unterleib, und daß ich sofort nach Amp Pipal zurückkommen und sie operieren müsse.

Der Vater, völlig erschöpft von der strapaziösen Reise und zwei schlaflosen Nächten am Bett seiner Tochter, wartete, bis ich den Brief gelesen hatte, und bat mich dann, doch sofort nach Amp Pipal zu kommen. Als ich ihm sagte, daß er mich gleich mitnehmen könne – ich hatte auf der Konferenz sowieso schon alles für mich Wichtige erledigt und war frei – verzog sich sein weißer Stoppelbart zu einem breiten, erleichterten Grinsen. Kein Zweifel, dieser Mann liebte seine Tochter.

Ich kannte Nirmala und ihren Vater gut. Ich kannte auch ihre Mutter, ihre ältere Schwester und ihren jüngeren Bruder und hatte sie schon alle behandelt. Vor einigen Jahren hatte mir ihre

Schwester Sorgen gemacht, als sie eine Wurmmedizin eingenommen hatte, die es in den Dörfern zu kaufen gab und die jedem Darmwurm mit Sicherheit den Garaus machte, leider jedoch manchmal auch dem Patienten. Drei Jahre zuvor hatte ich Nirmalas Mutter operiert und ihr eine Eierstockzyste entfernt. Sie überstand die Operation gut, aber ein Jahr danach fiel sie auf der steilen Nordseite des Liglig beim Brennholzsammeln von einem Felsen herunter, an die acht Meter tief, und brach sich fast das Genick. Wochenlang lag sie in ihrem Haus, die rechte Seite gelähmt, die linke ohne Gefühl, von rasenden Schmerzen geplagt. Dann begannen einige der gläubigen Krankenhausmitarbeiter mit ihr zu beten, und von da an ging es bergauf mit ihr. Es dauerte kein Jahr, und sie konnte wieder ihren Alltagsgeschäften nachgehen. Ein leichtes Hinken und ein Kribbeln im linken Fuß war alles, was zurückblieb.

Nirmalas Vater war einer unserer ersten nepalischen Bekannten. Er war einer der Vorarbeiter beim Bau des Hospitals und ein sehr beschäftigter Mann, aber für uns hatte er immer Zeit. Er baute unseren Werkzeugschuppen, legte eine Treppe an, so daß wir den Abhang vor unserem Haus ohne Rutschpartien hinunterlaufen konnten, und terrassierte unseren Garten. Er war ein rauher, hitzköpfiger Mann, ein ehemaliger Gurkha-Soldat und jederzeit bereit, einen ausführlichen Vortrag über die Wunde zu halten, die er im Krieg bekommen hatte. In seinem Dorf genoß er trotz seines cholerischen Temperaments großes Ansehen. Die Arbeit, die er anpackte, war in Rekordzeit fertig, und wehe dem, der ihm zu langsam war.

Nirmala war sein ein und alles. Sie war eine schöne, liebenswürdige, kluge und kultivierte junge Frau, vielleicht fünfundzwanzig Jahre alt und mit einem Gurkha-Soldaten verheiratet, der in Singapur stationiert war und alle zwei Jahre auf Urlaub nach Hause kam. Als wir 1971 unseren ersten Schwesternkurs begannen, war Nirmala eine unserer Schülerinnen. Sie absolvierte den Kurs mit Bravour und wurde eine unserer besten nepalischen Schwestern. Ihr Vater konnte sich kaum halten vor Stolz: *Seine Tochter* war eine ausgebildete Krankenschwester, *seine Tochter* hatte eine volle Stelle im modernsten Krankenhaus weit und breit! Es ging ihm nicht um das Geld, das Nirmala nach Hause brachte; ihre Stelle war ein persönlicher Triumph für ihn, ein glänzender Sieg in seinem endlosen Machtkampf mit dem zweiten Vorsteher seines

Dorfes. Und der zweite Vorsteher begriff den Ernst der Lage: Er ruhte nicht, bis er seiner eigenen Tochter – die noch hübscher war als Nirmala – einen Platz in unserem nächsten Schwesternkurs verschafft hatte. Es stand eins zu eins. Wer würde das nächste Tor schießen?

Nirmala war schön und Nirmala war klug, aber eine Schwäche hatte sie: Sie war eine Kleptomanin. Wir hatten das nicht gewußt, als wir sie einstellten. Wir hatten auch nicht gewußt, daß dieses Laster in ihrer Familie erblich war. Den schönen Zement zum Beispiel, mit dem ihr Vater sein Haus verputzt hatte – es war das einzige verputzte Haus im ganzen Dorf – hatte er beim Bau des Krankenhauses mitgehen lassen. Nicht mit der Schubkarre natürlich wie ein plumper gewöhnlicher Dieb, sondern mit Kopf und Verstand: Wenn der Arbeitstag zu Ende war, füllte er sein *Topi* (Mütze) mit Zement, setzte es auf und ging vorsichtig, um ja nichts zu verschütten, nach Hause. Nach zwei Monaten hatte er genügend Zement für den Verputz beisammen. Jeder im Dorf kannte sein Geheimnis – außer uns, versteht sich.

Bald erwischten wir Nirmala dabei, wie sie Medizin stahl. Wir entließen sie auf der Stelle. Der zweite Dorfvorsteher rieb sich vergnügt die Hände und gab überall bekannt, daß *seine* Tochter ein anständiges Mädchen sei, mit dem so etwas nie passieren würde. Nirmalas Vater tobte: Stellt meine Tochter wieder ein, oder ich werde es euch zeigen! Und er trommelte seine Parteigänger im *Panchayat* zusammen. Sein Rivale, nicht faul, stellte sich demonstrativ auf unsere Seite, und bald war der ganze Berg in zwei Lager gespalten: hier die Nirmala-Partei, dort die Liga für das Krankenhaus.

Der Zufall wollte es, daß gerade wieder zwei Jahre um waren und Nirmalas Ehemann zu Hause war. Sein Zorn über die Schmach, die man seiner Frau angetan hatte, kannte keine Grenzen, und er schwor unserem indischen Labortechniker, der Nirmalas Diebstahl aufgedeckt hatte, finsterste Rache. Eines Morgens, als der Labortechniker auf dem Weg zum Krankenhaus war, sprang der Rächer aus dem Gebüsch, hielt ihm einen Gewehrlauf vor die Nase und versprach, ihn umzubringen. Es sah ganz so aus, als sei er bereit, sein Versprechen zu halten, aber Tej, unser Wäscher, stürzte sich von hinten auf ihn und riß ihm das Gewehr aus der Hand. Der Labortechniker, dessen Nerven so viel Abwechslung nicht gewachsen waren, verließ uns kurz darauf und ward nicht mehr gesehen.

Die Nerven unserer damaligen Oberschwester, einer resoluten schottischen Missionarin, die ganz richtig Mabel McLean hieß, waren wesentlich stärker. Sie stand fest wie ein Granitfelsen in der Brandung. Nirmalas Vater hätte ein feuerspeiender Drache sein können, es hätte ihm nichts genützt. Er sah schließlich ein, daß sein Waffengeklirr und Kriegsgeschrei zwecklos war, und verlegte sich aufs Diplomatische. Stetes Schmeicheln höhlte den Stein, und nach einem halben Jahr hatte Nirmala ihre Stelle wieder.

Sie hatte in dem halben Jahr ihr Verhältnis zu fremdem Eigentum geändert: Sie ließ sich nicht mehr erwischen. Es dauerte mehrere Jahre, bis wir merkten, daß sie sich fast täglich aus unseren Vorräten bediente. Aber wir konnten ihr nie etwas nachweisen. In unserer Verzweiflung stellten wir ihr schließlich eine Falle. Sie tappte hinein und stahl vor unseren wachsamen Augen einen Kugelschreiber. Endlich. Wir gaben ihr die Wahl: freiwillige Kündigung oder offener Skandal. Sie entschied sich für die Kündigung. Ihrem Vater jedoch war mehr nach Skandal zumute. Er marschierte wutentbrannt zum Krankenhaus, tobte über eine Stunde lang und verkündete schließlich, daß er jetzt unseren großen steinernen Wassertank, den er selbst vor einigen Jahren gebaut hatte, zerstören würde. „Was ich für diese Schwindler gebaut habe, kann ich auch wieder abreißen!“ brüllte er. Und er stürmte los und fing an – am hellichten Tag.

Wir traten eilig zu einer Krisensitzung zusammen. Wenn wir einen so offenen und unverschämten Angriff auf unser Krankenhaus ungestraft durchgehen ließen, verloren wir nicht nur unseren Wassertank, sondern gaben vor allem all denen eine Freikarte, die in Zukunft das Bedürfnis verspüren würden, ihren Zorn an uns auszulassen. Und es gab immer jemanden, der wütend auf uns war. Schon jetzt kam es vor, daß eine Fensterscheibe zu Bruch ging oder ein Zaunpfosten ausgerissen wurde, weil wir wieder einmal keine Stelle frei hatten. Und Nirmalas Vater war gar ein Dorfvorsteher! Nein, hier galt es, sich zu wehren. Und ich bekam den Auftrag, in meiner Eigenschaft als medizinischer Leiter des Krankenhauses hochoffiziell die Polizei holen zu lassen. Ich tat es, und die Polizei kam auch prompt und verhaftete den Übeltäter. Der wurde zum ersten Mal in seinem Leben kleinlaut, entschuldigte sich öffentlich und versprach reumütig, den Tank auf seine eigenen Kosten zu reparieren; ich würde dann den Tank inspizieren, einen Brief an die Polizei aufsetzen, in welchem ich ihr mitteilte, daß die Reparatur zu meiner vollen Zufriedenheit ausgeführt worden war, und Nirmalas Vater mit diesem Brief zur Polizeistation schicken. Es war eine demütigende Prozedur für diesen so stolzen, kämpferischen Mann, und sie verfehlte ihre Wirkung auf das übrige Dorf nicht: Die mutwilligen Beschädigungen hörten auf. Der einzige Trost für Nirmalas Vater war, daß es seinem alten Feind, dem anderen Dorfvorsteher, nicht viel besser ging, denn dessen Tochter war inzwischen, anstatt zielstrebig auf den Posten der Oberschwester zuzusteuern, mit einem verheirateten Mann aus einer niedrigeren Kaste durchgebrannt. Ein nepalischer Dorfvorsteher hat es wahrlich nicht leicht.

Die Freundschaft zwischen Nirmalas Vater und mir wurde durch diese Affäre nicht etwa zerstört, sondern im Gegenteil noch fester. Wir waren vielleicht etwas vorsichtiger geworden, aber das tat unserer gegenseitigen Achtung und Schätzung keinen Abbruch. Nirmalas Vater bat mich noch lange, fast jede Woche, seine Tochter doch wieder einzustellen. Ich war gar nicht einmal dagegen, aber unsere Schwestern blieben eisern. Er gab es schließlich auf, und Nirmala hat – leider – nie wieder für uns gearbeitet.

Und jetzt, drei Jahre später, wurde ich also gebeten, diesem Vater und seiner Tochter einen besonderen Dienst zu tun. Es war mir keine lästige Pflicht, es war mir eine Ehre.

Es war zwei Uhr nachmittags, als Nirmalas Vater mir den Brief brachte, und der Bus nach Dhumre war schon abgefahren. Der nächste fuhr erst am nächsten Morgen, und ich war mir nicht sicher, ob wir dann noch rechtzeitig in Amp Pipal eintreffen würden. Aber vielleicht wußte einer meiner Kollegen von der Mission einen Rat? Wir hörten uns etwas um, und es zeigte sich, daß der Bauleiter des neuen Hundertfünfzig-Betten-Krankenhauses bei Kathmandu einen Jeep zur Verfügung hatte, mit dem er uns nach Feierabend nach Dhumre fahren konnte. Wir nahmen sein Angebot ohne Zögern an.

Wir verließen Kathmandu um fünf Uhr. Der Bauleiter, ein Kanadier namens Tom Haggerty, hatte seine Frau mitgebracht, und zu mir hatte sich noch ein unerwarteter Besucher gesellt, ein Schriftsteller, den ich nicht kannte; er war erst am Tag zuvor in Kathmandu angekommen und wollte gerne Amp Pipal sehen. Nirmalas Vater, der normalerweise gern und viel redete, war so schweigsam wie eine ägyptische Mumie.

Wir fuhren die Serpentinen hinab, vor uns, nach Westen, wie ein gigantischer Scherenschnitt im Gegenlicht der untergehenden Sonne, die endlose Kette des Himalaja. Hundert Kilometer entfernt zeigte die Spitze des Himal Chuli in den Himmel, ein zweites Matterhorn, aber fast doppelt so hoch. Irgendwo an seinem Fuß lag Amp Pipal. Noch weiter im Westen thronte das Annapurna-Massiv, eine Riesenfestung aus Stein und Eis, und hinter ihm verlor sich im rötlichen Dunst des Horizonts das Südende der Dhaulagiri-Kette. Direkt unter uns rückte mit jeder Kurve die Talsohle näher, die uns mit grauem Dämmerlicht empfing, in welchem wie unruhige kleine rote Sterne Hunderte von Feuern flakkerten. Man kochte die Abendmahlzeit, der Tag war zu Ende. Für uns fing er eigentlich erst an.

Weiter und weiter tanzten die Lichtkegel der Scheinwerfer. Um halb elf erreichten wir Dhumre und bogen in den neuen Fahrweg ein, der fast bis zum Fuß des Liglig führte und den die Schaufeln und Hacken der Männer aus den Dörfern erst vor kurzem aus den Hängen herausgehauen hatten. Durch ihn sparten wir die Hälfte des Fußmarsches – die leichte Hälfte –, aber nur eine Stunde Zeit. Er war so uneben, daß man fast nur mit Schrittempo vorwärts kam. Laufen wäre weniger anstrengend gewesen und viel schöner.

Um halb zwölf hatten wir das Ende des Fahrwegs erreicht. Die Haggertys wendeten ihren Jeep, zurück nach Kathmandu. Die roten Rücklichter verschwanden langsam in der Dunkelheit. Der Fußmarsch begann.

Es war stockdunkel, und mein Besucher hatte statt der „guten Taschenlampe“, die ich ihm ans Herz gelegt hatte, ein winziges Etwas von der Größe eines Füllhalters mitgebracht. Er war mit mir gekommen, um etwas zu erleben, aber als er zum fünften Mal von dem schmalen, mit schlüpfrigem Tau bedeckten Pfad abrutschte und im knietiefen Schlamm der nächsten Reisterrasse versank, hatte er allmählich genug, jedenfalls für diese Nacht. Aber die Nacht war noch lange nicht zu Ende. Jetzt begann der Pfad überhaupt erst richtig anzusteigen, und es zeigte sich, daß mein Begleiter nicht nur seine Taschenlampe, sondern auch seine Beinmuskeln um einiges überschätzt hatte. Immer wieder wollte er wissen, wann wir denn endlich oben seien – für jemanden, der nur einen Meter weit sehen kann, vielleicht eine verzeihliche Frage. Nun, wir hielten uns trotz allem recht tapfer und erreichten unser Haus gegen halb vier morgens. Ich steckte meinen Gast ins

Bett und ging zum Krankenhaus hinunter, um Nirmala zu untersuchen und die nötigen Vorbereitungen für die Operation anzuordnen.

Als ich in ihr Zimmer kam, flog ein erleichtertes, dankbares Lächeln über ihr schmerzverzerrtes Gesicht. „Danke, Doktor, daß du gekommen bist“, sagte sie mit schwacher Stimme. „Ich wußte, daß du kommen würdest, ich habe darum gebetet. Danke.“

„Danke Gott, Nirmala“, sagte ich, „nicht mir. Er hat für das Auto gesorgt, das uns hierher gebracht hat, und er hat dich bis jetzt am Leben erhalten. Und“, fügte ich hinzu, „er wird auch dafür sorgen, daß du wieder gesund wirst.“

Rein medizinisch gesehen, hatte ich wenig Grund, optimistisch zu sein. Nirmalas Zustand war kritisch. Ihr gesamter Unterleib war aufgebläht wie ein Ballon, ihr Puls war rasch und flach, ihr Blutdruck so schwach, daß ich ihn kaum messen konnte. Hatte sie am Ende auch eine in sich verdrehte Eierstockzyste wie damals ihre Mutter? Gut, daß ich noch in dieser Nacht nach Amp Pipal zurückgekommen war, viel länger hätte Nirmala nicht mehr durchgehalten.

Ich operierte sie wenige Stunden später. Sie hatte in der Tat eine Eierstockzyste. Sie war so groß wie ein Fußball, dreimal um ihren eigenen Stiel gedreht und bereits brandig. In der Mitte des nekrotischen Stiels pulsierte die große Eierstockarterie; sie stand kurz vor dem Platzen. Nirmala überstand die Operation gut und konnte schon sieben Tage später wieder nach Hause gehen.

Hochwasser

Nach Nirmalas Operation brauchte ich nur noch einmal zu einer Gesundheitsausschußsitzung zu fahren. Eigentlich hatte Dr. Helen mich vertreten sollen, aber dann mußte ich wegen einer sehr dringenden Angelegenheit doch selbst hin, und zwar zusammen mit Cynthia. In den beiden Tagen vor unserer Abreise mußte ich die Operationen einer ganzen Woche erledigen, bevor ich die Patienten an Helen übergeben konnte. Es war die übliche Hast und Hektik vor einer größeren Reise, ein einziger Streß für den reisenden Arzt, aber auch für seinen Kollegen, der in Amp Pipal blieb und nun doppelt soviele Patienten zu versorgen hatte, die Arbeit in der Ambulanz nicht mitgerechnet.

Als der zweite Tag zu Ende war und ich endlich alles geschafft hatte, kam auf einmal ein Notfall an: ein Kind mit einem komplizierten Unterarmbruch. Der Bruch war schon vierundzwanzig Stunden alt, und die Operation duldete keinen Aufschub. Es ging nicht anders, ich mußte das Kind gleich am nächsten Morgen operieren und halt einen Tag später nach Kathmandu fahren.

Als wir spät am nächsten Nachmittag endgültig unsere Sachen packten, waren wir fast ein wenig in Ferienstimmung. Die Operation war vorbei, weitere Notfälle hatte es nicht gegeben, das Krankenhaus war ungewöhnlich ruhig, die Hektik lag hinter uns. Eigentlich war es doch eine ganz schöne Abwechslung, so eine Reise zu zweit.

Während wir packten, fing es an zu regnen. Das war weiter nichts Besonderes, die Regenzeit war noch nicht ganz zu Ende, da mußte man mit Schauern rechnen. Aber der Schauer wollte nicht aufhören, im Gegenteil, er wurde stärker und stärker. Als wir ins Bett gingen, goß es wie aus Kübeln, und als wir am frühen Morgen aufstanden, goß es immer noch. Zwölf Stunden dauerte der Wolkenbruch jetzt schon, und selbst die alten Leute im Dorf konnten sich nicht erinnern, jemals einen solchen Regen erlebt zu haben. Wir hatten eigentlich gegen fünf Uhr nach Dhumre aufbrechen wollen, aber es dauerte fast bis sieben Uhr, bis der Regen so weit nachgelassen hatte, daß man auch nur einen Schritt vor die Haustür tun konnte.

Die ganzen sechs Stunden nach Dhumre regnete es. Es war ein abwechslungsreicher Regen: Mal war er laut, mal leise, mal tröpfelte er, mal schüttete er, und ungefähr vom Knie an abwärts verwandelte er sich in gurgelnde Bäche und feinen, schmatzenden Schlamm. Wir liefen nicht, wir rutschten, aber dank der vielen Windungen des Pfades rutschten wir nie sehr weit. Ein unbedeutendes Rinnsal, das irgendwo am Hang des Liglig unseren Weg kreuzte, hatte sich in einen reißenden Strom verwandelt, der uns bis zu den Hüften umspülte und kartoffelgroße Steine gegen die Beine schleuderte, als wir ihn auf unsicheren Füßen durchwateten.

Unten im Tal war es nicht viel besser. Das Laufen auf den schmalen Dämmen zwischen den Reisterrassen glich einem Balanceakt auf einem mit Schmierseife eingeriebenen Baumstamm. Hier und da hatte der Weg den Kampf gegen die Elemente ganz aufgegeben und sich in einer dunklen Pfütze von der Größe eines mittleren Teiches verloren. Einmal hörte ich ein lautes Platschen hinter mir, und als ich mich umdrehte, sah ich Cynthia in einer dieser Pfützen sitzen. Für den Rest des Weges war ihr Hinterteil unter den Menschen, denen wir begegneten, der Gegenstand zahlreicher sinniger, meist gekicherter Bemerkungen.

Kurz nachdem wir Dhumre erreicht hatten, hörte der Regen auf und die Sonne kam durch. Als wir auf den Bus warteten, fiel uns auf, daß alle Fahrzeuge, die durch die Stadt fuhren, nur aus einer Richtung kamen – von Pokhara. Von Kathmandu kam rein nichts, und das ging, wie wir hörten, schon fast den ganzen Tag so. Merkwürdig. Dann kam unser Bus, und zu unserem größten Erstaunen hatte er *mehrere* freie Sitzplätze. Wir stiegen hocherfreut ein, wählten die beiden Plätze direkt neben dem Fahrer und schwelgten in der Vorfreude auf eine Busreise, die endlich einmal so richtig schön, glatt und angenehm sein würde.

Nur daß den ganzen Morgen kein einziges Auto aus Kathmandu gekommen war, das war doch etwas unheimlich. Ob am Ende die Straße irgendwo blockiert war? Ich fragte den Fahrer, rein vorsichtshalber natürlich, aber der zuckte nur die Achseln und meinte, er werde bestimmt durchkommen, schließlich müsse er ja pünktlich in Kathmandu sein. Er sagte es mit großer Überzeugung, und wir lehnten uns beruhigt wieder in unsere Sitze zurück.

Die Straße folgte einem dichtbewaldeten Flußtal. Links und rechts klafften tiefe braune Schrammen in den Steilhängen, frische Erdrutsche, die der nächtliche Wolkenbruch ausgewaschen hatte. Hier und da reichten sie fast bis an die Straße, und der Bus schlingerte durch Lehm, Kies und Geröll.

Wir waren keine fünfzehn Kilometer gefahren, als auf einmal eine lange Autoschlange vor uns auftauchte: Zwanzig Busse, dreißig Lastwagen und vierzig bis fünfzig Jeeps, Lieferwagen und sonstige Vehikel standen fein säuberlich aufgereiht am Straßenrand. Neben ihnen bewegte sich ein ganzer Strom von Menschen die Straße entlang, die alle ausgestiegen waren und wissen wollten, warum es nicht weiterging. Unser Fahrer fluchte, drückte auf die Hupe, daß die Fußgänger nach rechts und links zur Seite sprangen, und fuhr auf der anderen Straßenseite weiter. Er überholte drei oder vier Dutzend Fahrzeuge, dann blieb er stecken und sah sich genötigt, sich hinter einem anderen Bus in die Schlange einzuordnen. Wir standen.

Wir stiegen aus und liefen ans vordere Ende der Schlange. Hier hörte die Straße auf, und an ihrer Stelle tobte eine vierzig Meter breite Flut aus Wasser und Dreck, auf der entwurzelte Bäume und bierfässergroße Steine wie Riesenspielzeuge zu Tal donnerten. Am Ufer dieses Chaos liefen an die zweitausend Menschen wie aufgescheuchte Hühner hin und her, fuchtelten mit den Armen, zeigten hierhin und dorthin und versuchten vergeblich, das Tosen des Wassers und das Rumpeln der Geröllmassen mit ihrem Geschrei zu übertönen. Auf der gegenüberliegenden Seite, wo die Straße weiterging, war kein einziges Auto zu sehen, was nur bedeuten konnte, daß die Straße in dieser Richtung noch an mindestens einer weiteren Stelle unterbrochen war. Ade, Kathmandu!

Unser Fahrer, der ein Mann von schnellen Entschlüssen war, begann seine Passagiere durch kräftiges Hupen zurückzurufen. Offenbar war er der Meinung, daß man seine Hupe aus dem wilden Getute und Getröte der vielen Dutzend anderer Hupen mit Leichtigkeit heraushören konnte. Wenn er schon nicht als erster in Kathmandu sein konnte, wollte er wenigstens als erster nach Pokhara zurückkommen. Und noch während die letzten von uns wieder an Bord stiegen, fing er an, den Bus zu drehen, was auf dieser schmalen Straße, mit tiefen Gräben rechts und links und eingekeilt zwischen anderen Bussen und Lastwagen, kein kleines Kunststück war. Gespannt sahen wir ihm zu, jede Sekunde darauf gefaßt, daß er den Bus in den Graben setzte.

Zwei oder drei Minuten mochte seine wilde Kurbelei gedauert haben, da zog plötzlich ein neues Geräusch unsere Aufmerksamkeit auf sich: ein lautes, scheppperndes Rumpeln, das aus der Richtung von Dhumre kam. „Der Bozer!“ schrie jemand, dann schrien es zwei, dann zehn, dann hundert, dann fünfhundert: „Der Bozer, der Bozer!“ „Bozer“ ist die nepalische Abkürzung für „Bulldozer“. Es war freilich kein richtiger Bulldozer, sondern nur ein kleiner japanischer Radlader, aber was der Maschine an Größe abging, machte die selbstbewußte Pose des malerisch bunt gekleideten, lächelnden jungen Mannes, der auf dem Fahrersitz thronte, mehr als wett; ein Maharadscha auf seinem Prachtelefanten hätte nicht imposanter sein können. Langsam kam er näher, die Leute sprangen ihm bereitwillig aus dem Weg. Unser Fahrer, der den Bus erst um ein Sechstel aus der Lücke herausmanövriert hatte, hörte sofort auf mit seinem mühsamen Geschäft, ließ den Bozer vorbei und fuhr kurzerhand hinter ihm her, bis ans Ende der Schlange, während gleichzeitig aus allen anderen Bussen die Fahrgäste wieder ausstiegen und mit lautem Jubelgeschrei nach vorn rannten, um Zeugen des heroischen Kampfes zu werden, der sich da zwischen Mensch und Natur anbahnte und der – hoffentlich – mit dem Sieg des Menschen enden würde.

Je näher der Bozer dem reißenden Strom kam, um so kleiner schien er zu werden. Das Wasser hatte zwar angefangen, zurückzugehen, aber seine Wut war noch beträchtlich. Der forsche junge Fahrer hielt an, inspizierte das Hindernis, das er da wegräumen sollte, und wurde sichtlich nachdenklich. Die erwartungsfrohen Zuschauer begannen ihn lautstark anzufeuern. Zu Hunderten liefen und schrien sie durcheinander, sprangen von einem Felsblock zum anderen, von hier hatte man die beste Sicht, nein, von dort, jeder wollte einen guten Platz haben. Ein paar Dutzend ganz Verwegene kletterten auf den Bozer, um dem Fahrer ihre guten Ratschläge direkt ins Ohr zu brüllen.

Der Fahrer zögerte. Ganz bestimmt stellte er sich vor, wie unangenehm es sein mußte, von diesen Fluten bis in den Indischen Ozean gespült zu werden. Aber die Begeisterung der ungeduldigen Menge trieb ihn zu Taten an. Er drückte aufs Gaspedal und lenkte sein Gefährt ins Wasser. Ein gewaltiges Hurra zerriß die Luft, und tausend Augenpaare folgten dem Bozer, wie er große Berge von Steinen und Schlamm vor sich herschob. Wie ein ferngelenktes Spielzeug sah er aus, das Wasser fauchte und tobte wie ein wütendes Tier, wollte ihn packen und umwerfen, große Gischtwolken spritzten hoch. Aber der Bozer hielt stand, und der junge Mann in der Fahrerkabine begann allen Ernstes und sehr systematisch, die Straße zu räumen. Vorwärts und zurück, vorwärts und zurück. Es war eine Sisyphusarbeit, kaum hatte die Schaufel eine Gasse freigekämpft, lag schon wieder ein halber Meter neuer Sand und Geröll da. Aber der Fahrer gab nicht auf, und nach der zehnten Runde war die Gasse so breit geworden, daß sie tatsächlich ein paar wertvolle Augenblicke offen blieb – gerade so lange, daß ein Bus sie einigermaßen sicher durchqueren konnte, wenn er direkt hinter dem Bozer herfuhr.

Unser Fahrer wollte auch jetzt wieder der erste sein. Aber er hatte einen Rivalen: den Fahrer des ersten Busses in der Schlange, der neun Stunden vorher angekommen war. Die beiden lieferten sich ein heftiges Rangier- und Schimpfgefecht, das mit dem Sieg des anderen Fahrers endete. Mit angehaltenem Atem verfolgten die Zuschauer, wie der Bus dicht hinter dem Bozer ins Wasser fuhr, man schloß Wetten ab, ob er es schaffen oder von der Gewalt des Wassers von der Straße gedrückt werden und den felsigen Steilhang hinunterstürzen würde. Aber die Reifen hielten, der Motor starb nicht ab, der Bus kam durch und fuhr triumphierend weiter, Richtung Kathmandu. Die Menge brüllte und klatschte begeistert Beifall.

Der Bozer kam zurück, und wir waren an der Reihe. Unser Fahrer ließ den Motor aufheulen, drückte entschlossen auf die Hupe und fuhr los, nur Zentimeter hinter dem Bozer. Zweimal drehte sich der Bozer-Fahrer um und winkte ihm heftig zu, doch wenigstens einen halben Meter Abstand zu lassen; zweimal soff unser Motor fast ab in der aufspritzenden Gischt; große Steine polterten gegen die Seite des Busses, ganze Berge von Sand rutschten nach. Aber wir schafften es. Als wir die andere Seite erreichten, schwenkte der Bozer nach links, um uns vorbeizulassen, unser Fahrer gab Gas, und die Passagiere machten ihrem Herzen Luft und brachen in lauten Applaus aus für unseren furchtlosen Fahrer sowie für die verschiedenen Göttinnen und Götter, die uns so gnädig bewahrt hatten. Kathmandu war wieder nahegerückt.

Aber wir waren kaum hundert Meter gefahren, als ein Mann, der in der Mitte der Straße stand und heftig die Arme schwenkte, unseren Bus und unsere Begeisterung abrupt stoppte. Er klärte uns auf, daß er gerade von dem nächsten Hindernis kam. Acht Kilometer weiter vorne hatte das Hochwasser eine Brücke mit sich gerissen, und es würde bestimmt einen Monat dauern, bis sie repariert wäre. Außerdem sei auf der anderen Seite der Brücke weit und breit keine Autoschlange zu sehen. Während wir noch versuchten, diese Nachricht zu verdauen, erschien auf der Straße ein Bus, aus der Richtung von Kathmandu. Hatte der Mann sich einen Spaß erlaubt? Aber nein, es war der Bus, der vor uns durch die Überschwemmung gefahren war.

Der Bozer brachte die Nachricht von der zerstörten Brücke auf die andere Seite des Wassers, und bald konnten wir sehen, wie die lange Bus- und Lastwagenschlange ihr kompliziertes Wendemanöver begann, um zurück nach Pokhara zu fahren. Der junge Mann auf dem Bozer schob fleißig weiter seine Steine hin und her, und erst als die Sonne unterging und fast alle anderen Fahrzeuge abgefahren waren, kam er wieder auf unsere Seite, um unseren Bus und seinen restlos ernüchterten Fahrer abzuholen.

Wir verbrachten die Nacht in Dhumre, als Gäste eines unserer Tuberkulosepatienten. Am nächsten Morgen wanderten wir bei wolkenlosem Himmel und glühender Sonne die ganzen sechs Stunden zurück nach Amp Pipal (der Fahrweg war für die nächsten Wochen unpassierbar), und ich wünschte unseren verdutzten Kollegen einen schönen Nachmittag und erzählte ihnen, daß es die schönste Ausschußsitzung gewesen sei, die ich je erlebt hatte.

Noch am gleichen Nachmittag wurden zwei Operationsnotfälle eingeliefert. Jetzt war ich richtig dankbar für das Hochwasser.

Aber längst nicht alle hatten Grund zur Dankbarkeit. Die Überschwemmungen forderten Dutzende von Todesopfern und machten Tausende obdachlos. Am schlimmsten traf es, wie immer, die Ärmsten der Armen. Sie sind diejenigen, die direkt an den Flußufern und an den steilen, erdrutschgefährdeten Hängen wohnen, und ihre Häuser sind am schlechtesten gebaut – wacklige Gebilde aus viel Lehm und wenig Stein oder gar nur aus Bambusstangen und Reisig. Das ist Nepal: ein Land der Armen, der Überschwemmungen, der Häuser ohne festen Grund.

Zur nächsten Sitzung des Gesundheitsausschusses – sie fand in Tansen statt – fuhr Esa Ahonen, unser finnischer Geschäftsführer. Er war genauso wenig erbaut von dieser Ehre, wie ich es gewesen war, und begann seine Reise damit, daß er den Brief unserer Oberschwester Rigmor vergaß, in welchem diese den

Gesundheitsausschuß um die Erlaubnis bat, zwei dringend benötigte neue Schwestern einzustellen. (Auf der letzten Sitzung hatte man beschlossen, daß künftig „Neueinstellungen beim Personal nur noch mit vorheriger Zustimmung des Ausschusses vorgenommen werden“ durften.) Als nächstes verpaßte Esa den von der United Mission eigens für die Konferenz gecharterten Direktbus von Kathmandu über Dhumre nach Tansen. Und als er in Tansen ankam und endlich seine Ruhe haben wollte, wollte man sofort und sehr energisch von ihm wissen, warum die neue Tuberkulose- und Leprastation in Amp Pipal zweimal so teuer wurde wie ursprünglich geplant. Armer Esa. Aber als es zur Abstimmung kam, hatte er eine Eingebung: Er rechnete der Versammlung vor, daß unsere gesamte Station (für zwanzig Patienten) nur die Hälfte von dem kostete, was die Mission für eine einzige der Dienstwohnungen im Personalgebäude ihres eleganten neuen Krankenhauses im Kathmandu-Tal bezahlen mußte. Unser Budget wurde ohne einen Mucks genehmigt. Warum waren wir nicht schon eher auf die Idee gekommen, unseren Geschäftsführer in diese Sitzungen zu schicken?

Es lebe die Verwaltung!

Die meisten Menschen, die Missionare werden, haben Abenteuerblut in ihren Adern. Sie genießen den Reiz des Neuen und Unbekannten, sie lieben es, zu improvisieren und zu experimentieren. Und das ist gut so, denn die wenigsten frischgebackenen Missionare haben eine Ahnung davon, was ihnen auf dem Missionfeld bevorsteht.

Natürlich hat jeder Missionar seine Ausbildung. Aber nur zu bald muß er feststellen, daß auf Ausbildungen kein Verlaß ist. Das Missionsfeld interessiert sich relativ wenig dafür, was er alles gelernt und studiert hat; viel wichtiger ist oft, was er *nicht* studiert hat und *nicht* kann. Da gibt es den hochqualifizierten Pastor, der im Laufe weniger Monate zum Klempner, Schlosser und Ernährungsberater wird, während sich über seine theologische Bibliothek die Spinnweben legen. Oder der Lehrer, der sich alsbald als Schreiner, Maurer, Dorfpolizist und Eheberater versucht. Jonathan Lindell, ein Lehrer, der vor Beginn unserer medizinischen Arbeit nach Amp Pipal kam, mußte nicht nur Fächer unterrichten, für die er überhaupt nicht ausgebildet war, er wurde auch der Dorfarzt und verschrieb, wie er uns einmal vertraulich mitteilte, in dieser Eigenschaft Aspirin für alle Krankheiten oberhalb des Bauchnabels und Durchfalltabletten für alles Tiefere – Schulmedizin für Fortgeschrittene.

Auch ich habe im Laufe der Jahre etliche Rollen zugeteilt bekommen, für die ich keinerlei Ausbildung oder Erfahrung, geschweige denn Neigung mitbrachte. Eine davon war die Rolle des Verwaltungsdirektors. Verwaltungsdirektor? Wozu um alles in der Welt braucht eine Fünfzig-Betten-Klinik mit sechzig Angestellten und einem Jahresbudget von 80.000 Dollar einen Verwaltungsdirektor? Überhaupt Verwaltung – wer denkt da nicht gleich an Schreibtische, abgewetzte Stühle, „Bitte eintreten, ohne zu klopfen" und Dienstschluß um halb fünf? Aber langsam: Das Missionshospital Amp Pipal mag klein sein, aber dafür liegt es fünfundzwanzig Kilometer von der nächsten Bushaltestelle entfernt und hat die interessante Aufgabe, eine „moderne" Institution in einer entschieden unmodernen Umgebung zu sein. Darin liegt sein besonderer Reiz. Und der Grund dafür, daß es einen Verwaltungsdirektor braucht.

Die meisten unserer Verwaltungsprobleme sucht man in den gängigen Handbüchern über Krankenhausmanagement vergeblich. Jeder Patient, so sollte man zum Beispiel meinen, weiß, was ein Krankenhaus ist. Unsere Patienten wissen es nicht. Schlimmer noch: Selbst manche unserer Angestellten wissen es nicht. Die meisten von ihnen sind einfache Leute vom Dorf. Manche haben die Oberschule besucht, manche nur ein paar Jahre Grundschule; die Putzfrauen und Feger können weder lesen noch schreiben. Die meisten hatten, bevor sie zu uns kamen, noch nie einen geregelten Arbeitsplatz gehabt, schon gar nicht in einem Krankenhaus, und dann auch noch in einem ausländischen. Sie fingen sozusagen beim Punkt Null an. Und der arme Verwaltungsdirektor auch.

Sie hatten tausend Fragen, unsere nepalischen Angestellten. Wie bewarb man sich um eine Stelle in diesem neumodischen Haus? Was war ein Arbeitsvertrag? Mußte man wirklich um Punkt acht morgens zur Arbeit erscheinen, auch im Winter? War es nicht ein wenig viel verlangt, noch im Dunkeln aufzustehen, seinen Frühstücksreis zu kochen (kein normaler Mensch ißt zu dieser nachtschlafenden Zeit), eine ganze Stunde oder noch länger durch Wind und Wetter zum Krankenhaus zu laufen und dann auch noch mit sauberer Kleidung anzukommen? Und wie sollte man überhaupt wissen, wann es acht Uhr war? Dieses letzte Problem dauerte allerdings nie sehr lange, denn unsere schottische Oberschwester achtete so strikt auf Pünktlichkeit, daß sich die meisten gleich von ihrem ersten Gehalt eine Armbanduhr kauften. Man mochte vielleicht nicht wissen, wann es acht Uhr war, aber man wußte mit Sicherheit, wann es *nach* acht war, denn dann stand Schwester Mabel McLean strengen Blickes in der Tür und wartete auf den Nachzügler.

Schwester Mabel übte ihr Amt ohne Ansehen der Person aus. Eines Nachmittags kam ich zwanzig Minuten zu spät zu einer Operation; ich hatte versucht, eine Lektion in meiner nepalischen Grammatik fertigzubekommen. Schwester Mabel stand in der Tür des Operationsraumes, die Arme resolut verschränkt, die Uhr in der Hand. „Sie kommen zwanzig Minuten zu spät."

„Ja, ja, ich weiß." (Es war nicht das erste Mal, daß ich zu spät kam.)

„Also, das geht nun wirklich nicht. Wir haben die ganze Zeit nur auf Sie gewartet."

„Ja, ich weiß."

„Wenn Sie noch einmal zu spät kommen, werde ich Ihnen nachmittags keine Operationstermine mehr geben."

Gern würde ich dem Leser berichten, daß ich aus lauter reiner, christlicher Demut darauf verzichtete, ihr vorzuschlagen, die Operationen doch gleich selbst zu machen. Aber es war keine Demut, es war gesunder Menschenverstand. Wenn dein Gegner stärker ist als du, dann sieh zu, daß du Frieden mit ihm machst, heißt es schon in der Bibel. Eine kurze Entschuldigung besänftigte Schwester Mabel, und ich durfte den Operationsraum betreten.

Schwester Mabel war eine kampferprobte Veteranin unter den Missionsschwestern und so recht dafür geeignet, jungen nepalischen Krankenhausmitarbeitern und grünen amerikanischen Chirurgen den Kopf zurechtzustutzen. Ihr Ausbildungsprogramm für Hilfsschwestern und -pfleger war hart und erstklassig und umfaßte außer Pünktlichkeit auch Anatomie, Physiologie, Pathologie, Pharmakologie und Krankenpflege. Ästhetisch abgerundet wurde ihr Unterricht durch flotte Schwestern- und Pflegeruniformen: Saris für die Mädchen (kariert, Mabel kam nicht umsonst aus Schottland) und Khakihosen (entweder eine lange oder zwei kurze) für die Jungen. Barfußgehen im Dienst war verboten, die meisten trugen Sandalen.

In den beiden Jahren, die Mabel in Amp Pipal arbeitete, betreute sie zwei Schwestern- und Pflegeschülerklassen, und das mit so durchschlagendem Erfolg, daß ihre besten Schüler als „Mabels Wunderkinder" bekannt wurden. Es waren wirklich ihre Kinder – „ihre Jungen" und „ihre Mädchen", und sie waren stolz darauf. Klingt altmodisch, nicht wahr? In unseren modernen Psychologiekursen für werdende Missionare würde man die Hände über dem Kopf zusammenschlagen: So kann man doch mit Menschen aus der Dritten Welt nicht umgehen, das ist ja der reinste Maternalismus, eine Oberschwester ist doch keine Großmutter ... Den anderen respektvoll behandeln, als Person achten und ernstnehmen, das ist heute die Losung. Aber das ist genau das, was Schwester Mabel tat! Sie behandelte ihre Schützlinge genauso, wie sie eine Klasse von schottischen Schwesternschülern zu Hause in Schottland behandelt hätte. War das nicht respektvoll? Anstatt schmerzlich-milde zu lächeln und resigniert das Haupt zu schütteln, wenn sie sich wieder einmal daneben benommen hatten, sagte sie ihnen gründlich die Meinung. Anstatt sie wie etwas zurückgebliebene Schulkinder zu behandeln, die man ja nicht überfordern darf, behandelte sie sie wie junge Männer und Frauen, wie Menschen, die erwachsen werden wollten. Und sie merkten das und waren ihr dankbar dafür. Jedes Missionshospital braucht eine Mabel McLean. Und jeder Chirurg.

Schwester Mabel brachte ihren Jungen und Mädchen auch bei, wie man jene merkwürdigste Errungenschaft der modernen Zivilisation, die Toilette, benutzte. Sie sollten dieses Wissen dann an ihre Patienten weitergeben, was sich indessen als schwieriger erwies; denn es kamen täglich neue Patienten, und wie sollte der Schüler in einer Stunde lernen, was sein Lehrer kaum nach zwei Wochen begriffen hatte? Nicht zu vergessen schließlich das größte und unerhörteste Problem: Wer sollte die Toiletten sauberhalten? Keiner unserer Nepalen hatte je eine derart anrüchige Arbeit übernommen. Wir beschlossen schließlich, sie unseren Fegern zu übertragen, und klärten jeden Bewerber von vornherein über diese unangenehme Pflicht auf. Wir brauchten trotzdem nie über Nachwuchsmangel bei den Fegern zu klagen, denn viele Menschen aus den Dörfern waren so arm, daß sie für einen Monatslohn von zehn Dollar so ziemlich alles taten.

Dabei war das Toilettenreinigen noch nicht einmal die schlimmste Arbeit, die es gab. Noch viel widerlicher für einen Hindu war es, Leichen zu begraben. Selbst unsere Feger taten es nur gegen einen Sonderzuschlag – zehn Rupien (80 Cent) für eine große Leiche, fünf Rupien für eine kleine.

Aber wir verlangten noch mehr von unseren Fegern: Sie sollten auch streunende Hunde töten. Das klingt schon in den Ohren des durchschnittlichen verwöhnten Europäers nicht gerade appetitlich; für den Hindu, der ja an die Reinkarnation glaubt, kommt es fast einem Mord gleich. Aber was sollte man machen mit all den herrenlosen, verlausten Hunden, die durch unser Krankenhaus strichen und die Teller und Töpfe der Patienten nach Essensresten absuchten? Einer oder zwei waren noch zu verkraften, aber bei vier oder fünf mußte man dann doch die Notbremse ziehen. Den ganzen Tag liefen sie hin und her durch die Korridore, die ganze Nacht heulten und kämpften sie, und ihr Dreck lag in jeder Ecke und wartete darauf, von den Füßen des nächsten Patienten verteilt zu werden. Damit nicht genug, waren sie auch ein ständiges

Tollwut-Risiko, und aus diesem Grund hatte uns der *Panchayat* die Erlaubnis gegeben, streunende Hunde zu töten; auch die Regierung in Kathmandu unterstützte diese Maßnahme. Aber als es Zeit wurde, die erste Exekution vorzunehmen, konnten wir keinen Freiwilligen dafür finden.

Ich setzte mich mit den Fegern zusammen und versuchte, mit ihnen zu reden. Ich erklärte ihnen, was für eine furchtbare Geißel die Tollwut war. Sie nickten mit den Köpfen; jawohl, sie waren im Bilde. Ich erwähnte den Dreck, den die Tiere überall imKrankenhaus hinterließen; auch das sahen sie ein. Ich erinnerte sie daran, daß die Hunde den Patienten das Essen vom Teller fraßen; sie pflichteten mir bei, daß das ein ernstes Problem war. Ich sagte ihnen, daß es völlig legal war, streunende Hunde zu töten, und daß die Regierung das sogar verlangte; auch das wußten sie.

„Wir müssen euch also bitten", fuhr ich fort, „diese Hunde zu töten. Das gehört zu euren Aufgaben."

Schweigen.

„Ihr wißt sicher, daß es ein Vorrecht ist, in diesem Krankenhaus zu arbeiten. Wer Rechte hat, hat aber auch Pflichten, auch wenn sie manchmal unangenehm sind."

Ein mürrisch aussehender junger Mann, der so etwas wie der Sprecher der Feger war, meldete sich. „Es ist nicht Sitte bei uns, Hunde zu töten."

„Aber ihr tötet doch auch Hühner und Ziegen", entgegnete ich.

„Das ist etwas anderes. Es ist nicht Sitte, Hunde zu töten."

Nach vielem Hin und Her machte ich ihnen einen Vorschlag: Wenn ich den ersten Hund tötete, würden sie dann die anderen töten? Zu meiner Überraschung waren sie sofort einverstanden: Ja, ja, wenn der Doktor es ihnen vormachte, dann war das etwas anderes. Es war nichts anders, wie ich später feststellen mußte. Sie wollten keine Hunde töten, sie wollten ihre Ruhe haben; beim nächsten Hund konnte man dann ja neu verhandeln ...

Kaum hatte ich mein Angebot ausgesprochen, da bereute ich es auch schon. Aber es war zu spät, ich konnte nicht mehr zurück. Nun denn, dann brachte ich die Sache wohl am besten gleich hinter mich. Und ich bat Tej, das erste Opfer auszusuchen und zu dem Verbrennungsofen hinter dem Krankenhaus zu locken. Ich bewaffnete mich mit einem Eisenrohr und einem Stück Ziegenfleisch und begab mich an den Ort der Exekution, der so abseits lag, daß sich nur fünfzig Zuschauer dort versammelt hatten (als ich fertig war, waren es mindestens hundert geworden). Ich schlich mich vorsichtig an den Hund an, hielt die Luft an und schmetterte das Eisenrohr mit aller Kraft auf seinen Kopf. Aber im gleichen Augenblick bewegte das Tier den Kopf etwas zur Seite, so daß das Rohr ihn nur streifte und statt dessen die Schulter traf. Der Hund drehte sich blitzschnell um und stürzte sich zähnefletschend auf mich. Fast hätte er mich gepackt, aber die verletzte Schulter behinderte ihn und gab mir die Zehntelsekunde, die ich brauchte, um ein zweites Mal zuzuschlagen. Erst nach zwölf weiteren Hieben, die ich lieber nicht im einzelnen beschreiben möchte, war der Hund endlich tot.

Ich hätte schwören können, daß nach dieser schaurigen Vorstellung niemand in Amp Pipal noch Lust haben würde, einen Hund zu töten. Aber wieder einmal täuschte ich mich. Als ich nämlich anfing, für jeden getöteten Hund eine Kopfprämie zu zahlen, konnte ich mich bald vor lauter eifrigen Hundejägern nicht mehr retten. Manchmal hatte es den erlegten Hund wirklich gegeben, manchmal nicht, was wir schließlich dadurch regelten, daß wir die Belohnung nur noch an solche Leute auszahlten, die uns den Schwanz des Hundes vorlegten.

Ein weiteres Kapitel für den Krankenhausverwalter sind all die Regeln und Vorschriften für das Personal, wie zum Beispiel Arbeitszeit, Urlaub, Gehälter und Hausordnung. Besonders heiße Diskussionen gab es darüber, wer was verdienen sollte. Anfangs zahlten wir einem Feger oder Wäscher zehn Dollar pro Monat, einer Hilfsschwester zwanzig. Diese Gehälter haben sich inzwischen mehr als verdoppelt, aber sie reichen nach wie vor kaum aus, um davon leben zu können. Trotzdem: Im Vergleich zu den meisten ihrer Nachbarn, die ja gar keine Arbeitsstelle haben, sind unsere Angestellten geradezu wohlhabend.

Wir waren von vornherein darum bemüht, die religiösen Gebräuche unserer hinduistischen Angestellten soweit wie möglich zu berücksichtigen. So durfte man bei einem Todesfall in der nächsten Verwandtschaft bis zu zehn Tage Sonderurlaub nehmen, um die üblichen Trauerzeremonien zu vollziehen. Das war für die Ärzte nicht einfach, denn es konnte bedeuten, daß man von heute auf morgen eine Woche lang ohne den Röntgentechniker oder den Apotheker oder den Operationsassistenten auskommen mußte. Mit der Zeit stellten wir natürlich mehr Personal ein, aber so viele Mitarbeiter, wie nötig gewesen wären, um all die unerwarteten Urlaubsfälle auszugleichen, konnten wir uns nie leisten. Die Gehälter für das Personal fraßen fast die Hälfte unseres Budgets auf, und noch mehr wollten wir unseren Patienten, die ja letztlich die Rechnung bezahlen mußten, nicht zumuten.

Auch Krankmeldungen kamen natürlich vor. Und Schwangerschaftsurlaub. Den Schwangerschaftsurlaub konnte man natürlich auf Monate voraussehen, aber er kam trotzdem immer zur ungelegensten Zeit. Es war überhaupt immer wieder dasselbe: Wenn wir jemanden am dringendsten brauchten, war er nicht da.

Wenn zum Beispiel Sita, meine Sprechstundenhilfe, nicht da war, war das eine mittlere Katastrophe für mich. Sie war diejenige, die dafür sorgte, daß die Ambulanz nicht zusammenbrach, und sie paßte auf, daß ich nicht gar zu viele Dummheiten machte.

Sie war eine Schülerin aus Schwester Mabels zweiter Klasse – ein stilles, scheinbar schüchternes Mädchen, dem man nicht ansah, wie schlagfertig es sein konnte. Sie verliebte sich in einen Jungen in ihrer Klasse und heiratete ihn, was übrigens die einzige „legale" Liebesaffäre in der ganzen Geschichte unseres Hospitals war (alle anderen waren illegal). Einmal verheiratet, ließ sie sich nicht mehr so viel von ihren männlichen Kollegen herumkommandieren, und der Röntgentechniker, ein Brahmane, der sie immer besonders herabsetzend behandelt hatte, verstand die Welt nicht mehr. Für unsere nepalischen Männer war eine Frau grundsätzlich ein Wesen zweiter Klasse.

Aber die Ehe ist kein Himmel, jedenfalls nicht in Nepal, und auch Sita blieb von dieser Erkenntnis nicht verschont. Ihr Mann ging von Amp Pipal fort, um zu studieren, und ließ sie in der Obhut ihrer *Saasu* (Schwiegermutter) zurück, die ihr nach guter alter Sitte die niedrigsten Arbeiten im Haus gab. Ihren Acht-Stunden-Arbeitstag im Krankenhaus (zehn Stunden, wenn man den Hin- und Rückweg mitzählte) durfte Sita behalten, aber ihr Gehalt mußte sie der Schwiegermutter abliefern.

Nach dem zweiten Kind bekam sie eine Nierenbeckenentzündung. Immer wieder schleppte sie sich zum Hospital, nur um wieder nach Hause geschickt zu werden, weil sie viel zu krank zum Arbeiten war. Eines Morgens – sie war hochschwanger mit ihrem dritten Kind – kam sie überhaupt nicht. Am nächsten Tag hörten wir, daß sie sich wie üblich auf den Weg zum Krankenhaus gemacht, unterwegs ihr Kind zur Welt gebracht und es dann zurück nach Hause getragen hatte. Und soviel zum Thema „berufstätige Mütter in Nepal“.

Fast jeden Tag kommen Mitarbeiter zur Oberschwester und bitten um Urlaub. Sie müssen dies mindestens eine Woche im voraus tun, damit die Oberschwester rechtzeitig den Dienstplan umstellen kann. Aber in den Vorbergen des Himalaja plant man selten etwas eine Woche im voraus. Einmal, als der Dienstplan durch Krankheit und Urlaub besonders schlimm durcheinandergeraten war, kam eine junge Hilfsschwester und wollte die nächsten beiden Tage frei haben.

„Kommt nicht in Frage!“ antwortete die Oberschwester.

„Aber es ist sehr wichtig.“

„Pah, es ist immer sehr wichtig, das kenne ich. Ich kann dir den Urlaub nicht geben, du hättest eher fragen müssen, ich kann niemanden mehr entbehren.“

„Aber ich kann wirklich nicht kommen.“

„Du mußt aber.“ Dann, nach einer kurzen Pause, fragte sie: „Warum willst du denn überhaupt frei haben?“

„Ich heirate morgen.“

„Du heiratest. Ja, hättest du das nicht eher sagen können?“

„Ich weiß es doch erst seit heute.“

Der Bräutigam wußte es nicht viel länger; er studierte in Kathmandu und war erst am Tage zuvor nach Hause beordert worden. Immerhin kannten die beiden einander schon seit einiger Zeit, was in Nepal nicht selbstverständlich ist. Nicht selten sehen sich Braut und Bräutigam auf ihrer Hochzeit zum ersten Mal. Einen Vorteil haben sie, diese arrangierten Ehen: Sie ersparen einem die übliche Werbezeit, einschließlich Liebeskummer.

Das Mädchen bekam seine zwei Tage Urlaub.

Es kommt vor, daß ein Urlaub etwas länger wird als geplant. Einmal gab ich meinem ersten Assisten im OP, Buddhi Gurung, ein kleines Stipendium und fünf Monate Sonderurlaub, damit er die Oberschule abschließen konnte. Er war ein guter Assistent und fehlte uns an allen Ecken und Enden, und ich atmete auf, als die fünf Monate endlich um waren. Aber wer nicht kam, war Buddhi Gurung. Er hatte beschlossen, noch ein paar Monate länger die Schulbank zu drücken.

Als er endlich wiederkam, konnte er nicht verstehen, warum ich so ärgerlich war. Er war der Meinung, daß wir ihm halt nicht genügend Zeit gegeben hatten. Ich verzieh ihm schließlich und gab ihm seine alte Stelle wieder. Ich habe es nicht bereut, denn einen besseren Operationsassistenten als Buddhi werde ich auf der ganzen Welt nicht finden. Inzwischen führt er viele der einfacheren Operationen selbst durch.

Leider verließ Buddhi uns noch einmal, um zu studieren, diesmal für drei Jahre. Sein Vertreter war Dom Bahadur, ein sehr intelligenter, aber völlig unzuverlässiger, ungehobelter und großspuriger junger Mann, der uns sehr viel Kummer machte. Er verlegte und verlor Instrumente, vergeudete wertvolles Material, beschädigte Geräte und war schlampig mit der Desinfektion. Ob eine Operation gelang oder nicht, schien ihm egal zu sein. Es war reine Gnade Gottes, daß in diesen Jahren nicht so manche Operation mit einer Tragödie endete. Aber Dom Bahadur war schnell und geschickt, und darauf kam viel an. Wir beschlossen schließlich, ihn zu behalten, einfach weil wir nicht wußten, ob wir mit dem nächsten Assistenten mehr Glück hätten. Es konnte Monate dauern, bis wir wußten, wie gut ein neuer Mitarbeiter war; es gab hier manche angenehme Überraschung, aber auch viele Enttäuschungen.

Eines Tages kam Dom zu mir und bat mich um ein Darlehen von tausend Rupien (achtzig Dollar). Wir hatten einen Darlehensfonds für Mitarbeiter, die Land kaufen oder ein Haus bauen wollten, und als Dom sagte, daß er ein Stück Land kaufen wollte, glaubte ich ihm und gab ihm das Geld. Am nächsten Tag fuhr er nach Indien. Am meisten ärgerten mich nicht die tausend Rupien, sondern daß wir keinen ersten Operationsassistenten mehr hatten.

Doms Pläne schlugen offenbar fehl, denn mehrere Wochen später kam er reumütig zurück, versprach, das Geld zurückzuzahlen, und bat uns, ihn wieder einzustellen. Wir hatten bereits begonnen, einen neuen Operationsassistenten einzuarbeiten, und es sah schlecht aus für Dom Bahadur. Aber dann verließ uns der Neue ganz plötzlich, und vor die Wahl gestellt, entweder wieder einen neuen Assistenten von der Pike auf anzulernen oder aber Dom Bahadur wieder einzustellen, entschied ich mich für das Zweite; bei Dom wußte man wenigstens, was man hatte. Unsere Missionsschwestern, die seine Dreistigkeiten nur zu gut in Erinnerung hatten, waren gar nicht glücklich darüber, und wenn ich nicht der Chirurg gewesen wäre, hätte ich ihnen voll beigepflichtet.

Leider hatte Dom sich nicht gebessert. Fast zwei Jahre lang ärgerte er uns weiter, bis er eines Tages wieder verschwunden war – diesmal nach Saudi-Arabien, um Bäume in der Wüste zu pflanzen, womit man angeblich sechstausend Rupien im Monat verdienen konnte, also mehr als man in Amp Pipal in einem ganzen Jahr bekam. Dom war übrigens nicht der einzige, der als Gastarbeiter nach Arabien wollte; es hieß, daß Tausende von Nepalen das gleiche taten und daß die nepalische Regierung sie gern ziehen ließ, würde doch ein großer Teil des Geldes als Steuereinnahmen in ihre Staatskasse wandern.

Nach ein paar Monaten war Dom wieder da. Er hatte kein Geld, in Arabien war er überhaupt nicht gewesen, und konnte er nicht bitte seine alte Stelle wiederbekommen, er würde ja so gerne wieder für uns arbeiten. Aber diesmal sagten wir nein; wir hatten endgültig genug. Jetzt hatte auch Buddhi Gurung endlich fertigstudiert und kam zurück auf seinen alten Posten. Man konnte wieder leben im Operationsraum.

Personalprobleme gibt es übrigens nicht nur unter unseren nepalischen Mitarbeitern, sondern auch unter den Missionaren selbst. Es gibt einfach nicht genügend Missionsärzte in Amp Pipal. In den ersten Jahren gab es nur Helen, Cynthia und mich, und wenn einer von uns ausfiel, mußten die beiden anderen versuchen, ihn zu vertreten. Inzwischen haben wir neue Kollegen dazubekommen, aber wir sind immer noch zu wenig. Manchmal bekommt man eine Urlaubsvertretung, manchmal nicht. Die ersten acht Jahre mußten wir ohne auskommen, und bei unseren ersten beiden Heimaturlauben war kein voll ausgebildeter Chirurg aufzutreiben, der mich hätte vertreten können. Was alles passieren kann, wenn einer von uns für ein paar Tage verreist ist, habe ich schon beschrieben. Und dann kommt es natürlich auch vor, daß ein Arzt krank wird oder einen Unfall hat. Einmal rutschte der Arzt, der Helen während ihres Heimaturlaubs vertrat, auf dem Pfad zum Krankenhaus aus und verletzte sich am Rücken; er mußte einen Monat lang das Bett hüten. Auch Helen selbst ist auf diesem Pfad schon gestürzt; sie kugelte sich den Ellenbogen aus.

Auch in Büro und Verwaltung kommt es immer wieder zu Engpässen. Einmal standen wir gleichzeitig ohne Werkstattmeister, ohne Geschäftsführer und ohne Oberschwester da. Die neue Oberschwester (aus Großbritannien) war noch am leichtesten zu finden. Als Geschäftsführer bekamen wir nach vielem Suchen einen christlichen Buchhalter aus Südindien namens Thomas Varughese, der nach kurzer Einarbeitung durch mich bald in der Lage war, die meisten Geschäftsangelegenheiten selbständig zu erledigen. Thomas blieb zwei Jahre bei uns und hat uns sehr geholfen. Sein Vorgänger war Stu Amstutz aus Ohio gewesen, seine Nachfolger waren Alan Pang aus Singapur, Ken Webster (der mit der Ziege im Bus) aus Australien und danach Esa Ahonen aus Finnland. Womit bewiesen ist, daß wir ein multinationales Unternehmen sind.

Die Oberschwester und den Geschäftsführer hatten wir also gefunden. Aber ein neuer Werkstattmeister – er hat die Aufgabe, für die nötige Wartung und Reparatur der Gebäude und Geräte des Hospitals zu sorgen – war beim besten Willen nicht aufzutreiben. Was tun? Not macht erfinderisch, und so bekam ich den Posten; meine Mühen mit der Kerosinlampe und Cynthias Klavier waren also doch nicht umsonst gewesen. Wir hatten wohl einen jungen nepalischen Mechaniker, der mehr Erfahrung hatte als ich, aber er war ein unberechenbarer Bursche, der viel herumpfuschte und es anschließend nicht zugeben wollte. Er neigte auch zu Unehrlichkeit und mußte entsprechend kontrolliert werden, was Zeit kostete – zuviel Zeit für mich. Und so war ich also derjenige, der neue Erdrutsche und eingestürzte Mauern inspizieren, neue Strohdächer genehmigen und hundert andere Dinge regeln mußte, von denen er wenig oder gar keine Ahnung hatte.

Wir wurstelten uns mehr schlecht als recht durch, bis eines Tages unser Mechaniker Urlaub beantragte; er mußte dringend für acht Wochen nach Indien. Ich konnte schlecht nein sagen, und so schrieb ich einen Hilferuf an unsere Missionszentrale in Kathmandu und bat sie, mir doch bitte jemanden zur Aushilfe zu schicken; es dürfe gern ein neuer Sprachschüler sein (es waren gerade ein paar Leute aus dem Ingenieurfach in der Sprachschule), und er brauche auch nicht viel mehr als eine Stunde pro Tag zu arbeiten, könne sein Sprachstudium also ohne Unterbrechung fortsetzen.

Die Zentrale hatte Erbarmen und schickte uns für vier der acht Wochen einen jungen britischen Ingenieur namens David Fulford. Ich erinnere mich noch gut, wie froh Dave war, einmal aus der Hektik in Kathmandu herauszukommen und sich so richtig in Ruhe und Frieden seinen Büchern widmen zu können.

David kam also. Am gleichen Abend geriet ganz in der Nähe des Hospitals ein nepalisches Haus in Brand, das einer christlichen Familie gehörte. Obwohl die Eltern nicht da waren, als das Feuer ausbrach, konnten die vier Kinder unverletzt aus dem Haus entkommen. Aber wie das Feuer löschen? Das Strohdach brannte lichterloh, und die nächste Quelle war ein ganzes Stück entfernt. Aber da hatte einer der Nachbarn einen Geistesblitz: Nur ein paar Meter von dem Haus entfernt lief doch eine der Wasserleitungen des Krankenhauses durch den Boden! Und er schnappte sich seinen Spaten, grub sich rasch zu dem Rohr durch und hackte es entzwei. Wasser marsch!

Wir erfuhren von dem Feuer am nächsten Morgen, ungefähr zur gleichen Zeit, als wir merkten, daß das Krankenhaus kein Wasser hatte. Wer würde uns das Rohr reparieren? Na klar, David! Noch pünktlicher war ein Retter in der Not wohl noch nie erschienen ... Aber Dave mußte feststellen, daß das eine Ende der Leitung (das Ende, das zum Krankenhaus führte) sich während der Nacht mit Schlamm vollgesetzt hatte, so daß kein Wasser mehr durchkam. Diagnose: Die ganze Leitung mußte erneuert werden – eine Arbeit, für die man zwei bis drei Tage veranschlagen mußte. Aber da war ein Hindernis: Wir hatten keine Ersatzrohre, und wie lange es dauern würde, neue Rohre aus Kathmandu zu bekommen, das stand in den sprichwörtlichen Sternen.

Dabei hätten wir eigentlich auch ohne das zerhackte Rohr noch genügend Wasser haben müssen, denn das Krankenhaus besaß noch ein zweites, völlig separates Wasserversorgungssystem, das von einer anderen Quelle gespeist wurde. Warum funktionierte dieses zweite System nicht? Es war wirklich kurios: Da hatten wir zwei Wasserleitungen, der Monsun ging gerade zu Ende, das Land floß über vor Wasser – und aus unseren Wasserhähnen kam kein Tropfen.

Es war nicht das erste Mal, daß wir auf dem Trockenen saßen. Die Rohre waren von minderwertiger Qualität und leicht zu beschädigen. Mal wurden sie von Ratten zernagt, für die sie offenbar ein Leckerbissen waren, mal rissen sie von allein. Manchmal waren die Rohre auch nicht beschädigt, sondern einfach verstopft – zum Beispiel weil wieder einmal jemand keine Arbeitsstelle bei uns bekommen und aus Rache Dreck in einen der Tanks gekippt hatte. Und einmal fanden wir im Haupttank vier Ratten; zwei waren tot, zwei lebendig, und eine der toten hatte den Abfluß verstopft.

Ganz so dramatisch war es diesmal nicht. Es war keine Ratte, es war keine Sabotage, es war ganz offensichtlich nur ein gewöhnliches Leck, und David brauchte weiter nichts zu tun, als es zu schließen. Sehr schön, aber: Wo war das Leck? Niemand wußte genau, wie die Rohre verliefen, und die gewöhnliche Aufspürmethode für Lecks bestand darin, daß man ganz einfach den Erdboden nach auffälligen feuchten Stellen absuchte; aber jetzt, am Ende des Monsuns, war es natürlich überall feucht ... Und als ob dies noch nicht genug gewesen wäre, befanden wir uns auch noch mitten in den beiden härtesten Wochen des Jahres, den Wochen zwischen den hinduistischen Festen *Dasai* und *Tihar*. Jeden Tag wollten fünfzig stationäre und dreimal so viele ambulante Patienten versorgt werden, dazu ein volles Operationsprogramm. Und das mit leeren Wassertanks.

Wir bauten in aller Eile eine Notversorgung auf, bestehend aus einigen Trägern, die uns Wasser aus einer dreihundert Meter entfernt liegenden Quelle brachten. Viel war es nicht, aber wir brauchten wenigstens nicht mit blutverkrusteten Händen zu operieren. Inzwischen begann David seine Suche nach dem Leck. Es war eine monumentale Aufgabe, die durch die Sprachbarriere noch erschwert wurde: Dave konnte noch nicht genügend Nepali, um sich verständlich machen zu können, und einen Dolmetscher hatten wir nicht; ein junger nepalischer Gehilfe, der ihm etwas zur Hand ging, war alles, was wir ihm bieten konnten. Zwei Wochen lang schlich David wie ein Spürhund durch die Gegend, grub Löcher und schaute hinein. War hier eine Wasserleitung? Nein? Nächstes Loch. Wieder nichts, noch ein Versuch. Endlich eine Leitung – aber kein Leck. Also weitermachen. Bald nannten wir David nur noch „unseren Schatzgräber".

Am Ende der zwei Wochen wurde Dave endlich fündig. Das Leck lag tief unter dem Zementfußboden des Hauptkorridors der Klinik. Ein paar Stunden später waren unsere Tanks wieder voll, die Krise war vorüber. David, der nur noch Haut und Knochen war, bekam prompt Typhus und verbrachte die nächsten beiden Wochen im Bett. Als er nach Kathmandu zurückkehrte, sah er aus wie ein entlassener Sträfling, der vier Jahre Zwangsarbeit hinter sich hat. Seine Sprachlehrbücher hatte er die ganze Zeit kein einziges Mal geöffnet.

Einige Monate später bekamen wir endlich einen „richtigen“ Werkstattmeister, einen Missionar aus Manitoba (Kanada). Er half uns fachkundig auf die Sprünge und ließ ein völlig neues Wasserversorgungssystem installieren, mit neuartigen bruchfesten Rohren, die voll und ganz hielten, was sie versprachen. Wir haben nie wieder Probleme mit unseren Rohren gehabt. Was allerdings nicht heißt, daß wir jetzt immer Wasser hatten, denn am Ende der Rohre waren die Wasserhähne, und in unseren Bergen, wo ein Wasserhahn ungefähr genauso revolutionär ist wie eine Toilette, kommt es oft vor, daß jemand einen Hahn zwar auf-, aber nicht wieder zudreht. Bleibt er die ganze Nacht offen sind am nächsten Morgen die Tanks leer, besonders in der Trockenzeit von März bis Juni.

Nach ein paar Jahren fand die Missionszentrale in Kathmandu, daß unser nepalischer Mechaniker inzwischen so gut geworden war, daß wir keinen Missionar als Werkstattmeister mehr brauchten; wenn unser Mechaniker einmal nicht weiter wüßte, könnten wir uns ja an Kathmandu wenden, und sie würden uns jemanden schicken. Wir fanden diesen Vorschlag vernünftig, denn unser Mechaniker hatte in der Tat einiges dazugelernt. Aber kurz nachdem unser Werkstattmeister seinen Abschied genommen hatte, gab es auf einmal Probleme bei den Röntgenfilmen, die Qualität der Bilder ließ spürbar nach. Ich fragte unseren Röntgentechniker, was los sei. Der Röntgentechniker hatte uns, obwohl er eigentlich gar keine Fachausbildung hatte, immer sehr gute Bilder geliefert, und als er sagte, mit dem Röntgenapparat müsse etwas nicht stimmen, glaubte ich ihm sofort. Ich hatte wenig Hoffnung, daß unser Mechaniker den Fehler beheben konnte, aber ich ließ ihn holen. Er sah sich das Gerät an und zuckte die Achseln. Nein, von Röntgengeräten hatte er wirklich keine Ahnung. Ich fragte unseren Techniker noch einmal: „Haben Sie alles überprüft? Sind Sie sicher, daß es nicht irgendeine Kleinigkeit ist, die wir selbst beheben können?“

„Natürlich“, antwortete er. „Es kann nur am Gerät liegen, ich habe alles geprüft.“ Und er warf uns einen Blick zu, der soviel sagen wollte wie: Wenn ihr mich noch einmal fragt, beleidigt ihr mich!

Wir schickten also unseren Postlaufburschen (denselben, der wegen Mordes ins Gefängnis gekommen war; er war seit einem Jahr wieder frei) mit einem Brief nach Kathmandu, in welchem wir die Mission baten, doch einen ihrer Spezialisten zu schicken, damit er sich unser Röntgengerät ansah. Der Nepale, der zwei Tage später in Amp Pipal erschien, war ein bestens ausgebildeter Elektrotechniker, aber Röntgengeräte waren eigentlich nicht sein Gebiet. Einen ganzen Tag lang untersuchte er das Gerät, aber er konnte nichts finden. Er fragte unseren Röntgentechniker, wie er seine Filme entwickelte und welche Entwicklerlösung er benutzte, aber der Röntgentechniker reagierte so beleidigt, daß dem Mann aus Kathmandu nicht nach weiteren Fragen zumute war.

Die nächste Kundendienststelle für unser Röntgengerät war in Dacca in Bangladesch. Es würde ein Vermögen kosten, einen Spezialisten aus Dacca kommen zu lassen, aber es führte wohl kein Weg daran vorbei. Und so schickten wir unseren Boten gleich am nächsten Morgen wieder nach Kathmandu, mit einem Brief, in dem wir unser Hauptquartier baten, sofort ein Telegramm nach Dacca zu schicken und den Spezialisten anzufordern.

Einen Tag danach kam unser Röntgentechniker in mein Büro und zeigte mir eine neue Röntgenaufnahme. Sie war perfekt. Verblüfft schaute ich ihn an. Vor meinem geistigen Auge sah ich den Kundendienstspezialisten in Dacca in das Flugzeug nach Kathmandu steigen.

„Ja, was ist denn jetzt los?“ fragte ich scharf.

Der Röntgentechniker war kreideweiß vor Verlegenheit. So hatte ich ihn noch nie gesehen.

„Ich ... ich habe gedacht“, murmelte er schließlich, „daß ich vielleicht doch noch einmal nachschaue, ob die Entwicklerlösung in Ordnung ist ...“

Es ist gut möglich, daß mir hier ein Kraftausdruck über die Lippen rutschte, aber ich nahm mich schnell wieder zusammen. Der Mann schämte sich in Grund und Boden, das war nur zu deutlich. Er wußte, wieviel Geld es uns kostete, den Spezialisten aus Dacca kommen zu lassen. Und ich wußte, was es diesen stolzen Mann an Überwindung kostete, seinen Fehler zuzugeben. Und vielleicht war ich selbst auch nicht so ganz unschuldig, schließlich hatte ich die Hilferufe nach Kathmandu unterschrieben.

Mir blieb nichts anderes übrig, ich mußte sofort einen zweiten Boten nach Kathmandu schicken und unsere Zentrale bitten, ein neues Telegramm nach Dacca aufzugeben, das das erste rückgängig machte – wenn das überhaupt noch ging, denn der erste Bote hatte Amp Pipal vor achtzehn Stunden verlassen. Aber wen sollte ich schicken? Unser Ex-Mörder, der Kathmandu gut kannte und als Arbeitsloser auch immer Zeit hatte, war ja schon mit dem ersten Brief unterwegs, und die anderen waren entweder noch nie in Kathmandu gewesen oder nicht sofort abkömmlich. Schließlich erklärte sich einer unserer Angestellten bereit, zu gehen, und ich schickte ihn los.

Inzwischen war unsere Zentrale in Kathmandu nicht untätig geblieben. Sie hatte das erste Telegramm nach Dacca gar nicht abgeschickt, sondern herausgefunden, daß es in Pokhara einen Fachmann für Röntgengeräte gab, der dort für eine andere Firma arbeitete, worauf sie unseren Boten gleich dorthin geschickt hatte. Er war auch gut in Pokhara angekommen, und der Fachmann hatte versprochen, gleich am nächsten Tag nach Amp Pipal zu kommen. Unser Ex-Mörder brachte uns die frohe Botschaft ganze zwei oder drei Stunden, nachdem der zweite Bote nach Kathmandu aufgebrochen war. Eigentlich hätten sie sich auf dem Liglig-Pfad begegnen müssen, aber aus irgendeinem dummen Grund waren sie aneinander vorbeigerannt.

Wir gaben unserem erschöpften Ex-Mörder eine Tasse Tee und schickten ihn postwendend zurück nach Pokhara – sechs Stunden Fußweg nach Dhumre, dann noch einmal drei Stunden mit dem Bus. Er kam gerade noch rechtzeitig an, um dem verdutzten Spezialisten zu sagen, daß wir ihn doch nicht brauchten. Am nächsten Tag trafen er und der andere Bote beide wieder in Amp Pipal ein. Sie kamen fast gleichzeitig, und jeder hatte seinen Auftrag gewissenhaft erledigt und fragte sich zweifellos, warum dieser verrückte Doktor ihn für nichts und wieder nichts kreuz und quer durch das halbe Land gejagt hatte. Der zweite Bote brachte einen hilfreichen Brief von unserer Zentrale mit, in dem stand: „Ihr habt uns reichlich viel Umstände gemacht mit eurem Röntgengerät. Seht doch das nächste Mal sofort nach, ob die Entwicklerlösung in Ordnung ist."

Nun, es gab kein nächstes Mal. Unser Röntgentrick war eine einmalige Einlage.

Disziplin

Man kann ein Krankenhaus ohne Röntgenapparat führen, und wenn es nötig ist, sogar ohne fließendes Wasser, aber nicht ohne Personal. Kein Personal – kein Krankenhaus.

Unsere Angestellten sind zum allergrößten Teil fleißig, gewissenhaft und freundlich. Sie arbeiten gern und wissen das Einkommen und das Ansehen, das ihre Stelle ihnen bietet, wohl zu schätzen. Sie sind keine egoistischen Ränkeschmiede, sondern haben Korpsgeist und lieben „ihr" Krankenhaus.

Im Laufe der Jahre hat sich jedoch mehr und mehr ein gewisser Nationalismus breitgemacht, und auch das Geld spielt allmählich eine größere Rolle. Unsere Mitarbeiter begreifen immer besser, daß die Klinik ohne sie gar nicht existieren könnte, und sind zunehmend bereit, diese Tatsache als Hebel zu benutzen, um ihre Interessen durchzusetzen – Interessen, die sich nicht unbedingt mit denen der Patienten decken müssen. Wir Missionare sitzen hier in gewisser Hinsicht zwischen zwei Stühlen: Einerseits sind wir verpflichtet, unsere Patienten gut, zuverlässig und zu vertretbaren Kosten zu behandeln, andererseits wollen wir auch den berechtigten Wünschen und Bedürfnissen unserer Angestellten gerecht werden. Anfangs war dieser Balanceakt recht gut zu bewältigen, aber im Laufe der Zeit ist er immer schwieriger geworden. Das Problem wird noch verkompliziert durch die merkwürdige Zwitterstellung, die wir als ausländische Ärzte in Nepal haben: Wir sind zugleich Gäste und Vorgesetzte. In einer solchen Situation ein demütiger Diener Christi und der Menschen zu sein, ist nicht einfach.

Der Leiter eines Betriebs hat unter anderem die Aufgabe, für Ordnung und Disziplin unter den Angestellten zu sorgen. Dem Leiter eines Missionskrankenhauses geht es nicht anders, ob er das nun erwartet hat oder nicht (die meisten Missionare haben es nicht erwartet), und ob es ihm paßt oder nicht. Da hat ein Mitarbeiter gestohlen, ein anderer ist schlampig im Dienst, ein dritter erlaubt sich sexuelle Affären, und schon ist der Gast aus dem Ausland gefordert. Alle Augen richten sich gespannt auf ihn: Was wird er tun?

Sofern wir fest, konsequent und gerecht vorgehen, werden unsere Disziplinmaßnahmen von unseren Angestellten in der Regel anerkannt. Sie finden es zum Beispiel richtig, wenn wir jemanden, den wir bei einem Diebstahl erwischt haben, entlassen; schließlich hat er ja durch seine Tat nicht zuletzt auch Schande über seine Kollegen gebracht. Aber sie überlassen es uns, den Dieb zu überführen; es kommt selten vor, daß jemand einen Kollegen bei uns anzeigt. Überhaupt liegt die größte Schande nicht darin, daß jemand stiehlt, sondern darin, daß er sich erwischen läßt.

Diebstahl ist ein relativ einfacher Fall. Wesentlich schwieriger wird es bei Schlamperei und Nachlässigkeit im Dienst. Wie definiert man Schlamperei? Ab wo ist ein Bauernjunge mit Grundschulausbildung schlampig? Oder ein Feger, der überhaupt nicht lesen oder schreiben kann? Wir hatten einen prächtigen alten Feger namens Prem Bahadur, der ein geborener Clown und Schauspieler war und bei so manchem Abschiedsfest mit seiner perfekten Nachahmung des scheidenden Missionars oder Kollegen für große Heiterkeit sorgte. Er war eine treue und ehrliche Seele und bei allen beliebt. Nur einen Fehler hatte er: Er war ein jämmerlicher Feger. Der Anblick von Schmutz – wenn er ihn denn überhaupt sah – schien ihn völlig kalt zu lassen. Er bewegte sich grundsätzlich im Schneckentempo; ich glaube, sein Hintern hätte Feuer fangen können, und er wäre immer noch nicht schneller geworden. Was mich jedoch am meisten ärgerte, war sein Umgang mit dem Stromgenerator der Klinik. Zu den Pflichten der Feger gehörte es, den Generator bei Sonnenuntergang an- und zur Schlafenszeit (halb zehn) wieder abzuschalten. Eine Zeitlang hatten wir einen kleinen japanischen Drei-Kilovolt-Generator, der immer innerhalb eines bestimmten Bereichs arbeiten mußte, den man auf einer Skala mit einem roten Zeiger ablesen konnte. Der diensthabende Feger hatte darauf zu achten, daß der Zeiger stets in diesem Bereich blieb. Aber wenn Prem Bahadur die Spätschicht hatte, ging der Zeiger meist auf Wanderschaft. Wieder und wieder erinnerten wir Prem an seine Pflichten und zeigten ihm, wie man das Gerät richtig einstellte, und jedesmal sagte er: „Ja, ja, ich verstehe, ja, ja" – und am nächsten Abend machte er es prompt wieder falsch. Unsere Erinnerungen wurden zu Ermahnungen, die Ermahnungen zu scharfen Rügen – kein Erfolg. Wir hätten ihn natürlich von der Spätschicht befreien können, aber das wäre nicht fair gegenüber den anderen Fegern gewesen; jeder mußte abwechselnd alle Schichten übernehmen, auch die weniger beliebten.

Prem Bahadur war ganz offensichtlich zu nichts zu gebrauchen, und wir begannen ernsthaft zu überlegen, ob wir ihm nicht kündigen sollten. Aber kaum hatten die anderen Angestellten davon Wind bekommen, da schickten sie eine Abordnung zu mir, um Prem zu verteidigen. Prem arbeite jetzt schon seit drei Jahren für das Krankenhaus, sagten sie, und außerdem sei er bettelarm und habe sieben Kinder; wir könnten doch so einen Mann nicht hinauswerfen, bloß weil er mit einem kleinen roten Zeiger nicht zurechtkam ...

„Schön", sagte ich, „aber er ruiniert den Generator, und das ist nun wirklich keine Kleinigkeit. Wir haben ihm monatelang immer wieder geduldig erklärt, was er zu tun hat, aber er tut es nicht."

„Vielleicht kann er nicht richtig sehen", warf unser Apotheker ein, der ein ungewöhnlich warmherziger Brahmane war und jederzeit bereit, andere zu verteidigen und ein gutes Wort für sie einzulegen.

Nicht richtig sehen? Hm, das konnte so manches erklären. Aber warum sagte er uns das nie, wenn wir mit ihm sprachen? Wenn man ihm den Zeiger zeigte, sah er ihn doch jedesmal hervorragend!

Der Apotheker gab sich nicht geschlagen. „Wenn Sie mit ihm über die Sache reden, ist es doch immer schon wieder der nächste Morgen, nicht wahr? Vielleicht kann er nur abends nicht richtig sehen. Warum versuchen wir es nicht erst einmal mit etwas Vitamin A?"

Vitamin-A-Mangel – Nachtblindheit. Natürlich, das konnte die Lösung sein! Und es war die Lösung. Nach ein paar Vitamin-A-Tabletten war Prems Krieg mit dem Zeiger zu Ende. Ja, es lohnte sich immer, auf unsere Mitarbeiter zu hören. Dies war nicht das erste Mal, daß sie mich vor einem dicken Fehler bewahrt hatten, und es sollte auch nicht das letzte Mal bleiben.

Zu den allerheikelsten Problemen gehörten die zahlreichen sexuellen Affären. Die jungen Männer und Frauen, die eine Stelle in unserem Hospital annahmen, fanden sich unversehens in eine neue Welt versetzt, eine Welt nämlich, in der nicht die allgegenwärtige Sippe und Dorfgemeinschaft herrschte, sondern in der Dutzende junger Menschen gleichberechtigt nebeneinander standen und sich den Arbeitsplatz teilten, und das auf engstem Raum. Es war eine Welt, die ungeahnte Möglichkeiten eröffnete, und einer nach dem anderen unserer jungen Leute erlag diesen Möglichkeiten. Zum Glück hatte die nepalische hinduistische Gesellschaft auf diesem Gebiet fast ebenso große moralische Bedenken wie die Missionare, so daß unsere Maßnahmen im großen und ganzen akzeptiert wurden.

Am meisten schockiert über das heimliche Treiben waren jedesmal unsere Missionarinnen. Sie waren auch mit schöner Regelmäßigkeit die letzten, die etwas davon merkten. Erst wenn die Schwangerschaft schon sichtbar fortgeschritten war, horchten sie auf; das gesamte Dorf hatte natürlich schon seit Monaten Bescheid gewußt. Selbstverständlich versuchten wir nach Kräften, ein wachsames Auge auf unsere jungen Mädchen zu haben und sie vor den Nachstellungen ihrer Don Juans zu schützen. Das Schwesternwohnhaus zum Beispiel wurde streng bewacht und jeder männliche Eindringling auf der Stelle entlassen; entsprechendes galt für die Wohnungen der Männer. Aber Not und Liebe machen bekanntlich erfinderisch. Ein sehr beliebter Ausweichort für romantische Stunden zu zweit war das Obergeschoß des Missionshauses, wo unser Wäscher Tej wohnte. Wir entdeckten das Liebesnest schließlich, und Tej mußte umziehen. Er tat sehr überrascht, und vielleicht hatte er wirklich nichts gemerkt, denn er war oft im Drogenrausch. Aber auch ohne Tejs Wohnung gab es noch mehr als genug Möglichkeiten, und wer kein Zimmer fand, der hatte immer noch den Wald, zumindest in den warmen Monaten.

Nur ein einziges Mal wurde ein Missetäter auf frischer Tat ertappt, und zwar ausgerechnet im Krankenhaus. Es geschah in unserem zweiten Jahr in Amp Pipal. Eines schönen Wintertages wurden zwei Kinder geboren, und da die Klinik nicht beheizt ist, baute man ihnen aus Decken und Wärmflaschen zwei provisorische „Brutkästen“ und brachte sie in die Pflegestation, wo die Nachtschwester nach ihnen schauen konnte. Der Abend kam, es wurde still im Krankenhaus, und unser alter Feger Giri machte seine Runde. Als er in die Pflegestation kam, lagen die Kinder mutterseelenallein in ihren Betten und brüllten wie am Spieß. Es gehörte nicht zu Giris Aufgaben, sich um Neugeborene zu kümmern, aber das Gebrüll ging ihm so auf die Nerven, daß er beschloß, die Kinder zu ihren Müttern zu bringen, damit die sie füttern konnten. Aber wem gehörten die Kinder? Die Namensschilder lesen konnte Giri nicht, also machte er sich auf die Suche nach der Schwester. Die diensthabende Nachtschwester war eine Schülerin aus Schwester Mabels erster Schwesternklasse, ein sehr tüchtiges und hübsches junges Mädchen, das für seine Zuverlässigkeit bekannt war. Merkwürdig, warum war sie nicht schon längst zu den Kindern gekommen?

Giri suchte und suchte. Endlich fand er sie – sie lag in einem leeren Privatzimmer im Bett, und sie war nicht allein. Giri schlug die Tür hastig wieder zu und rief der Schwester zu, sie solle sich um die schreienden Kinder kümmern. Der junge Liebhaber sprang geistesgegenwärtig aus dem Fenster und verschwand in der Dunkelheit; wer er war, hatte Giri nicht erkennen können.

Giri war ein sittenfester Mann, und gleich am nächsten Morgen berichtete er Dr. Helen und Schwester Mabel über den Vorfall. Die beiden Frauen waren wie vom Donner gerührt. Das eine oder andere Gerücht hatten sie vielleicht schon gehört, aber dies hier schlug dem berühmten Faß den Boden aus: Aus dem Krankenhaus wurde ein Freudenhaus!

Das Mädchen wurde sofort entlassen. Die Reaktion ihrer Verwandten ließ nicht lange auf sich warten: Gleich am nächsten Abend erschienen sie, verstärkt durch Freunde und einige Hitzköpfe aus der Nachbarschaft, vor Giris Haus, das in der Nähe der Klinik lag, um ihn zu zwingen, seine Beschuldigung zurückzunehmen. Wie konnte er es wagen, ein so anständiges Mädchen zu verleumden!! Die junge Dame selbst, die auch mitgekommen war, beteuerte laut ihre Unschuld. Die Diskussion wurde immer erregter. Man fing an, von Prügel zu reden, „und wenn das nichts hilft, schlagen wir euch das Krankenhaus kaputt!" Es sah immer bedenklicher aus für Giri, und schließlich ging er kurzentschlossen zum Krankenhaus und holte Helen und Mabel aus ihren Betten: Kommt mit und erklärt den Leuten selbst, warum ihr das Mädchen entlassen habt! Es war zwei Uhr nachts.

Die Diskussion ging weiter. Giri gab keinen Millimeter nach und blieb bei seiner Behauptung. Seine Widersacher wurden langsam nachdenklich, man begann ihm zu glauben, und schließlich hielt das Mädchen es nicht mehr aus und gab alles zu. Worauf der Zorn der versammelten Sippe sich in Sekundenschnelle von Giri und dem Krankenhaus abwendete und mit voller Kraft über die unglückliche Hilfsschwester ergoß: Du elende Hure, du Flittchen, so eine Schande in der Familie ... Ihr Vater wollte wissen, wer der junge Mann war. Wenn er zur richtigen Kaste gehörte, würde sie ihn heiraten müssen; gehörte er zu einer anderen Kaste, würde man sie aus dem Haus und aus dem Dorf werfen, dann könne sie betteln gehen und kein Mann würde sie noch zur Frau haben wollen ...

Als sie schließlich den Namen nannte, waren wir wie vor den Kopf geschlagen. Es war der Bruder unserer gläubigen Apothekerin, einer Nepalin, deren Familie aus Darjeeling in Nordostindien kam. Er war ein träger Taugenichts, der seit drei Monaten auf Besuch bei seiner Schwester war. Schwester Mabel hatte ihn schon mehrmals dabei erwischt, wie er abends um das Krankenhaus schlich, und erst am vergangenen Tag hatten wir ihn aufgefordert, Amp Pipal zu verlassen, weil sein loses Benehmen gegenüber den Krankenschwestern nicht mehr tragbar war, aber seine Schwester hatte ihn verteidigt: Wenn wir ihren Bruder fortschickten, würde sie auch gehen, und mit ihr ihr Mann, der zufällig der Assistent des Geschäftsführers war. Das hatte uns große Kopfschmerzen bereitet, denn sie war unsere einzige Apothekerin, und auch ihren Mann brauchten wir dringend. Aber das alles war vor dieser nächtlichen Marathonverhandlung gewesen. Jetzt, wo die Schuld des jungen Mannes bewiesen war, würden wir ihn ohne Umstände loswerden, dafür würden schon die Nepalen sorgen.

Für uns Missionare war das Schlimmste an der Affäre, daß der junge Mann im ganzen Dorf als Christ galt, denn er hatte sich die ganzen drei Monate zu unserer Gemeinde gehalten. Was für ein furchtbarer Schlag für unser Ansehen! Ein christlicher junger Mann verführt ein hinduistisches Mädchen, und wo verführt er es? In den Räumen des Missionshospitals! Ha, die Christen, man hatte es ja immer gewußt ...

Der größte Verlierer war freilich das Mädchen. Ihre Verwandten und Freunde schimpften und tobten in einem fort, und langsam dämmerte ihr, in was sie da hineingeraten war. Aus was für einer Kaste kam denn ihr Liebhaber? Aus gar keiner! Er war ein Christ und ein Ausländer (ein Inder) noch dazu! Sie hatte keine Jugendsünde begangen, sie war eine Verbrecherin. Ihre Ehre war unwiderruflich beschmutzt, sie war eine Ausgestoßene, niemand in ihrer Familie, ja im ganzen Dorf würde noch etwas mit ihr zu tun haben wollen. Sie weinte hemmungslos.

Am nächsten Morgen, in aller Frühe, packten unsere Apothekerin, ihr Mann und ihr Bruder ihre Sachen und gingen fort. Amp Pipal war zu gefährlich für sie geworden, sie hatten Angst vor Racheakten. Das junge Mädchen stand zunächst völlig hilflos da, aber dann nahm einer ihrer Brüder sie zu sich, und einige Jahre später heiratete sie, ihren Dorfältesten zum Trotz, einen feinen jungen Mann, mit dem sie eine glückliche Familie gegründet hat. Die gelockerte Einstellung der jüngeren Generationen zur Ehe mag nicht in allen Punkten empfehlenswert sein, aber einen Vorteil hat sie: Sie erlaubt es den jungen Leuten, Fehltritte zu vergessen und noch einmal neu anzufangen.

Der Held der ganzen Affäre war Giri. Alle fanden, daß er sich mutig und wie ein echter Ehrenmann verhalten hatte. Er hatte sich auch als Meister der Psychologie und der Verhandlungskunst erwiesen. Seine geschickte Art, die Bibel zu zitieren, hatte in jener Nacht alle beeindruckt, vor allem Schwester Mabel, die nicht leicht aus der Fassung zu bringen war. Wir hatten es vor allem Giri zu verdanken, daß der Sturm sich bald wieder legte.

Wir hatten nicht immer so viel Glück. Gewöhnlich bedeutete ein aufgeflogenes Liebesabenteuer mehrere Wochen Ärger, Streit und Kopfzerbrechen. Selbst die Missionare waren sich nicht immer einig. Sollte man den Missetäter hart bestrafen? Oder nur milde? Oder gar nicht? Da keine zwei Fälle absolut gleich waren, ging die Diskussion jedesmal von vorne los. Und sie beschränkte sich natürlich nicht auf die Missionare, sondern alle Krankenhausangestellten und das ganze Dorf machten mit; mal waren wir ihnen zu streng, mal nicht streng genug. Egal welche Maßnahmen wir ergriffen, es gab immer jemanden, der lautstark dagegen protestierte.

Grundsätzlich kein Pardon kannten wir, wenn ein verheirateter Mitarbeiter mit einem unserer Mädchen anbändelte, und wir hatten hier auch die volle Unterstützung der Nepalen. Aber nicht immer waren die jungen Männer die Bösen. Einmal arbeiteten zwei Sherpa-Mädchen, Busang und ihre Schwester Bumang, in unserer Klinik. Die Sherpas, ein aus Tibet eingewanderter Bergstamm im östlichen Nepal, sind für die Lebenslustigkeit ihrer Frauen bekannt, und die beiden jungen Damen machten diesem Ruf alle Ehre: Im Handumdrehen hatten sie zwei unserer jungen Ehemänner umgarnt, einen Brahmanen und einen Kshatria (Kriegerkaste). Helle Aufregung: Wer war schuld, wer hatte wen zuerst verführt? Die Frage war natürlich müßig, mitgemacht hatten die jungen Männer allemal, und nach dem Sittenkodex der Mission wie auch dem des Dorfes gab es nur eine Lösung: Wir mußten allen vieren kündigen. Sie bezahlten ihr Vergnügen mit ihren Arbeitsplätzen.

Am nächsten Tag kam der Vater des Brahmanen zusammen mit zehn Freunden und Verwandten zu unserem Haus und bat mich, doch seinen Sohn wieder einzustellen. Als dies nichts fruchtete, kam am darauffolgenden Tag der junge Mann selbst, begleitet von seiner Frau und seiner neuen Sherpa-Braut, die das zwei Monate alte Kind der ersten Frau auf dem Arm trug.

Zu meiner großen Überraschung führte nicht der junge Mann das Wort, sondern seine erste Frau. Sie bat mich, ihrem Mann zu vergeben und seine neue Heirat zu billigen. Die Ehe mit ihr sei über ihre Köpfe hinweg, als sie beide noch halbe Kinder waren, von den Eltern arrangiert worden, und es sei nicht recht, wenn er noch länger an sie gebunden sei. Sie versprach auch, bei der Erziehung der Kinder aus der neuen Ehe mitzuhelfen, damit die zweite Frau ihre Stelle im Hospital behalten konnte. Ihre Worte klangen natürlich, frei und ohne Angst; sie stand ganz offensichtlich nicht unter Druck, sondern meinte es ernst.

Dann nahm ihr Mann das Wort und versprach, auch weiterhin für seine erste Frau und ihre beiden Kinder zu sorgen. Das war ein sehr großzügiges Zugeständnis, denn die meisten geschiedenen oder verstoßenen Ehefrauen waren mehr oder weniger sich selbst überlassen. Ich begann zu schwanken. Während ich noch dastand und überlegte, kamen auch noch der Bürgermeister und mehrere Lehrer dazu und begannen ebenfalls, mich für den jungen Brahmanen zu bitten, dessen Familie offenbar einiges Gewicht im Dorf hatte. Der Bürgermeister hob hervor, daß die größte Sünde des Paares doch eigentlich darin bestand, daß sie außerhalb ihrer Kaste geheiratet hatten. Für einen Brahmanen war es nach wie vor höchst unschicklich, sich eine Frau zu nehmen, die keiner Kaste angehörte, und auch die neue Frau hatte unter ihrem Stand geheiratet, denn die Sherpas wiederum betrachteten sich als höchste aller Kasten und erkannten die Brahmanen allenfalls als zweitklassig an. Mit anderen Worten: Wer so unter seiner Kaste heiratete, der mußte es ernst meinen.

Ich schwankte immer mehr. Sollte man nicht doch Gnade vor Recht ergehen lassen in so einem ungewöhnlichen Fall? Und dann mochten wir die beiden Sherpa-Mädchen auch. Sie waren hervorragende Mitarbeiter gewesen, fröhlich und unermüdlich. Aber wo ich weich zu werden drohte, blieben unsere Missionarinnen hart. Für sie gab es kein Wenn und Aber, Ehebruch war Ehebruch. Ich sah ein, daß ein offener Riß in unserer Mannschaft drohte, wenn wir die Sache noch weiter diskutierten, und so blieb es dabei: Die beiden Paare mußten gehen. Ihre Verwandten reagierten mit einem wochenlangen Kleinkrieg aus Belästigungen, Drohungen und mutwilligen Zerstörungen. Es war ein sinnloser Kampf, der niemandem etwas einbrachte.

Wir nahmen in Amp Pipal sexuelle Sünden immer sehr, sehr ernst, und es dauerte lange, bis wir sie vergeben hatten. Einen Mann, der in einer Doppelehe lebte, behandelten wir geradezu so, als habe er die Sünde gegen den Heiligen Geist begangen und sich für immer von der Vergebung ausgeschlossen. Aber was sollte er denn machen? Eine seiner Frauen verstoßen? Das wäre eine noch größere Sünde gewesen. Und war es etwa keine Sünde, wenn man sich weigerte, eine Sünde zu vergeben?

Wie so viele andere Christen auch, waren wir sehr streng, wenn es um sexuelle Dinge ging, aber nicht halb so streng bei solchen nicht weniger schlimmen Sünden wie Intoleranz, Pharisäertum, Jähzorn, Kratzbürstigkeit, Klatschsucht und Verleumdungen. Kein Wunder, denn in diesen Sünden steckten wir oft selbst tief. Was für ein Bild vom Christentum, was für ein Bild von Gott hatten wir diesen beiden Paaren, ihren Familien, dem Dorf gegeben? Wie konnten wir es schaffen, Gottes Maßstäbe und Gebote hochzuhalten, ohne gleichzeitig selbst Gott zu spielen? Es war ein Balanceakt, der entschieden mehr Weisheit und Demut verlangte, als wir Menschen von Natur aus haben.

ıshupatinath, der wichtigste Tempel Nepals. Er ist Pashupati (= „Herr ːr Tiere"), der Patronatsgottheit Nepals, einer Form des Gottes Shiva, ːweiht. Am Flußufer Wohnungen für Schwerkranke, die hierher ːkommen sind, um zu sterben. Der fromme Hindu möchte mit den ıßen im Wasser eines Flusses sterben, denn der Fluß ist das Symbol für e Ewigkeit. Anschließend wird die Leiche verbrannt und die Asche ins 'asser gestreut.

as Feuerholz ist da, die Leichenverbrennung kann beginnen.

Die Burg des Prithvinarayana Shah, der Mitte des 18. Jhs. das vereinig
Königreich Nepal schuf. Auf dem Höhenrücken links hinten liegt An
Pipal. Ganz hinten das bis zu 8.000 Meter hohe Annapurna-Massiv.

Das Missionshospital Ar
Pipal (vorne), vom Gip
des Liglig gesehen. Ga
rechts das Haus d
Familie Hale. Im Hint
grund, etwa 30 Kilome
entfernt, der 7893 Me
hohe Himal Chuli. In d
Bildmitte erkennt m
einige der Fußpfade – d
„Verkehrsnetz“ in d
Bergen.

Das Hospital Amp Pipal, vom Vorgarten des Autors aus gesehen. 600 Meter tiefer im Tal der Chepe-Fluß. Im Hintergrund wieder das Annapurna-Massiv.

Rings um das Krankenhaus liegen terrassierte Felder. Im Hintergrund der Himalaja, in der Mitte der Himal Chuli.

Das *Ping* (nepalisches Riesenrad) hat Fußantrieb und erreicht eine beachtliche Geschwindigkeit. Man sitzt auf einem Holzbrett, das nicht selten den Schädel eines der Zuschauer trifft. Was die Unfallhäufigkeit betrifft, ist das *Ping* das Auto des nepalischen Berglandes.

Blick von einem Punkt knapp über dem Haus des Autors. Hinten das Annapurna-Massiv.

Ein typisches nepalisches Haus, aus Lehm und Steinen gebaut.

Sauberes Trinkwasser ist kostbar in Nepal. Dieses Dorf hat es gut: Es ist über eine Wasserleitung an eine ganzjährige Quelle angeschlossen. In den meisten Dörfern müssen die Frauen bis zu einer Stunde weit zur Quelle laufen. Die Tagesration einer ganzen Familie beträgt einen Tonkrug – da haben europäische Reinlichkeitsvorstellungen wenig Chancen.

Zum Schälen der Reiskörner dient der *Diki*, eine Art Dreschflegel mit Fußantrieb. Das Mädchen links muß flinke Finger haben, sonst drischt der Balken seine Hände gleich mit.

Mit dieser Ölpresse gewinnt man Senföl und Rohrzuckersyrup. Auch sie wird von Frauen betrieben. Ihr Leben ist alles andere als idyllisch.

Ackerbau am Fuße des Himalaja. 95 Prozent der Bevölkerung leben von der Landwirtschaft.

Die „Hauptstraße“ von Amp Pipal. Eine Hochzeitsgesellschaft, bestehend aus Verwandten und Freunden des Bräutigams, marschiert los, um die drei Stunden entfernt wohnende Braut zu holen. So recht die passende Szene für das Familienplanungsplakat vor dem Haus ganz rechts.

90 Prozent der Bevölkerung müssen selbst nach den strengsten Maßstäben als arm gelten. Diese Mutter mit ihren beiden Söhnen ist ein Beispiel für viele: Der Grundbesitz der Familie ist schon jetzt zu klein, aber die Sitte will, daß er unter die Söhne aufgeteilt wird. Was für eine Zukunft haben diese Kinder?

Ein junges Paar aus der wohlhabenden Mittelklasse. Der Mann besitzt sämtliche Statussymbole: Sonnenbrille, Regenschirm, Schuhe und sogar ein Kofferradio.

Das verschleierte junge Mädchen begibt sich auf die erste Reise seines Lebens: zu seinem Bräutigam. Es hat ihn noch nie gesehen, und die Ehe ist natürlich nicht von dem Paar selbst arrangiert worden, sondern von den Eltern. Trotzdem wird es kaum zu einer Scheidung kommen: Eine Frau hat kaum die Möglichkeit dazu, und der Mann kann sich ja (auch wenn das heute illegal ist) eine zweite Frau nehmen und die erste für die groben Arbeiten auf dem Feld behalten.

Ein junger Mann trägt seine Mutter vom Krankenhaus zurück nach Hause. Sie hat die Operation gut überstanden, ist aber noch zu schwach, um die Tagereise nach Hause auf eigenen Beinen zu schaffen.

Krankentransport. Dieser Mann ist auf dem Weg ins Hospital.

Möbelwagen. Cynthias Klavier wird nach Amp Pipal gebracht. Dreizehn Männer und zwei Tage waren nötig für dieses Kunststück.

Taxi – hier als Schwiegermutterstuhl. Cynthias Mutter, die uns besuchen kommt, beginnt in luftiger Höhe die letzte Etappe nach Amp Pipal.

Haus und Garten der Familie Hale kurz nach ihrer Ankunft in Amp Pipal.

Cynthia entdeckt, daß Gäste in Nepal ihr eigenes Besteck mitzubringen haben. Christopher schmeckt es auch ohne Löffel. Man beachte die nepalische Version des Papptellers.

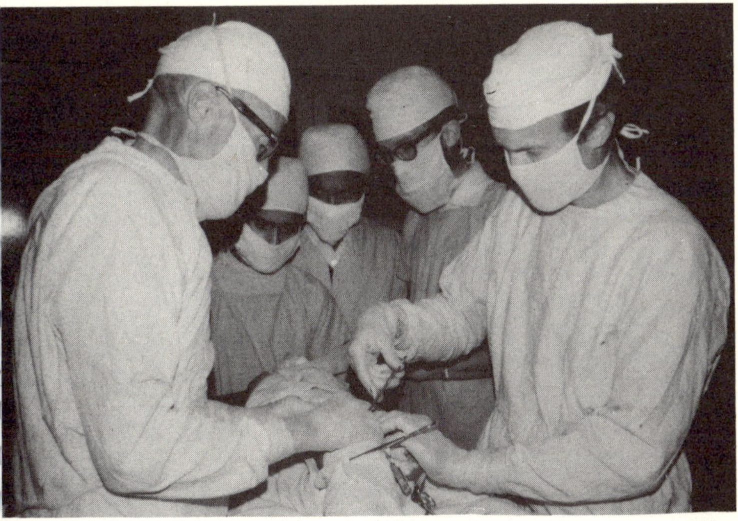

Der Autor (rechts) bei einer Operation, assistiert von seinem Vater (links), der gerade zu Besuch ist. (Photo: Cynthia Hale.)

Eine wichtige Aufgabe in Entwicklungsländern ist die Ausbildung einheimischer Fachkräfte. Hier die erste Schwestern- und Pflegeschülerklasse am Hospital Amp Pipal. Links Mabel McLean, unsere schottische Oberschwester.

Im Eingang zur Ambulanz drängen sich die wartenden Patienten. Die meisten dieser Frauen haben noch nie zuvor einen Arzt gesehen und beobachten nervös jede seiner Bewegungen. Wie wird es wohl sein, wenn sie an die Reihe kommen?

Nördlich von Amp Pipal sind die Dörfer noch abgelegener. Hier hat mancher noch nie einen Photoapparat gesehen – und dann gleich ein so tolles Exemplar!

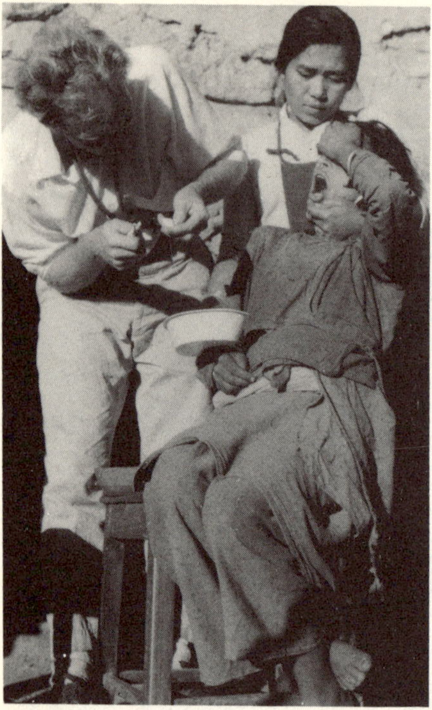

Operation gelungen: Der Zahn ist draußen! Aber warum muß er immer noch weh tun?

(Unten) Ein herzliches „Namaste“ (die nepalische Gruß- und Abschiedsformel) bringt die Welt wieder in Ordnung. Morgen geht es bestimmt schon wieder besser. (Photos: Dicran Berberian.)

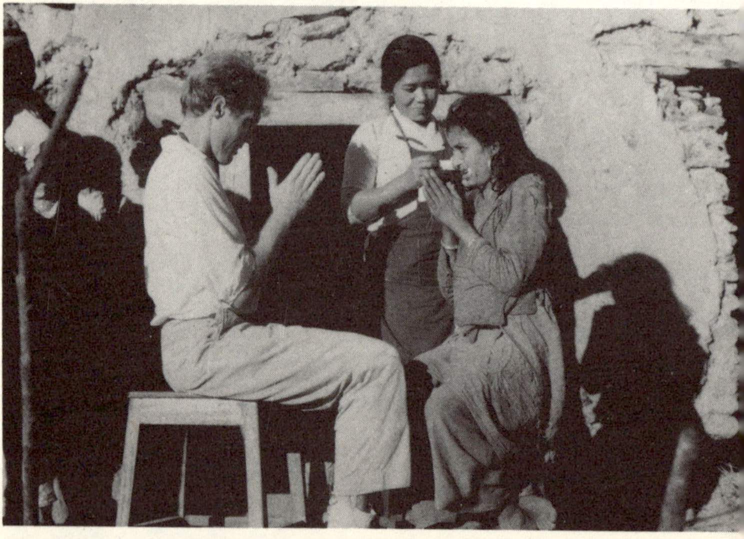

Wo es keine Brücke gibt, darf der Reisende den Gebirgsstrom mit Hilfe des sinnreichen *Twing* überqueren. Dieses *Twing* liegt auf dem Weg nach Barpak und ist dem Autor wohlbekannt.

Um mit dem Bevölkerungswachstum Schritt zu halten, legen die Leute von Barpak Terrassenfelder so steil an, daß ein Feld manchmal nur einen Meter breit, aber drei Meter hoch ist (links). Patienten, die von ihrem Feld heruntergefallen sind, sind keine Seltenheit.

Cynthia, Tommy und Christopher, kurz nach unserer Ankunft in Nepal im Jahre 1970.

Der Autor und seine Mitarbeiter (v.l.n.r.) Amrit, Prakash, Jiwan und Megh Nath. (Photo: Asbjorn Voreland.)

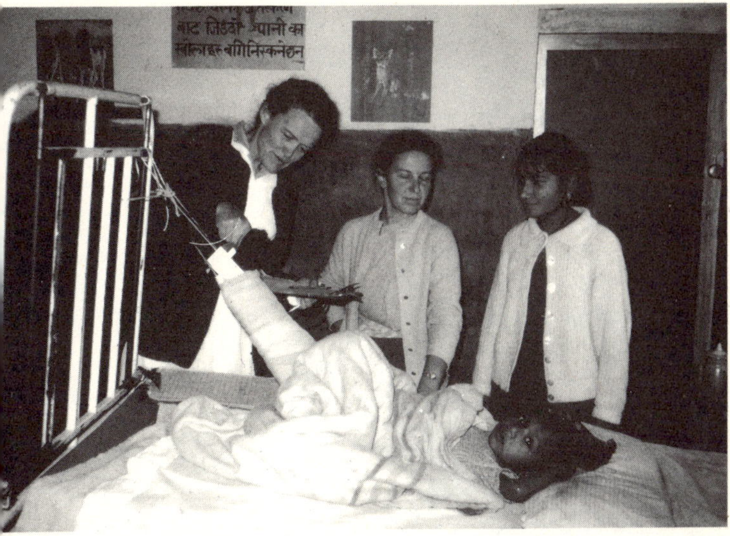

Dr. Helen Huston macht Visite.

Gemütliches Beisammensein im Haus der Familie Hale. Tej, unser Wäscher, führt einen nepalischen Volkstanz vor.

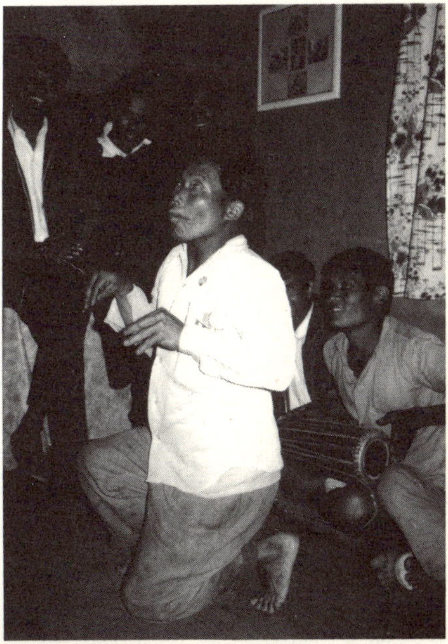

Krishna, der Waisenjunge mit dem Blasenstein.

Shaktaman Ghale und seine Mutter bei einem erneuten Besuch im Krankenhaus.

n Nordostnepal: der 6856 Meter hohe Ama Dablan; an seinem Fuß (vordere Bildmitte) das berühmte Kloster Thyangboche.

Links der Everest (8848 Meter), daneben, in den Wolken, der 8501 Meter hohe Lhotse, rechts der Ama Dablan. In der vorderen Bildmitte das Kloster Thyangboche.

Streiks und Demonstrationen

Unser erster Streik fand im vierten Jahr des Krankenhauses statt und dauerte eine halbe Stunde. Wir hatten damals eine finnische Oberschwester namens Sarika, die die zweite Nachfolgerin von Schwester Mabel und in ihrem Wesen so ziemlich das genaue Gegenteil von ihr war. Mabel war groß, stattlich, selbstbewußt und respekteinflößend gewesen, Sarika war zierlich, quirlig und leicht, von jener etwas über-legeren Art, die eine gewisse Unsicherheit nur unvollkommen zu überdecken vermag. Die Angestellten spürten sofort, daß man Schwester Sarika einschüchtern konnte, und fingen an, sich kleine Freiheiten herauszunehmen. Sarika ordnete bald kaum noch etwas an, ohne sich vorher meiner Unterstützung vergewissert zu haben. Ich war daher völlig überrascht, als eines Nachmittags einige der Angestellten zu mir kamen und mir eröffneten, sie würden so lange die Arbeit niederlegen, bis ihr Kollege seine Stelle wiederhabe.

„Was soll das heißen – seine Stelle wiederhaben?" fragte ich. „Hat jemand seine Stelle verloren? Was ist passiert?"

„Die Oberschwester hat ihn entlassen."

„Entlassen!?" Ich konnte es kaum glauben. Es kam selten vor, daß wir jemanden entließen, und wenn wir es taten, dann nicht spontan oder auf eigene Faust, sondern nur nach reiflichem Überlegen und Beten. „Wer ist entlassen worden?"

Es war Padam Raj, ein junger Brahmane aus Schwester Sarikas Hilfsschwesternklasse. Wie die anderen fünf Pflegeschüler auch, war er von Sarika und mir persönlich unter mehr als sechzig Bewerbern für diesen Kurs ausgewählt worden. Der Kurs war schon fast zu Ende, die Prüfung stand kurz bevor, da hatte Sarika eine falsche Angabe auf Padams Anmeldeformular entdeckt. Er hatte behauptet, auf der Schule nur die siebte Klasse absolviert zu haben, in Wirklichkeit hatte er auch die achte geschafft. Da aber dieser Pflegerkurs nur für Kandidaten mit Schulbildung bis zur siebten Klasse offen war, hatte Padam seine Anmeldung gefälscht. Wie Sarika ihm auf die Schliche gekommen war, weiß ich nicht mehr, aber der Gedanke, daß einer ihrer eigenen Schüler sie angelogen hatte, erschütterte sie so sehr, daß sie Padam auf der Stelle entließ.

Keine zehn Minuten später rotteten sich die männlichen Angestellten vor Sarikas Büro zusammen und begannen, sie laut zu beschimpfen. Sie schimpfte zurück, aber sie wurden nur noch heftiger, und der Röntgentechniker, der mit Padam verwandt war, begann Sarika zu stoßen und zu knuffen. Es sah so aus, als wollten die anderen seinem Beispiel folgen, und Sarika zog sich eilig in ihr Büro zurück und verriegelte die Tür. Worauf die Männer in mein Büro stürmten und ihren Streik ankündigten.

Ich überlegte kurz. Es war offensichtlich, daß die Kündigung eine Kurzschlußreaktion gewesen war. Padam war das ganze Jahr hindurch ein guter, fleißiger und anständiger Schüler gewesen, der reifste in seiner Klasse. Aber das sagte ich natürlich nicht laut. Ich sagte den Angestellten statt dessen, daß ich die Entscheidung der Oberschwester nicht aufheben würde und daß wir doch auch ohne einen Streik miteinander reden könnten. Und ich fügte hinzu, daß sie während ihres Streiks natürlich kein Gehalt bekämen. Daran hatten sie noch nicht gedacht, und ihr Kampfgeist ließ merklich nach.

Ich konnte es nicht durchgehen lassen, daß eine Oberschwester derart häßlich angegriffen wurde, und so stellte ich mich voll hinter Sarikas Entscheidung. Die Botschaft an das Personal war klar: Mit Gewalt erreicht ihr nichts. Padam wurde für sechs Monate suspendiert. Einige Jahre später wurde er Christ und eines der treuesten Glieder unserer Gemeinde. Sarika fuhr ein paar Monate nach dem Streik in ihren Heimaturlaub und kam nicht wieder.

Die nächsten drei Jahre verliefen ohne größere Vorkommnisse, aber dann kam ein Tag, den ich nicht so bald vergessen werde. Es war ein Sonntag, also ein gewöhnlicher Arbeitstag (in Nepal ist der Ruhetag der Samstag). Als ich früh am Morgen nichtsahnend zum Krankenhaus ging, um meine Arbeit zu beginnen, fand ich vor dem Eingang das gesamte Personal versammelt. Sie waren dabei, ein langes Schriftstück zu unterzeichnen – ein Ultimatum. Sie verlangten, daß ich Tony, unseren britischen Labortechniker, entließ, und um ihrer Forderung mehr Nachdruck zu verleihen, waren sie in den Streik getreten.

Tony war der Nachfolger des indischen Labortechnikers, der während der Nirmala-Affäre das Weite gesucht hatte, und ein sehr tüchtiger Mann. Innerhalb kurzer Zeit hatte er das Labor von Grund auf modernisiert, alle Untersuchungsverfahren standardisiert und zwei nepalische Labortechniker eingearbeitet. Dann hatte er die Apotheke umorganisiert und unser Bevorratungssystem rationalisiert. Vor kurzem hatte ich ihn zu meinem Assistenten in der Krankenhausverwaltung gemacht. Seine Hilfe war auch hier unbezahlbar, und einen besseren Mitarbeiter konnten die Oberschwester und ich uns nicht vorstellen.

Tony war kein Missionar und wurde von keiner Heimatgemeinde unterstützt. Er arbeitete als Angestellter für uns, und sein Gehalt wurde aus einem privaten Sonderfonds finanziert, den wir für solche Zwecke eingerichtet hatten. Der Grund dafür, daß er so viele Jahre in diesem kleinen Dorf blieb und sich mit einem Zehntel des Gehalts zufriedengab, das er in England hätte bekommen können, war einfach seine tiefe Liebe zu den Menschen in den nepalischen Bergen. Er wohnte für sich allein in einem einfachen Haus auf dem Höhenrücken über dem Hospital, eine halbe Stunde Fußweg entfernt. Er beherrschte die Sprache fließend, und in seiner Freizeit konnte man ihn oft in den Teestuben antreffen, wo er stundenlang mit den Krankenhausangestellten oder den Leuten aus dem Dorf zusammensaß. Abends und am Wochenende gab er Schulkindern kostenlosen Unterricht in Englisch und Mathematik. Einen großen Teil seines mageren Gehalts spendete er – für arme Familien und für bedürftige Schüler, die sich ihr Schulgeld und ihre Bücher nicht leisten konnten. Obwohl er sich nicht als Christ, ja nicht einmal als religiös bezeichnete, war er in vieler Hinsicht überzeugender als wir Berufsmissionare, und die Nepalen, besonders aber unsere Angestellten, liebten und schätzten ihn – bis er mein Assistent in der Verwaltung wurde.

Jetzt war Tony für sie plötzlich nicht mehr „einer von uns", sondern „einer von denen da oben". Jetzt war er der lästige Aufpasser, denn seine neue Aufgabe bestand darin, dafür zu sorgen, daß das Krankenhaus möglichst leistungsfähig und rationell war, und das bedeutete natürlich, daß er das Personal zu mehr Leistung anhalten mußte. Er tat dies äußerst behutsam und taktvoll, er war kein Leuteschinder, sondern von Kopf bis Fuß ein Gentleman. Aber einige seiner Kollegen konnten ihm seine neue Stellung einfach nicht verzeihen, und mit der typischen übertriebenen Gekränktheit von Menschen, die sich nicht eingestehen wollen, daß sie im Unrecht sind, griffen sie Tony an und brachten auch die übrigen Angestellten gegen ihn auf.

Einer der Hauptunruhestifter war Laxmi, unsere alte Putzfrau. Sie war auch die Ursache für den plötzlichen Streik. Unter Schwester Mabels Regiment hatte sie mehr schlecht als recht geputzt, unter ihren Nachfolgern putzte sie fast überhaupt nicht mehr. Sie betrachtete das gesamte Krankenhaus als ihren privaten Rauchsalon, wich jeder Arbeit sorgfältig aus und war Weltmeister im Tratschen und Klatschen. Sie war gerade dabei, ihre sechste Oberschwester zur Verzweiflung zu bringen, ein neues Mädchen, das erst seit etwas über einem Jahr bei uns war und große Schwierigkeiten hatte, gleichzeitig die Sprache und sechzig nepalische Mitarbeiter zu beherrschen. Diese neue Oberschwester hatte offenbar versucht, Laxmi eine Rüge zu erteilen, und als Laxmi sie nicht verstand, hatte sie Tony gebeten, den Dolmetscher zu spielen. Tony übersetzte also die Worte der Oberschwester in korrektes Nepali und sagte Laxmi, daß sie, wenn sie in Zukunft nicht besser arbeite, ihre Stelle verlieren würde. Worauf Laxmi prompt im ganzen Krankenhaus erzählte, daß Tony sie entlassen wolle. Helle Aufregung bei allen, die es hörten: Was fiel diesem hergelaufenen Ausländer eigentlich ein, wie konnte er es wagen, sich so an ihrer Landsmännin zu vergreifen?

Man hatte noch zwei weitere Anschuldigungen gegen Tony fabriziert, und auch sie stimmten nicht. Bei der einen ging es überhaupt nicht um Tony, sondern um ein Mißverständnis zwischen der neuen Oberschwester und dem ebenfalls neuen indischen Geschäftsführer. Aber für solche komplizierten Überlegungen hatte nicht jeder etwas übrig. Tony war an allem schuld, Tony war der Böse. Und es war ja auch viel bequemer, einen alten Freund und Kumpel zum Sündenbock zu machen, als sich mit dem Krankenhausdirektor anzulegen.

Es war der ungünstigste Tag für einen Streik, den man sich vorstellen konnte. Die Schlange der wartenden Patienten reichte schon bis draußen vor die Tür. Ich bat die Angestellten in den Röntgenraum und begann mit ihnen zu verhandeln. Schon nach fünf Minuten merkte ich, daß eigentlich nur ganze drei oder vier Personen den Streik angestiftet hatten, die alle persönlich etwas gegen Tony hatten. An ihrer Spitze stand der Röntgentechniker. Alle anderen waren eigentlich gegen den Streik, hatten sich aber von den lautstarken Parolen mitreißen lassen. Als sie einsahen, daß die Vorwürfe gegen Tony unbegründet waren, gingen sie zurück an ihre Arbeit und erklärten sich sogar bereit, die Mittagspause ausfallen zu lassen, damit wir alle Patienten behandeln konnten.

Die Unruhestifter hatten verloren, aber bei Tony wollte keine Siegesstimmung aufkommen. Ein paar Monate nach dem Streik warf er entmutigt das Handtuch und gab seine Stelle im Hospital auf. Er blieb jedoch in Amp Pipal und wurde Lehrer an der neuen Oberschule, bevor er drei Jahre später endgültig nach Großbritannien zurückkehrte. Die Menschen in Amp Pipal werden ihn nicht so bald vergessen.

Ungefähr zur gleichen Zeit machten sich die ersten Anzeichen einer wachsenden Unruhe unter der Jugend von Nepal bemerkbar. Alarmierende Nachrichten und Gerüchte erreichten unser kleines Dorf. Überall im Land gärte es. Kommunistische Gruppen und andere Parteien bildeten sich und diskutierten in nächtlichen Geheimversammlungen darüber, wie man am besten das *Panchayat*-System unterwandern und die Regierung destabilisieren konnte. Aufruhr und Revolution lagen in der Luft.

Auch unser Distrikt blieb von diesen Entwicklungen nicht verschont, und eines Tages mußten wir feststellen, daß es sogar in unserem Hospital nächtliche politische Versammlungen gab. Wir reagierten sofort und verbaten diese Versammlungen. Wir waren auf Einladung der nepalischen Regierung ins Land gekommen, und es durfte nicht geschehen, daß unsere Klinik mit revolutionären Umtrieben in Verbindung gebracht wurde. Aber kaum hatten wir unser Verbot ausgesprochen, wurden wir natürlich eine willkommene Zielscheibe für die Agitatoren, besonders für die radikaleren Kommunisten – und unser Distrikt hatte eine der striktesten kommunistischen Parteiorganisationen im ganzen Land. Wir galten fortan als Handlanger der Regierung und Marionetten des Imperialismus.

Wir hatten natürlich keine Möglichkeit, unsere Angestellten aus den politischen Auseinandersetzungen herauszuhalten. Wir konnten ihnen verbieten, das Krankenhaus zu politischen Versammlungen zu mißbrauchen, aber was sie zu Hause in ihrer Freizeit taten, war natürlich ihre Sache. Und so mußten wir hilflos zusehen, wie sich immer tiefere Risse und Fronten durch unsere große Krankenhausfamilie zogen. Vier Gruppen bildeten sich heraus: die Kommunisten, die Anhänger des *Panchayat*-Systems, die Befürworter eines Mehrparteiensystems und die Christen, die alle anderen gegen sich hatten.

Die größte Gefahr ging von den Kommunisten aus. Sie hatten die völlige Zerstörung der bestehenden Ordnung auf ihre Fahnen geschrieben. Sie organisierten immer neue Streiks und Demonstrationen, schreckten auch vor Gewalt nicht zurück und verleumdeten und drangsalierten jeden, der sich ihnen in den Weg stellte. Einige unserer Angestellten, die in nichtkommunistischen Gruppen aktiv waren, mußten ständig damit rechnen, auf dem Heimweg überfallen und zusammengeschlagen zu werden.

Der König und seine Minister taten ihr Äußerstes, um der wachsenden Oppositionsbewegung Herr zu werden. Auf eine offene Machtprobe ankommen ließen sie es allerdings nicht, denn es war keineswegs sicher, welche Seite dabei gewonnen hätte. Erst vor kurzem war die thailändische Regierung von Studenten gestürzt worden, und was in Thailand möglich war, konnte durchaus auch in Nepal geschehen.

Die revoltierenden Studenten und Schüler benutzten die Mäßigung der Regierung als Freibrief dafür, ihre Aktivitäten – vor allem Streiks und Protestmärsche – noch zu verstärken. Die politische Lage wurde immer schwieriger, und manchmal sah es so aus, als würde jede Ordnung zusammenbrechen. Aufgeputschte Jugendliche verhöhnten offen ihre Lehrer, ihren Bürgermeister und sogar die Polizei. In Amp Pipal wurden mehrere Oberschullehrer von ihren eigenen Schülern zusammengeschlagen, und einmal wurde unser *Pradhan Panch* (Bürgermeister) von einer Teenagerhorde in die Mangel genommen. Nach diesem Erlebnis gab er sich auffallend friedfertig, wich ängstlich jeder Konfrontation aus und war nicht selten „dringend dienstlich unterwegs“, wenn sich wieder einmal etwas zusammenbraute.

Ein besonders häßlicher Zwischenfall ereignete sich in Thadipokhari, ganz in der Nähe von Amp Pipal, wo der gerade zurückgetretene Ministerpräsident eine Rede halten wollte. Mehrere Hunderte brüllender, mit Knüppeln bewaffneter Demonstranten verhinderten seine Rede und jagten ihn aus der Stadt. Die Polizei wagte es nicht, einzugreifen, vielleicht wollte sie es auch nicht. Es war eine eindrucksvolle Machtdemonstration für die Kommunisten.

Zwei oder drei der Wortführer unter unseren Angestellten trugen den Kampf in unser Krankenhaus. Sie waren nicht nur Mitglieder der Kommunistischen Partei, sondern hatten auch gute Beziehungen zu den kommunistisch gelenkten Schülervertretungen an mehreren Oberschulen in der Nachbarschaft und konnten jederzeit einen Teenagermob zusammentrommeln, um ihre Kollegen zu zwingen, wieder einmal zu streiken; manchmal mußten wir auch das Krankenhaus vorübergehend schließen, weil wir nicht mehr für die Sicherheit der Patienten und der Gebäude garantieren konnten. Der Mob brauchte uns allerdings nicht sehr oft zu besuchen; gewöhnlich reichten schon Drohungen und Gerüchte aus, um unsere Angestellten gefügig zu machen. Es war eine bewährte Taktik, die auch im übrigen Land gut funktionierte.

Dann kam eine Nacht, in der jemand versuchte, durch die Lehmwand hindurch in unser Büro einzubrechen. Ich war damals gerade verreist. Der Feger, der die Nachtschicht hatte, meldete den Vorfall nicht, obwohl er den Lärm ganz bestimmt gehört haben mußte. Entweder hatte er geschlafen oder war nicht auf seinem Posten gewesen – oder er hatte mit dem Einbrecher unter einer Decke gesteckt.

Wir hatten unsere Feger strikt angewiesen, in ihrer Nachtschicht alle fünfzehn bis zwanzig Minuten eine Runde durch das Krankenhaus zu machen, um mögliche Diebe abzuschrecken. Wir hatten ihnen auch gesagt, daß wir sie für alle Vorkommnisse während der Nachtschicht zur Verantwortung ziehen würden. Im Laufe des letzten Jahres hatte es eine ganze Serie von Einbrüchen gegeben – fünf Matratzen, vierzig Decken und alle drei Mikroskope aus dem Labor –, und die Feger schienen ihre Nachtwächterpflichten nur dann ernstzunehmen, wenn wir ihnen mit Strafen drohten – eine Variation der altbewährten Methode, den Kerkermeister zu köpfen, wenn der Gefangene entflohen ist.

Als wir also am nächsten Morgen das Loch in der Wand des Büros sahen, ließen wir den Nachtfeger kommen, und als er uns nicht erklären konnte, warum er den Einbruch nicht gemeldet hatte, entließen wir ihn.

Für unsere Krankenhauskommunisten war das ein gefundenes Fressen. Sie riefen sofort einen Streik aus und schickten einen Genossen ins Dorf, um ein paar Dutzend indoktrinierter Schüler zur Verstärkung zu holen, damit man uns besser zwingen konnte, den Feger wieder einzustellen. Zum Glück war für eben diesen Tag der Besuch des Ex-Ministerpräsidenten in Thadipokhari angesagt, so daß alle demonstrationswilligen Schüler dorthin marschiert waren. Pech für die Genossen.

Aber der Tag war noch nicht zu Ende. Einige Stunden später kam ganz unerwartet einer unserer Missionsinspektoren von der United Mission zu Besuch. Er kam gerade von Tansen, wo vor kurzem kommunistische Agitatoren unserem Krankenhaus einen häßlichen zehn Tage langen Streik beschert hatten, und war auf dem Weg zu uns durch Thadipokhari gekommen, wo er aus erster Hand die Ausschreitungen der Demonstranten mitbekommen hatte. Daß jetzt auch unser Personal in den Streik getreten war, gab ihm den Rest. Kurz und gut: Man entdeckte, daß man doch eigentlich eine stille, „friedliche" Lösung wollte, und der Feger bekam noch am gleichen Nachmittag seine Stelle wieder. Worauf der Streik sofort endete und unsere Probleme erst richtig begannen, denn was für uns eine bequeme Lösung war, war für die Kommunisten natürlich ein glänzender Sieg, den man so schnell wie möglich ausbauen mußte.

Das Ziel der Kommunisten war, die Mission und ihr Hospital zu diskreditieren und als profitgieriges, volksfeindliches ausländisches Unternehmen hinzustellen. Sie verbreiteten ständig neue Gerüchte über unfähige Ärzte, tödliche Behandlungsfehler, schlampige Pflege und Wucherrechnungen, die den armen Bauern den letzten Pfennig aus der Tasche zogen. Jede kleine Panne wurde in Windeseile und mit vielen Ausschmückungen verbreitet, und wenn es keine Panne gegeben hatte, erfand man eine.

Am heftigsten attackiert wurden unsere nepalischen Christen. Böse Verleumdungen über ihren Charakter und ihr Privatleben machten die Runde. Man drohte ihnen mit Prügel. Man denunzierte sie bei der Polizei, war es doch einem Nepalen gesetzlich verboten, Christ zu werden. Selbst solche Kollegen, die an und für sich neutral eingestellt waren, begannen Partei gegen sie zu ergreifen. Es sah immer dunkler aus für sie. Was, wenn das Hospital schließen und die Missionare das Land verlassen mußten? Wer würde einer Hilfsschwester der weißen Ärzte eine Stelle geben? Das Abschlußdiplom unseres Schwestern- und Pflegerkurses (wenn man denn eines hatte) wurde von der Regierung nicht anerkannt.

Die Lage wurde immer kritischer. Um der Krise endlich Herr zu werden, entschloß sich die Regierung schließlich im Frühjahr 1980 zu einem unerwarteten und kühnen Schritt: Sie kündigte ein nationales Referendum an, eine Volksabstimmung, bei der das nepalische Volk selbst darüber entscheiden konnte, welche

Regierungsform es wünschte: ein Mehrparteiensystem oder das alte *Panchayat*-System. Vom kommunistischen System war nicht die Rede. Die erbosten Kommunisten und ihre Verbündeten riefen denn auch sofort zum Boykott des Referendums auf und setzten alle Hebel in Bewegung, um es zu verhindern, mit dem Ergebnis, daß die Unruhen noch stärker und häufiger wurden.

Fast täglich lungerten jetzt kleine Gruppen streitlustig aussehender Jugendlicher vor unserem Krankenhaus herum oder strichen durch die Korridore. Die Namen der Rädelsführer kannten wir bald auswendig. Oft kamen sie in die Sprechstunde, um sich wegen irgendwelcher vorgetäuschter Beschwerden untersuchen zu lassen, und hatten dann natürlich kein Geld, um die Untersuchung zu bezahlen.

Bald munkelte man davon, daß „Angriffe" auf das Krankenhaus geplant seien. Es hieß, die Schüler wollten die Fenster des Krankenhauses einschlagen, den Generator zerstören, das Büro ausrauben oder die Christen „fertigmachen". Keiner von uns wußte, ob diese Warnungen von Freunden kamen, die uns helfen wollten, oder von Feinden, die uns Angst einjagen wollten. Als nach ein oder zwei Wochen immer noch kein „Angriff" gekommen war, begannen wir die Gerüchte beiseite zu schieben und gingen zurück zur Tagesordnung.

Der erste ernste Zwischenfall kam ohne jede Vorwarnung. Eines Nachmittags wurde ich aus dem Büro gerufen, um mit einer „Delegation" von fünfzig Oberschülern zu sprechen, die sich im Gang versammelt hatten. Sie beschuldigten unseren Einkäufer, einen jungen nepalischen Christen, mehreren Trägern ihren Lohn vorenthalten zu haben. Die Story war mit der freundlichen Hilfe unseres kommunistischen Buchhalters zustandegekommen, eines umgänglichen, stets lächelnden Mannes, den wir auf Empfehlung einer anderen christlichen Organisation, für die er gearbeitet hatte, eingestellt hatten. Wir wären ihn gern wieder losgeworden, denn er hatte sich als unser Unruhestifter Nummer eins und einer der führenden Kommunisten im ganzen Distrikt entpuppt. Wenn er etwas über die Finanzen des Hospitals sagte, nahmen die Leute das für bare Münze, denn ein Buchhalter mußte ja wohl wissen, wovon er sprach. Und er wußte es auch; er wußte hervorragend, wie er die Zahlen zu frisieren hatte, um sie seinen Zwecken dienlich zu machen.

Der Einkäufer, drei oder vier andere Kollegen und ich gingen mit den Schülern nach draußen, zum Eingang der Klinik, wo uns schon ein paar weitere Dutzend Jugendliche erwarteten, und versuchten mit ihnen zu reden. Zwei Stunden dauerte das Palaver, und bald war aus der „Delegation" eine brüllende Meute von über zweihundert Jugendlichen geworden. Sie drängten sich immer dichter um uns und verlangten, daß wir ihnen den Einkäufer „auslieferten". Als wir uns weigerten, wurden sie noch wütender und machten Anstalten, ihn zu packen und mit Gewalt fortzuschleifen. Aber unser stämmiger kanadischer Werkstattmeister und Ken Webster, unser Geschäftsführer, nahmen ihn buchstäblich in ihre Arme, und die Ausländer angreifen wollten die Jugendlichen aus irgendeinem Grunde denn doch nicht; sie hätten unseren Einkäufer sonst wohl totgeprügelt. Ich glaube, wenn sie gewollt hätten, hätten sie uns alle buchstäblich über den Haufen rennen und die ganze Klinik demolieren können.

Wir bekamen an diesem Nachmittag eine kräftige Kostprobe davon, was es heißt, allein und ohne Hilfe einem Demonstrantenmob gegenüberzustehen, der jeden Augenblick tätlich zu werden droht. Erst als die Sonne unterging, konnten wir wieder aufatmen; in Nepal gehen selbst Demonstranten pünktlich vor Anbruch der Dunkelheit nach Hause, aus Angst vor den Nachtgeistern. Der Einkäufer kam mit dem Schrecken und einem mit Büffeldung verschmierten Gesicht davon; den Dung hatte ihm der zwölfjährige Sohn einer christlichen Familie aus der Nachbarschaft ins Gesicht geworfen.

Der nächste größere Vorfall kam etwa zwei Monate danach, im Mai 1980. Das Referendum war inzwischen vorbei, und das *Panchayat*-System hatte mit 2,4 zu 2 Millionen Stimmen gewonnen. Es war ein knapper Sieg, aber es war ein Sieg, die Würfel waren gefallen. Die Kommunisten freilich behaupteten prompt, die Wahl sei manipuliert worden, und gerüchteweise hieß es, sie planten jetzt eine offene Revolution. Eine Zeitlang wollte es scheinen, als habe das Referendum die Probleme nicht gelöst, sondern eher noch verschlimmert.

Eines schönen Donnerstagmorgens erreichten uns mehrere Warnungen, daß am Nachmittag ein großer Trupp Schüler und andere Agitatoren zum Krankenhaus marschieren würde, um es zu „zerstören" und mit den Missionaren und Christen „abzurechnen". Es war nicht das erste Mal, daß wir solche Warnungen bekommen hatten, aber diesmal schien es ernst zu sein, und so schickten wir Ken Webster zum nächsten Polizeiposten, der in Thadipokhari war, zwei Stunden Fußweg entfernt im Tal. Ken sollte dem Inspektor die Angelegenheit melden und ihn bitten, sofort zwei oder drei Polizisten nach Amp Pipal zu schicken. Anschließend sollte Ken sofort weiter nach Gorkha gehen, der Distrikthauptstadt, die sechs Stunden weiter östlich lag, und dort mit dem Distriktoffizier über unser Problem reden. Ich gab ihm einen Brief an den Distriktoffizier mit, in welchem ich darlegte, daß es in unserer Gegend erhebliche staatsfeindliche Umtriebe gab, daß das Krankenhaus samt Gebäuden, Personal und Patienten in ständiger Gefahr war und daß wir dringend einen Polizeiposten in Amp Pipal benötigten, zumindest bis die Lage sich normalisiert hatte, denn bis die Beamten aus Thadipokhari bei uns eingetroffen waren, konnte es im Ernstfall schon zu spät sein.

Ken machte sich auf den Weg, und wir gingen an unsere Tagesarbeit, um noch möglichst viele Patienten behandeln zu können, bevor der Sturm losbrach. Aber als der Vormittag halb vorbei war, kamen auf einmal neue Meldungen; es hieß, der Angriff sei um einen Tag verschoben worden, auf Freitag.

Exakt vier Stunden nachdem Ken aufgebrochen war, kamen drei Polizisten aus Thadipokhari an. Sie fanden alles ruhig und friedlich vor und kamen rasch zu dem Schluß, daß wir überängstlichen Ausländer einem bloßen Gerücht aufgesessen waren, das irgendwelche Taugenichtse in die Welt gesetzt hatten. Sie sprachen mit ein paar Leuten, notierten sich die Namen einiger radikaler Jugendlicher, und dann verabschiedeten sie sich von uns, um wieder zurück nach Thadipokhari zu gehen. Wir protestierten. So auf die leichte Schulter nehmen dürfe man die Sache aber nun auch nicht, sagten wir den Beamten. Konnten sie denn nicht wenigstens über Nacht bei uns bleiben, auf unsere Kosten natürlich? Zu unserer Erleichterung waren sie damit einverstanden.

Die Nacht verging ohne Zwischenfälle, und die Beamten standen auf, nahmen ihr Reisfrühstück ein und wollten nun endgültig aufbrechen. Da tauchte auf dem Pfad über dem Krankenhaus ein halbes Dutzend Jugendlicher auf. Ich war ausnahmsweise froh, sie zu sehen; jetzt würde uns die Polizei vielleicht doch glauben. Bald folgte eine zweite Gruppe Jugendlicher, dann noch eine und noch eine. Die Sache begann interessant zu werden. Jetzt kam unser Bürgermeister. Sein Gesicht war aschfahl, und er zog mich zur Seite und flüsterte mir hastig zu, daß wohl an die hundert Oberschüler aus Amp Pipal auf dem Weg zum Krankenhaus waren; ich solle um Gottes willen die Polizisten bitten, hierzubleiben. Sie selber zu bitten, war ihm offensichtlich peinlich, denn das hätte ja bedeuten können, daß er Angst vor den Schülern hatte. Und er mußte riesige Angst haben, schließlich hatten sie ihn schon einmal verprügelt.

Die Beamten begriffen die Lage sofort und postierten sich in der Nähe des Krankenhauseingangs. Bald kam der Haupttrupp der Schüler in Sicht. Sie marschierten zielstrebig den Berghang hinab auf das Krankenhaus zu. Dann sahen sie die Polizisten, und der Marsch geriet ins Stocken. Sie blieben stehen, sahen die Polizisten an, sahen sich an, einige machten ein paar Schritte zurück. Polizei? Damit hatten sie nicht gerechnet. Eine Viertelstunde lang standen sie in kleinen Gruppen unschlüssig herum, die Enttäuschung stand ihnen auf den Gesichtern geschrieben. Dann entschlossen sie sich zum Rückzug. Ruhig und kommentarlos, fast wie Spaziergänger, die nur einmal schnell eine Sehenswürdigkeit hatten bestaunen wollen, drehten sie sich um, zerstreuten sich auf die verschiedenen Pfade und verschwanden.

Am Abend erfuhren wir aus sicheren Quellen, daß die Schüler voller Wut über unseren Polizeieinsatz waren und für den Sonntag eine große „Massendemonstration" planten, an der Schüler aus allen Oberschulen in der Nachbarschaft teilnehmen würden und bei der sie vor allem die (tatsächlichen oder eingebildeten) „Informanten" im Klinikpersonal, die sie an die Polizei „verpfiffen" hatten, „bestrafen" wollten. Die drei Polizisten waren so nett und erklärten sich bereit, bis einschließlich Sonntag zu bleiben.

Am Samstag kam Ken aus Gorkha zurück. Er mußte uns mitteilen, daß der Distriktoffizier zur Zeit keinen Polizeiposten in Amp Pipal einrichten konnte. Er hatte schon genug Schwierigkeiten, die bestehenden Posten zu besetzen, und konnte niemanden mehr entbehren. Wenn wir Hilfe brauchten, sollten wir uns doch bitte jeweils an Thadipokhari wenden. Nun ja, die drei Beamten aus Thadipokhari waren besser als gar nichts.

Der Sonntagmorgen kam, und wir bereiteten uns auf die „Demonstration" vor. Viel tun konnten wir nicht, denn außer den drei Polizisten, die zudem unbewaffnet waren, und der loyalen Hälfte unserer Angestellten (die andere hielt es mehr oder auch weniger heimlich mit den Kommunisten) hatten wir den Angreifern nichts entgegenzusetzen. Der Ausdruck „Demonstration“ konnte natürlich alles mögliche bedeuten; wahrscheinlich hatten ihn die Jugendlichen nur gewählt, um die Polizei in Sicherheit zu wiegen, so daß sie keine Verstärkung anforderte. Wir wußten, daß die radikaleren Schüler sich kaum mit einem Protestmarsch begnügen würden, obwohl es natürlich noch nicht klar war, ob es ihnen gelingen würde, den Rest der Menge mitzureißen. Wir redeten mit den drei Polizisten: War es nicht am besten, gleich sofort jemanden nach Thadipokhari zu schicken und Verstärkung anzufordern? Es war zwar noch alles ruhig, aber die Verstärkung würde ja erst in vollen vier Stunden hier sein, und wer wußte, wie es bis dahin aussah? Aber so viel Vorsicht fanden die Beamten übertrieben. Sie waren junge Burschen, kaum älter als die Demonstranten selbst, und betrachteten die Lage mit jugendlichem Optimismus: Wenn die Schüler eine „Demonstration“ planten, dann war es auch eine Demonstration; wozu sollte man da mit einem großen Polizeiaufgebot anrücken und sie unnötig provozieren? Nein, nur nicht überreagieren, es war am besten, sich zurückzuhalten.

Um acht Uhr begannen wir wie immer unsere Arbeit, die übliche Patientenschlange wartete schon. Ich hatte für diesen Morgen eine Nierensteinoperation angesetzt, die ich nur ungern aufschieben wollte; sicher würde ich sie fertigbekommen, bevor die Demonstranten kamen.

Die Operation begann mit Verspätung, da ich durch verschiedene andere Dinge aufgehalten wurde. Vierzig Minuten nachdem ich angefangen hatte – ich hatte gerade den Stein entdeckt –, ging die Tür zum Operationsraum auf und Ken Webster kam hereingestürzt, mit hochrotem Kopf und völlig außer Atem. „Sie kommen“, stieß er hervor, „es sind Hunderte, der ganze Pfad ist voll Menschen, die Schlange muß einen ganzen Kilometer lang sein, es sieht aus, als ob der ganze Berg sich bewegt!“

Der Berg bewegte sich sicher nicht, aber Kens Meldung war deutlich genug. Was nun? Für lange Überlegungen war keine Zeit, vor mir lag der Patient mit der offenen Niere. Ich bat Ken, das Krankenhaus vorübergehend zu schließen, alle ambulanten Patienten nach draußen zu schicken und die Türen zu verriegeln. Ken nickte und verschwand. Eine Minute später kam einer der Polizisten an die Tür und fragte, ob nicht bitte jemand vom

Hospital nach Thadipokhari gehen und Verstärkung holen könne, jetzt sofort.

Ich ließ die Oberschwester holen und hielt einen kurzen Kriegsrat. Wir konnten nicht jeden Beliebigen nach Thadipokhari schicken; nicht alle waren vertrauenswürdig, und von den anderen hatte nicht jeder Zeit. Außerdem mußte der Bote von der energischen Sorte sein, für den Fall, daß die Polizei in Thadipokhari ihm nicht glauben wollte. Ich schlug unseren Hausmeister vor, der nicht nur zuverlässig und energisch, sondern auch sehr schnell war. Alle waren einverstanden, und so schickten wir den Hausmeister sofort los, mit einem Brief des Polizisten in der Hand und mit der strikten Anweisung, nicht ohne Hilfe zurückzukommen. Wir schärften ihm auch ein, die ersten paar hundert Meter querfeldein durch die Felder zu laufen, damit ihn die Schüler nicht auf dem Pfad sahen und ihn womöglich festhielten.

Kaum hatte ich mich wieder zu meinem Patienten umgedreht, als ich die Sprechchöre hörte – erst leise und weit weg, dann immer lauter und deutlicher. Der Refrain – ein einziges, in monotonem Rhythmus wiederholtes Wort – ließ an Deutlichkeit nichts zu wünschen übrig: *Maar-ne-chchau, maar-ne-chchau!* („Schlagt sie tot, schlagt sie tot!“) Aber wen wollten sie totschlagen?

Bald kam einer unserer nepalischen Angestellten und beruhigte uns. Die Schüler, teilte er uns mit, demonstrierten gar nicht gegen uns, sondern gegen die Teestubenbesitzer, und wenn wir uns nur ruhig verhielten und nicht die Nerven verloren, würde uns bestimmt nichts geschehen.

Ich beendete die Operation und ging nach draußen, um zu sehen, wie die Dinge sich entwickelten. Die Jugendlichen – es mochten an die dreihundert sein – hatten inzwischen das Krankenhaus erreicht und standen dicht an dicht aufgereiht, wie Soldaten beim Appell, auf dem Grasplatz vor dem Eingang. Um sie herum drängten sich wohl zweihundert Patienten mit ihren Verwandten, fünfzig Krankenhausmitarbeiter und zahlreiche andere Zuschauer, nicht zu vergessen die meisten Kinder aus der Nachbarschaft. Viele der Demonstranten hatten Stöcke dabei, die sie wie Holzgewehre auf der Schulter trugen. Das Ziel des Aufmarsches waren die beiden Teeläden, in denen hauptsächlich unsere Patienten einkauften. Leichenblaß und zitternd standen ihre Besitzer in ihren Türen, wagten kein Wort zu sagen und duckten sich unter dem Strom der Vorwürfe, die ihnen ein Demonstrant nach dem anderen ins Gesicht schleuderte: Betrüger seid ihr, schmutzige Ausbeuter, ihr zieht den Armen das Geld aus der Tasche, abschaffen sollte man euch ... Die Vorwürfe waren wahrscheinlich übertrieben, ganz aus der Luft gegriffen waren sie kaum. Es war allgemein bekannt, daß es Ladenbesitzer gab, die ihre Kunden, die ja meist weder lesen noch schreiben konnten, nach Strich und Faden übers Ohr hauten. Vielleicht nützte es etwas, wenn diese zornigen jungen Leute ihnen einmal gründlich die Meinung sagten, und wenn es nicht nützte, dann war es doch immer noch besser, als wenn sie gegen uns demonstrierten.

Eine Tirade folgte der anderen. Zwei volle Stunden ging das so, und allmählich kam Unruhe in die ordentlichen Reihen der Demonstranten. Sie lösten sich in kleine Gruppen auf, die heftig zu diskutieren begannen. Man wollte wissen, wie es weitergehen sollte. Wir wußten, daß es unter den Schülern einen harten Kern von Chaoten gab, der nach zwei Stunden Reden endlich „Aktionen“ sehen wollte. Würde es ihm gelingen, den Rest der Demonstranten aufzustacheln? Es war eine höchst kitzlige Frage.

Die Zuschauer begannen zu flüstern und zu tuscheln. Gerüchte flogen hin und her. Zwei unserer Mitarbeiter, auf die die Jugendlichen es besonders abgesehen hatten, zogen sich hastig zurück, der eine in die Dunkelkammer der Röntgenabteilung, der andere in ein Badezimmer; unser Einkäufer hatte sich schon gleich zu Beginn der Demonstration in Sicherheit gebracht. Die Polizisten blickten nervös auf ihre Uhren. Vor zweieinhalb Stunden hatten wir den Hausmeister losgeschickt, und es würde noch mindestens eine Stunde dauern, bis die Kollegen aus Thadipokhari ankamen – mit Gewehren übrigens, das hatte unser Polizist in seinem Brief ausdrücklich beantragt.

Plötzlich fingen die Sprechchöre wieder an, die Schüler formierten sich neu. Wir waren auf das Schlimmste gefaßt. Die Demonstranten drehten um und marschierten zurück, auf dem gleichen Pfad, auf dem sie vor drei Stunden gekommen waren. Den Rest des Tages demonstrierten sie gegen die Ladenbesitzer im Bazar von Amp Pipal, zwanzig Minuten Fußweg entfernt von uns.

Mit dankbaren Herzen gingen wir zurück an unsere Arbeit. Viele der ambulanten Patienten hatten das Warten aufgegeben und waren wieder nach Hause gegangen, die übrigen kamen rasch zurück zum Hospital und stellten sich vor der Anmeldung an. Ich ging zurück in den Operationsraum, um einer jungen Frau, die während der Demonstration gekommen war, eine klaffende Kopfwunde zu nähen. Es dauerte keine zehn Minuten, und der Platz vor dem Krankenhaus lag still und verlassen da, als sei den ganzen Tag kein Mensch dagewesen. Es war ein Bild des Friedens.

Ein paar Minuten später wurde das Bild wieder lebendig. Sieben Polizisten, alle mit Gewehren bewaffnet und in voller Uniform, kamen auf dem Pfad von Thadipokhari angetrabt, dicht gefolgt von dem völlig erschöpften Hausmeister. Als sie keine Menschenseele sahen, gingen sie in das Krankenhaus und fragten nach mir. Sie fanden mich bei meiner Arbeit im Operationsraum, und meine blutverschmierten Hände waren das erste und einzige Unfriedliche, das sie an diesem Tag sahen.

Ich wusch mir rasch das Blut von den Handschuhen und ging, noch in voller Montur, in den Flur, um die Männer zu begrüßen und ihnen meine Anerkennung für ihre Mühe auszusprechen. Zwei volle Minuten lang konnte keiner von ihnen sprechen, so sehr keuchten sie. Ihre Khaki-Uniformen schwammen im Schweiß. Aber sie nahmen sofort Haltung an, als sie mich sahen, ihre Absätze knallten zusammen, ihr Kommandant salutierte. Vor mir stand der Stolz Nepals, hier war die Willenskraft, die zähe Energie und die Disziplin, die die nepalischen Gurkha-Soldaten zu den besten und gefürchtetsten Kämpfern in der Welt machten.

Als er wieder genug Luft zum Sprechen hatte, fragte mich der Kommandant, immer noch salutierend: „Wir sind da. Was können wir für Sie tun?“

Es war ein peinlicher Augenblick. Was sollte ich antworten? Tut uns leid, wir brauchen Sie nicht mehr? Aber da kam zum Glück der Polizist herbei, der sie angefordert hatte, und ich überließ es ihm, seine Kollegen aufzuklären. Sie hörten ihm zu, ohne eine Miene zu verziehen. Vielleicht waren sie erleichtert, daß sie ihre Waffen nun doch nicht zu benutzen brauchten. Der Kommandant dankte mir, salutierte noch einmal und führte seine Männer zur Tür hinaus. Sie blieben noch fünf Minuten, um sich eine Tasse Tee geben zu lassen, dann marschierten sie zurück nach Thadipokhari. Es war fast wie in jenem englischen Kinderreim, wo der König von Frankreich an der Spitze seiner Armee den Berg hinaufmarschiert, um anschließend wieder hinabzumarschieren – mit dem Unterschied, daß diese Männer nicht marschiert waren, sondern gerannt.

Die nächsten Wochen waren turbulent. Die Gerüchteküche lief auf Hochtouren, man sprach von neuen, noch größeren Demonstrationen. Die Stippvisite der sieben bewaffneten Polizisten war nicht unbemerkt geblieben und wirkte in vielen Köpfen nach. Für die jungen Agitatoren war sie eine „unerhörte Provokation", aber auch ein Grund zu Besorgnis; mit so etwas hatten sie nicht gerechnet. Für die übrigen Dorfbewohner, denen die Dreistigkeit der Jugendlichen allmählich auf die Nerven ging, war sie ein Ansporn, sich endlich zu wehren. Die Klagen der eingeschüchterten Händler, die von den Schülern gezwungen worden waren, ihre Läden zu schließen, taten ein übriges, und bald schickte das Dorf eine Abordnung nach der anderen nach Gorkha, um die Behörden zu bewegen, doch endlich einen Polizeiposten einzurichten und Recht und Ordnung wiederherzustellen. Sogar der *Pradhan Panch* ermannte sich und führte persönlich mehrere dieser Abordnungen an. Die Wellen schlugen hoch.

Sie schlugen auch in unserem Krankenhaus hoch. Wir erwischten unseren Unruhestifter Nummer eins, den kommunistischen Buchhalter, bei einer kleinen Veruntreuung und kündigten ihm. Wir versprachen ihm, die Sache niemandem weiterzuerzählen, wenn er sich ruhig verhielt; sollte er jedoch versuchen, sich zu rächen, würden wir ihn sofort der Polizei melden. Es war ein riskanter Schritt, und wir mußten damit rechnen, daß unser Ex-Buchhalter sich über seine diversen Freunde und Genossen indirekt an uns rächen würde.

Es waren hektische Wochen. Rein in den Operationsraum: Ein Blinddarm muß raus. Raus in den Flur, Termin mit der Polizei. Wieder zurück, einen Knochen schienen. Schnell ins Büro, den Buchhalter feuern. Visite bei den stationären Patienten. Diskussion mit einer Protestabordnung, die kostenlose Medikamente fordert. Wieder in den Operationsraum, dann Verhandlungen mit einem Beamten aus Gorkha. Und so weiter. Um meine Freuden abzurunden, machte just in dieser Zeit mein Operationsassistent Dom Bahadur seinen Ausflug nach Saudi-Arabien. Und immer noch ein Monat bis zum Beginn des Monsuns. Erst wenn der Regen kam, konnten wir aufatmen, dann wurden die Patienten weniger, dann begannen auch die Schulferien, und die jungen Weltverbesserer würden sich auf den Reisfeldern nützlich machen und erheblich schwerer zu Aktionen zusammenzutrommeln sein.

Ungefähr in der Mitte dieses Trubels besuchte uns der Distriktoffizier der Polizeistation in Gorkha, der den Berichten über die Unruhen in Amp Pipal auf den Grund gehen wollte. Er kam zwar nicht unangemeldet, aber einen Tag zu früh, so daß ich gerade in der Bauchhöhle eines Nierensteinpatienten herumarbeitete, als er im Krankenhaus vorsprach. Helen bewirtete ihn in ihrem Haus, bis ich mit der Operation fertig war. Er war ein ruhiger, höflicher Mann. Er versicherte uns, daß die Lage unter Kontrolle sei; die Regierung habe seit dem Referendum ihre Stellung immer mehr konsolidieren können und werde demnächst Maßnahmen gegen die revoltierenden Schüler ergreifen und mit den Rädelsführern abrechnen. Aber einen Polizeiposten in Amp Pipal einzurichten, sei leider immer noch nicht möglich, es fehle nach wie vor an allen Ecken und Enden an Personal. Er würde jedoch dafür sorgen, daß in gewissen Abständen ein „Beamter in Zivil" unser Dorf besuchte und nach dem Rechten sah. Im Notfall sollten wir uns bitte an Thadipokhari wenden, wie bisher auch.

Drei Tage nach dem Besuch des Distriktoffiziers kam der Beamte in Zivil, schön unauffällig mit knallbunter Schirmmütze und rosa Hemd, und fragte, ob wir irgendwelche Probleme hätten. Ich sagte ihm, daß in den letzten Tagen nichts Besonderes vorgefallen sei, worauf er um eine schriftliche Bestätigung seines Besuches bat und wieder zurück nach Thadipokhari lief.

Gleich am nächsten Tag erfuhren wir aus zuverlässigen Quellen, daß die Kommunisten in unser Büro einbrechen wollten, um an Geld für Waffenkäufe zu kommen. Wir baten die Polizei in Thadipokhari um Hilfe, und man schickte uns auch sofort einen Beamten. Da er keine Einbrecher sehen konnte, wollte er gleich am nächsten Morgen wieder gehen, und es bedurfte unserer ganzen Überredungskunst, um ihn dazu zu bewegen, mehrere Tage zu bleiben. Viel gewonnen hatten wir damit nicht, denn das Dilemma war klar: Die Einbrecher brauchten nur zu warten, bis der Polizist wieder weg war, und konnten dann nach Belieben zuschlagen.

Wenn die Polizei uns nicht schützen konnte, mußten wir uns selbst schützen. Und wir beschlossen, einen privaten Wachmann einzustellen, der von fünf Uhr nachmittags bis Mitternacht seinen Dienst haben und anschließend auf dem Fußboden des Büroeingangs schlafen würde, direkt unter dem Safe und mit einem *Kukri* (dem säbelartigen Messer der Gurkhas) griffbereit an seiner Seite.

Zum Zeichen seiner Amtswürde und damit er wie ein „richtiger“ Wächter aussah, würde er meine alte Armeeuniform (ohne die Rangabzeichen) tragen. Einigen unserer Missionarinnen war der Gedanke an diese martialische Mannsperson gar nicht geheuer, aber diesmal setzten die Männer im Team sich durch.

Wir baten den Polizisten, noch zu bleiben, bis der Wachmann seinen Dienst aufnahm. Der Polizist versprach es, aber nur mit sichtlichem Widerwillen, was verständlich war, denn in dem Zimmer, das wir ihm zum Schlafen gegeben hatten, waren Wanzen. Wir hatten ein Einsehen und ließen ihn im Bibelstundenraum schlafen. Nach ein paar Tagen mußten wir jedoch feststellen, daß unser Agitator Nummer zwei (seit dem unfreiwilligen Fortgang des Buchhalters sogar Nummer eins) ebenfalls im Bibelstundenraum schlief. So viel Bürgernähe ging uns zu weit, der Gedanke, daß womöglich aus dem gemeinsamen Nachtquartier eine gemeinsame Gesinnung werden könnte, war ausgesprochen unangenehm, und so quartierten wir den Agitator aus. Aber am Abend kam der Polizist zu mir in unser Haus und sagte, er habe Angst, allein zu schlafen; ob nicht bitte sein Freund wieder bei ihm schlafen könne. Was sollte ich machen? Ich gewährte ihm seine Bitte. Dann zeigte er mir seine Taschenlampe und bat um zwei Batterien. Ich gab sie ihm. Man tut fast alles für einen zufriedenen Nachtwächter.

Ich hoffte nur, daß der neue Wächter keine Angst davor hatte, allein zu schlafen. Unter dem Safe reichte der Platz nur für eine Person.

Tila Kumari

Trotz gelegentlicher Pannen ist unsere chirurgische Praxis im Laufe der Jahre stetig gewachsen. Immer mehr Menschen vertrauen darauf, daß wir sie gesund machen können. Bis zu vier Tagereisen legen sie zurück, um sich von uns untersuchen und operieren zu lassen. Wir freuen uns über dieses Vertrauen, und sicher sind wir auch ein wenig stolz darauf.

Besonders eine Operation ist sehr beliebt: die vaginale Hysterektomie, also die operative Beseitigung des Gebärmuttervorfalls. Beim Gebärmuttervorfall – er trifft vor allem Frauen, die mehrere Kinder geboren haben – sackt die Gebärmutter durch die Scheide nach unten durch, bis sie schließlich buchstäblich zwischen den Beinen hängt. Sie kann dabei die Größe einer Melone erreichen und ist oft wund, blutig und eitrig. Die Patientin kann jedoch durchaus noch ihrer alltäglichen Hausarbeit nachgehen, und der durchschnittliche Ehemann in unseren Bergen fühlt sich daher nicht besonders gedrängt, eine Operation zu bezahlen, damit seine Frau gesund wird; sie kann ja noch arbeiten, und das ist die Hauptsache.

Vor einigen Jahren konnten wir jedoch dank der Großzügigkeit einiger Missionsfreunde in der Heimat einen kleinen Sonderfonds zur Finanzierung dieser Operationen einrichten, so daß wir sie fortan kostenlos anbieten konnten. Das änderte die Sache; jetzt brachten immer mehr Männer ihre Frau zu uns, und innerhalb von drei Jahren konnten wir nicht weniger als neunundvierzig Patientinnen mit gutem Erfolg operieren.

Die fünfzigste Patientin wurde vom Chefarzt des staatlichen Krankenhauses in Gorkha an uns überwiesen. Sie hieß Tila Kumari und gehörte zu einer der ersten Familien des Distrikts. Ihr Ehemann war Bankier, die drei Söhne hatten hohe Positionen in der Distriktregierung. Sie brachte ihre Tochter Soma mit, die Hilfsschwester im Krankenhaus in Gorkha war und ihre Mutter persönlich pflegen wollte. Sie war ein attraktives und wohlerzogenes Mädchen und sehr aufmerksam und lieb zu ihrer Mutter, wie die meisten nepalischen Töchter, aber etwas überängstlich: Würde auch bestimmt nichts schiefgehen bei dieser Operation?

Ich beeilte mich, ihr zu versichern, daß die Operation stets ein voller Erfolg gewesen war und es noch nie eine Komplikation gegeben hatte. Die Mutter stellte die üblichen Fragen: Wie lange muß ich im Krankenhaus bleiben? Werde ich nach der Operation arbeiten können? Was kann ich nach der Operation essen? Mutter wie Tochter schienen mit meinen Antworten zufrieden zu sein, es klang wohl alles so, wie sie es sich vorgestellt hatten. Wir gaben ihnen das eine unserer beiden Zimmer für Privatpatienten.

Drei Tage später operierte ich Tila Kumari. Soma fragte mich, ob sie zuschauen dürfe, und ich erlaubte es ihr gern. Es ging alles glatt. Soma war sehr beeindruckt, vor allem von den vielen glänzenden Instrumenten aus den Beständen der amerikanischen Armee. „Das ist doch praktischer hier, als wenn wir bis nach Kathmandu gefahren wären", meinte sie.

Ich erklärte Soma alles, was ich tat, und beantwortete alle ihre Fragen. Als wir ihre Mutter wieder aus dem Operationsraum hinausschoben, sagte sie: „Vielen, vielen Dank, Doktor. Meine Mutter und ich sind ja so froh, daß wir zu Ihnen gekommen sind. Sie werden doch heute abend kommen und nach ihr sehen, nicht wahr?"

„Ja", antwortete ich, „ich komme heute abend vorbei." Dann ging ich in die Ambulanz, wo die übliche Patientenschlange auf mich wartete.

Die Ruhe währte nicht lange. Kaum hatte die Rückenmarksnarkose aufgehört zu wirken, da begann die Mutter über heftige Schmerzen zu klagen, und ihre Tochter wollte sofort wissen, was denn um alles in der Welt schiefgegangen war. Ich sagte ihnen, daß Schmerzen etwas völlig Normales nach einer Operation und überhaupt kein Grund zur Besorgnis waren, aber sie wollten sich nicht beruhigen lassen.

Während der Nacht riefen sie alle fünf Minuten nach der Nachtschwester. Der nächste Tag war nicht viel besser. Dabei war der Zustand der Patientin eigentlich völlig normal – bis auf ihre Angst. Es war schwer zu sagen, wer sich am meisten aufregte: die Mutter oder die Tochter; klar war jedenfalls, daß sie sich mit ihrer Angst gegenseitig ansteckten.

Die nächsten drei Tage waren eine einzige Geduldsprobe für unsere Schwestern. Nichts machten sie Tila Kumari und ihrer Tochter gut genug. Andere Verwandte kamen zu Besuch, und jeder wollte dringend den Doktor sprechen, um sich genauestens über den Zustand der Patientin aufklären zu lassen. Als sich zeigte, daß der Doktor die Lage ganz anders sah als Mutter und Tochter, schickte man prompt einen der Verwandten nach Hause, um Verstärkung zu holen, darunter auch den Ehemann, der sich bisher noch nicht hatte blicken lassen. Einer der Söhne präsentierte mir einen Brief von dem Chefarzt des staatlichen Krankenhauses, in welchem dieser um einen Bericht bat. Und die ganze Zeit ging es der Patientin völlig normal.

Am vierten Tag nach der Operation bekam sie Fieber. Soma wußte nicht mehr wohin vor Aufregung, und die Mutter wollte am liebsten sterben. Ich untersuchte sie sorgfältig, konnte aber keine Ursache für das Fieber finden. Ich beruhigte die Familie so gut es ging; besonders überzeugend wird es nicht geklungen haben.

Das Fieber wollte nicht zurückgehen. Der Bauch der Patientin schwoll an, und sie hatte keinen Appetit mehr. Offensichtlich hatte sich die Operationswunde entzündet. An und für sich war auch das nichts Besonderes, solche Entzündungen gingen gewöhnlich rasch wieder zurück, aber ich begann doch, mir Sorgen zu machen. Wenn ausgerechnet diese Frau eine ernsthafte Komplikation bekam und wochenlang im Krankenhaus bleiben mußte – nicht auszudenken!

Ich hatte Soma gesagt, daß ihre Mutter am siebten oder achten Tag nach der Operation wieder nach Hause gehen könne. Jetzt war es der siebte Tag. Ich versuchte tapfer, mir meine Besorgnis nicht anmerken zu lassen und so zu tun, als ginge alles nach Plan. Alle paar Stunden versicherte ich Tila Kumari und ihrer Familie – und mir selbst –, daß das Fieber ganz bestimmt am nächsten Tag vorbei sein werde, nein, keine Angst, wir schaffen das schon ...

Der achte Tag kam, und es ging der Patientin besser, das Fieber hatte nachgelassen. Ich atmete auf. Na bitte, es war doch alles in bester Ordnung, so ein bißchen Fieber hatte noch niemanden umgebracht, aber bei so einer Prestige-Patientin war man halt etwas nervöser als sonst ...

Am neunten Tag ging es Tila Kumari noch besser. Zum ersten Mal seit der Operation bereitete mir der Gedanke, mit Soma und den anderen Verwandten zu sprechen, keine Magenschmerzen mehr. Tila Kumari fühlte sich nicht mehr sterbenskrank, im Gegenteil, sie fragte mich, wann wir sie entlassen würden.

„Na, sagen wir, in zwei oder drei Tagen“, antwortete ich. „Bei Ihnen hat es ein wenig länger gedauert als sonst.“ Es klang fast so, als ob es ihre Schuld war. In Gedanken schrieb ich schon den Brief an den Chefarzt in Gorkha. Ich überlegte, wie ich ihm am unverfänglichsten erklären konnte, warum wir seine Patientin so lange bei uns behalten hatten.

Am zehnten Tag war das Fieber völlig verschwunden, und Mutter und Tochter empfingen mich mit lächelnden Gesichtern. Ich untersuchte die Narbe noch einmal, um sicherzugehen, daß die Entzündung auch wirklich ausgeheilt war. Die Narbe fühlte sich noch etwas geschwollen und wund an, sah aber viel besser aus als noch vor ein paar Tagen. „Es ist alles in Ordnung", sagte ich, „übermorgen können Sie nach Hause gehen."

Eine halbe Stunde später ging ich gerade durch den Warteraum der ambulanten Patienten, als mich plötzlich jemand am Arm packte. Es war Soma. „Meine Mutter hat Schüttelfrost und vierzig Grad Fieber", stammelte sie, „bitte kommen Sie, schnell!"

Ich folgte ihr ins Zimmer ihrer Mutter. Jawohl, Tila Kumari lag im Schüttelfrost. Bei der Untersuchung mußten wohl neue Bakterien ins Blut gekommen sein. Auch das kam des öfteren vor, und auch solche Fieberanfälle gingen meist nach kurzer Zeit wieder zurück. Aber mir wurde doch anders zumute. Vor einer halben Stunde hatte ich diese Frau doch für geheilt erklärt!

Wieder versuchte ich, die Familie zu beruhigen: „Es ist weiter nichts Ernstes. Das kommt nur von der Untersuchung vorhin und geht bestimmt wieder vorüber, so etwas kann schon einmal vorkommen."

Ich mußte an diesem Tag eine schwere Operation durchführen, die mehrere Stunden dauerte. Während ich im Operationsraum war, verschlechterte sich Tila Kumaris Zustand mit beängstigender Geschwindigkeit. Bald war sie kaum noch bei Bewußtsein. Ihr Fieber stieg und stieg. Soma lief schreiend und weinend durch die Gänge, bat jeden um Hilfe und wußte sich nicht mehr zu lassen vor Angst.

Sofort nach der Operation ging ich zu Tila Kumari. Ich erschrak, als ich sie sah. Sie war bewußtlos und reagierte auf nichts, ihr Puls und Atem gingen hastig und flach. Sie hatte einen septischen Schock, die schlimmste Komplikation, die es bei Infektionen gibt. Ihr Körper war dabei, unter dem Ansturm der Bakterien zusammenzubrechen. Die furchtbare Wahrheit traf mich wie ein Faustschlag: Dies war nicht mehr ein harmloses Wehwehchen, dies war ein Kampf auf Leben und Tod!

Die Verwandten – es waren noch mehr da als sonst – weinten, schrien, fragten und schimpften durcheinander, daß mir fast schwindlig werden wollte. Wir gaben Tila Kumari sofort Infusionen und starke Medikamente. Es war ein heilloses Durcheinander, aber irgendwie schafften wir es. Jetzt konnten wir nur noch abwarten. Und beten. Tila Kumaris Familie hatte uns das Leben recht schwer gemacht in den letzten Tagen, aber dies hier – nein, das hatte sie nicht verdient. Eine ansonsten gesunde Frau war zu einer Routineoperation in unser Krankenhaus gekommen – und jetzt das.

Gegen Abend ging es Tila Kumari etwas besser. Bevor ich schlafen ging, sah ich noch einmal nach ihr. Es war leiser geworden in ihrem Zimmer, die meisten der Verwandten waren in die Teehäuser im Dorf gegangen, um dort zu übernachten. Ich wies die Nachtschwester an, mich sofort zu rufen, falls der Zustand der Patientin sich wieder verschlimmerte.

Ich war mehr als müde an diesem Abend, die letzten beiden Wochen waren so vollgestopft mit Arbeit gewesen wie noch nie zuvor. Bis zu fünfundsechzig Patienten drängten sich in unserer Vierzig-Betten-Klinik, viele schliefen auf Bänken, Strohmatten, ja auf dem blanken Fußboden. Dr. Helen Huston war auf Urlaub, und just an diesem Tag hatte es auch noch den Streik gegen unseren Labortechniker Tony gegeben. Ob Cynthia und ich jetzt endlich einmal unsere sauer verdiente Nachtruhe bekämen?

Wir bekamen sie nicht. Um zwei Uhr morgens kam das vertraute Klopfen an der Hintertür. Es war der Nachtfeger. Wir wachten beide auf, wie immer. Wer wurde diesmal verlangt? Natürlich, ich. Tila Kumari. Ich folgte dem Feger die drei Minuten durch die Dunkelheit zur Klinik.

Tila Kumari war dem Tode nahe. Ich schrieb rasch ein neues Rezept, aber ich schrieb es ohne Hoffnung, ich spürte: Es war zu spät. Ich wollte mit den Verwandten beten, aber ich hatte keine Kraft dazu. Für sie konnte es doch nur lächerlich sein, diesen merkwürdigen weißen Gott ausgerechnet *jetzt* um Hilfe zu bitten, jetzt, wo alles verloren war. Wo war er denn vorher gewesen? Warum hatte er seinem Doktor nicht geholfen, es gar nicht erst so weit kommen zu lassen?

Soma rang hilflos die Hände, in ihren rotumrandeten Augen brannte die Bitterkeit. „Was haben Sie nur mit meiner Mutter gemacht, warum haben Sie sie nicht richtig operiert?“

Ich wußte nicht, was ich antworten sollte.

„Hätten wir sie doch nur in ein richtiges Krankenhaus gebracht, dann wäre das nicht passiert!“

Ich schwieg.

Ihre Stimme wurde immer zorniger. Sie schleuderte mir die bittersten Vorwürfe ins Gesicht, und dann stieß sie hervor: „So eine miese Pflege und so schlechte Schwestern habe ich in meinem ganzen Leben noch nicht gesehen!“

Jetzt konnte ich nicht mehr schweigen. Drei unserer Schwestern waren mit uns im Zimmer: die Nachtschwester und zwei gläubige Hilfsschwestern, die ihren Schlaf geopfert hatten, um Tila Kumari zu pflegen, und die in die gleiche Schwesternklasse gegangen waren wie Soma. Ich sah Soma streng an und sagte: „Hör endlich auf, Dinge zu sagen, die nicht stimmen. Ich habe noch keinen Patienten erlebt, der mehr Liebe und Pflege und Gebete bekommen hat als deine Mutter. Du solltest dich schämen!“

Einen Augenblick lang starrte sie mich an. Dann brach sie in Tränen aus. Sie kam zu mir, faßte mich an der Schulter und bat mich hemmungslos schluchzend um Vergebung.

„Können Sie denn gar nichts mehr für meine Mutter tun?“ fragte sie schließlich.

„Nein“, antwortete ich, „nur Gott kann sie retten.“

„Dann beten Sie bitte jetzt zu Ihrem Gott, daß er sie heilt.“

„Ja, bitte, beten Sie mit uns“, kam die Stimme von Somas Vater. Er war der einzige andere Verwandte im Zimmer und hatte die ganze Zeit still und unbeweglich in einer Ecke im Schatten der schwachen Kerosinlampe gestanden. Ich hatte ihn bisher kaum wahrgenommen.

Ich begann zu beten. Ich bin kein Mensch, dem Gebete leicht von der Zunge kommen, und mein Nepali war nicht fehlerfrei, aber dergleichen Dinge spielen bei Gott zum Glück keine Rolle. Ein größeres Problem war da schon, daß ich kaum glauben konnte, daß Gott mich erhören würde. Für den Mediziner in mir war meine Bitte um Heilung absurd, jemand wie Tila Kumari *konnte* nicht mehr über den Berg kommen. Aber ich sprach die Bitte aus, und ich meinte sie ernst. Ich betete weiter. Ich erwähnte, daß Gottes Liebe immer da war, auch jetzt, in dieser Not – aber mußte das nicht absurd klingen für Soma und ihren Vater? Ich betete, daß, was auch geschehen mochte, Gott sich dieser Familie zeigen möge, zu seiner Ehre. Ich betete noch viel mehr, aber ich kann mich nicht mehr an alles erinnern.

„Jetzt ist es in Gottes Hand“, sagte ich, als ich fertig war. Ich drehte mich um und ging aus dem Zimmer.

Am Morgen ging es Tila Kumari viel besser, und den ganzen Tag ging es weiter aufwärts mit ihr. Wir beteten weiter für sie, und wir taten es mit wachsendem Vertrauen und Dank. Die Verwandten hörten auf, uns mit Klagen in den Ohren zu liegen, und schienen für alles, was wir taten, dankbar zu sein. Da in der Ambulanz noch mehr zu tun war als sonst, konnte ich nur in der Mittagspause einmal kurz nach Tila Kumari sehen. Als ich am Abend wieder in ihr Zimmer kam, lächelte sie und fragte mich: „Werde ich wieder gesund?“

„Ja“, antwortete ich, „Sie werden wieder gesund.“

Sie war am Rande des Todes gewesen. Aber Gott hatte ein Wunder getan. Selbst wenn man nicht an Wunder glaubte – die Heilung war eine Tatsache. Meine Erleichterung läßt sich kaum beschreiben. Nicht auszudenken, was es für den Ruf unseres Krankenhauses bedeutet hätte, wenn Tila Kumari gestorben wäre! Mir brach der kalte Schweiß aus, wenn ich mir vorstellte, wie es überall raunte und tuschelte in der Distrikthauptstadt, straßauf, straßab: „Tila Kumari ist wegen einer harmlosen Operation ins Missionshospital gegangen und dort gestorben.“ Tila Kumari war meine wichtigste Patientin, wenn einer nicht sterben durfte, dann war es sie. Aber jetzt schien es gerade so, als wolle Gott mir sagen: „Dies ist mein Patient, nicht deiner. Alle deine Patienten gehören eigentlich mir. Du bist nur mein Assistent, sonst nichts.“

Mitten in der Nacht weckte mich ein lautes Klopfen auf. Ich ahnte das Schlimmste. Ich tastete nach meiner Taschenlampe, schlüpfte in meine Sandalen und ging zur Tür. Draußen war niemand. Da war das Klopfen wieder – über mir. Die Ratten auf dem Dachboden! Es war nicht das erste Mal, daß wir ihren Lärm mit der Hintertür verwechselten, sie weckten uns oft auf. Gewöhnlich war ich wütend auf die Störenfriede. Diesmal hätte ich sie fast umarmen mögen.

Zurück ins Bett, zurück ins Reich der Träume.

Dann klopfte es wieder, und diesmal war es echt. Ich stolperte zur Hintertür. Der Nachtfeger stand draußen und meldete mir, daß es meiner Patientin sehr schlecht gehe und ich bitte sofort kommen solle.

Als ich ihr Zimmer betrat, richtete sich über ein Dutzend finsterer, bitterer Augenpaare auf mich. Die halbe Verwandtschaft stand um das Bett herum; ich wußte gar nicht, woher sie so schnell alle gekommen waren.

Die Patientin lag im Sterben. Es war endgültig zu spät. Niemand sagte ein Wort. Wir standen schweigend da, jeder in seine eigenen Gedanken versunken, und starrten auf das Bett.

Eine Stunde später war Tila Kumari tot.

Maya Gurseni

Auf dem schmalen, steinigen Pfad gingen sechs Männer. Sie gingen langsam und vorsichtig, der Gipfel des Liglig lag in eine dichte Wolke gehüllt, die wie eine grauweiße Nebelwand vor ihnen stand. Es war Abend und mitten in der Monsunzeit; ein nasser, dämpfiger Augusttag lag hinter den Wanderern. Seit zwei Tagen waren sie unterwegs. Da schimmerte ein Licht durch den Nebel vor ihnen, jetzt noch eines. Die erleuchteten Fenster des Hospitals. Endlich.

Zwei der Männer trugen eine lange, schwere Stange auf ihren Schultern, an der eine primitive Hängematte befestigt war. In der Matte lag eine fünfunddreißig Jahre alte Frau. Sie hieß Maya Gurseni und lag seit sechs Tagen in den Wehen. Vor ihr gingen ihr Mann und dessen Bruder, die Nachhut bildeten die beiden Ersatzträger, die von Zeit zu Zeit die anderen ablösten.

Es war ihr erster Besuch in unserem Krankenhaus. Man hatte sie davor gewarnt, hatte ihrem Mann geraten, lieber den Priestern und Dorfdoktoren zu vertrauen, die schon alles zum Besten wenden würden, wenn man ihnen nur genügend Geld nebst Ziegen und Hühnern für die erforderlichen Opfer gab. Aber als der vierte Tag der Wehen kam und seine Frau „viele Handvoll" Blut verlor, beschloß er, nicht länger auf seine Nachbarn, Dorfältesten und Priester zu hören. Maya Gurseni hatte ihm zwei Töchter geboren; zwei Söhne waren bei der Geburt gestorben. Er sehnte sich sehr nach einem Sohn; jetzt allerdings würde er schon glücklich und zufrieden sein, wenn er nur seine Frau retten konnte.

In seinem Dorf hatte man wenig Verständnis für seine Entscheidung. Wie konnte er es wagen, das heilige Wissen der Priester und die jahrhundertealten Überlieferungen der Weisen zu verachten? Die Priester prophezeiten ihm, daß die Götter ihn bestrafen würden, und seine Frau dazu. Seine Freunde spotteten. Dann das Geld: Vierhundert Rupien mußte er den Trägern bezahlen, um seine Frau überhaupt ins Krankenhaus zu bringen. Vierhundert Rupien – so viel wie man in zwei Monaten harter Arbeit verdiente, wenn man denn Arbeit fand und wenn man nicht jeden Pfennig seines Lohnes für den täglichen Reis ausgeben mußte. Und was würde mit seiner Frau passieren in diesem unheimlichen ausländischen Krankenhaus? Vor einem Jahr war ein Bekannter, von der anderen Seite des Flusses, dorthin gegangen und gestorben.

Aber das Krankenhaus war seine letzte Karte im Kampf um das Leben seiner Frau, das spürte er, und er hatte beschlossen, alles auf sie zu setzen. Und jetzt waren sie also da. Sie stolperten müde an dem Generatorschuppen vorbei; sein dumpfes Gedröhn klang fremd und bedrohlich. Sie betraten das Hospital und mußten die Augen zusammenkneifen vor dem viel zu hellen Schein der elektrischen Lampen; bis auf den Ehemann hatte noch keiner von ihnen eine Glühbirne gesehen. Aber die anderen Patienten und ihre Verwandten sahen ganz normal aus, und das zufriedene Glucken zweier Hühner unter einem der Betten im Hauptkorridor zeigte ihnen vollends, daß sie immer noch in Nepal waren.

Die nepalische Hilfsschwester, die sie empfing, sah sofort, daß die neue Patientin ein *Sutkeri* (Entbindungsfall) war, und brachte die kleine Gruppe in die Entbindungsstation. Sie untersuchte die Patientin kurz und rief dann die nepalische Hauptschwester. Die Hauptschwester wiederholte die Untersuchung und ließ unsere norwegische Oberschwester kommen, Rigmor Hildershavn, die unsere Expertin in Entbindungsproblemen war und bis auf einen Kaiserschnitt so ziemlich alles beherrschte. Eine halbe Stunde später kam Rigmor mit ernstem Gesicht wieder in den Flur, ging zu dem uralten Telefon und wählte unsere „Nummer“: zweimal lang, einmal kurz. (Wir haben eine Art batteriebetriebenes Haustelefonsystem, das das Hospital mit den anderen Häusern der Mission verbindet.)

„Dr. Hale, ich habe hier einen ganz merkwürdigen Fall, eine Frau, die kurz vor der Geburt steht. Ihr ganzer Unterleib ist geschwollen, und auf der Gebärmutter sitzt irgend etwas, das so groß wie eine Pampelmuse ist. Es sieht sehr schlecht aus, sie hat viel Blut verloren und ist kreideweiß.“

„Ich komme sofort“, sagte ich. Und ich nahm meinen Regenschirm und ging zur Tür hinaus.

Es war in der Tat ein ungewöhnlicher Fall. Die Patientin hatte furchtbare Schmerzen, der Unterleib schien platzen zu wollen, die „Pampelmuse“ war inzwischen noch größer geworden. Ich zögerte nicht mit der Diagnose: Die Gebärmutter war entweder geplatzt oder stand kurz vor dem Platzen. Wenn ich nicht sofort einen Kaiserschnitt machte, war die Frau verloren.

Ich ging in den Flur, wo der Ehemann wartete. „Wir müssen deine Frau operieren und das Kind herausholen", sagte ich ihm.

Er schien nicht überrascht. „Was du tun mußt, das tu", sagte er. Er sagte es fest und ohne Zögern. Offenbar war er entschlossen, uns vollkommen zu vertrauen.

„Gut", sagte ich. „Aber zuerst müssen wir deiner Frau Blut geben."

„Blut?"

„Ja. Wir können sie nicht operieren, wenn wir ihr nicht mindestens zwei *Manas* [gut einen Liter] Blut gegeben haben."

„Zwei Manas?" Er rechnete. Das war ja wohl das gesamte Blut eines erwachsenen Menschen? Erst vor einem Monat hatte man in seinem Dorf ein großes Schwein geschlachtet und sein Blut in einem Becken aufgefangen. Es waren zwei Manas gewesen, und noch mehr konnte ein Mensch ja wohl kaum haben ...

„Wir nehmen nur ein Mana pro Person", versicherte ich ihm. Und ich erklärte, daß zuerst die Verwandten und Freunde der Patientin ihr Blut spenden sollten; wenn das nicht genug war oder sie nicht die richtige Blutgruppe hatten, würden unsere Angestellten einspringen.

Der Mann hatte sich fest vorgenommen, alles zu befolgen, was der ausländische Doktor sagen würde, aber einen halben Liter seines eigenen Blutes abgeben – nein, daran hatte er nicht gedacht. „Mein Blut geben kann ich nicht", sagte er, und seine Stimme wurde zusehends schwächer, „ich bin ja selbst nicht ganz gesund. Außerdem ist jetzt Pflanzzeit, da brauche ich alle meine Kraft zum Arbeiten."

Wir waren nicht allein auf dem Flur. Ein paar Meter entfernt hatten sich der Bruder des Ehemannes und die vier Träger aufgestellt und spitzten diskret die Ohren, und um sie herum drängten sich, neugierig und hilfsbereit, die Verwandten anderer Patienten.

„Ich kenne einen Mann, der sein Blut spendete und anschließend einen ganzen Monat im Bett liegen mußte", meldete sich ein hochgewachsener Brahmane mit griesgrämigem Gesicht, der vor drei oder vier Tagen seine geisteskranke Frau zu uns gebracht hatte und alles, was wir taten, mit der allergrößten Skepsis und Geringschätzung betrachtete.

„Sie nehmen mehr als ein Mana", warnte ein anderer.

„Aber wir können sie doch nicht einfach sterben lassen!" warf ein ernster junger Lehrer ein.

Der Kreis wurde größer, die Diskussion lebhafter. Schließlich drängte sich ein schmächtiger Mann mittleren Alters nach vorn und sprach ein Machtwort: „Ich habe vor ein paar Tagen Blut gespendet. Es ist mir nichts geschehen, und ich fühle mich stark und gesund."

Die Zweifler verstummten, und der Ehemann und sein Bruder erklärten sich bereit, Blut zu spenden. Wenn jetzt auch noch die vier Träger mitmachten, hatten wir gute Chancen, genügend Blut von der richtigen Gruppe zusammenzubekommen.

Aber die Träger waren spurlos verschwunden. Nun ja, sie waren dafür bezahlt worden, daß sie einen Kranken transportierten, von Blut war nicht die Rede gewesen.

Als nächstes mußten wir das Operationsteam zusammentrommeln. Es war schon nach sieben Uhr, und alle waren nach Hause gegangen. Wir mußten also unseren Feger vom Dienst losschicken, um die nötigen Helfer zu holen. An diesem Abend war der Nachtfeger unser alter nachtblinder Freund Prem Bahadur, der seine Aufgabe zuverlässig und ohne unnötige Hast erledigte.

Gut, daß wenigstens Prakash, unser gläubiger nepalischer Anästhesist, in der Nähe wohnte; so konnten wir gegen acht Uhr mit den Operationsvorbereitungen beginnen. Erst vor sechs Tagen hatten wir bei Prakashs Frau einen Kaiserschnitt vornehmen müssen, wegen vorzeitiger Lösung der Plazenta. Es war ihr erstes Kind, und es kam zwei Monate zu früh zur Welt und konnte nicht selbständig atmen. Wir versuchten, es durch künstliche Beatmung zu retten, und da Prakash am meisten Geschick im Einführen des Beatmungsschlauches hatte, mußte er sein eigenes Kind intubieren. Er schaffte es auch, aber seine Mühe und Selbstbeherrschung waren umsonst; zwei Stunden später starb das Kind. Aber ein Land wie Nepal gibt seinen Menschen wenig Zeit zum Trauern. Heute mußte Prakash schon den nächsten Kaiserschnitt vorbereiten. Würde es dieser Familie besser ergehen als seiner eigenen?

Eine Stunde, nachdem wir unseren alten Prem Bahadur in die Nacht geschickt hatten, kam endlich auch Lila Shrestha, der Labortechniker, an. Von Lila hing viel ab, denn ohne mindestens eine Bluttransfusion konnten wir die Operation nicht beginnen. Lila untersuchte zuerst das Blut der Patientin. Der Hämoglobinwert lag sechzig Prozent unter Normal. Maya Gursenis Mann, ihr Bruder, Cynthia, ich und noch ein oder zwei unserer gläubigen nepalischen Mitarbeiter begaben uns also ins Labor, um unser Blut zu spenden und mit Maya Gursenis Blut vergleichen zu lassen. Cynthia und ich gingen anschließend nach Hause, um rasch etwas zu essen, denn vor einer halben Stunde würde Lila mit seinen Analysen nicht fertig sein. Hoffentlich würde er durchhalten; er hatte seit einigen Stunden hohes Fieber und klagte über pochende Schmerzen in der Lebergegend. (Zwei Tage später lag er selbst im Krankenhaus – mit Hepatitis.)

Es zeigte sich, daß nur Maya Gursenis Mann und sein Bruder die passende Blutgruppe hatten. Wir begannen mit dem Ehemann, aber nach nur einem halben Liter machte er schlapp und wurde ohnmächtig. Seinem Bruder, der zugeschaut hatte, wurde es daraufhin anders zumute, und nur unter Aufbietung all unserer Überredungskunst konnten wir ihn dazu bewegen, wenigstens einen Viertelliter (ein halbes Mana) von seinem Blut zu geben.

Wir brauchten mehr Blut. Aber woher nehmen und nicht stehlen? Um zehn Uhr nachts einen Blutspender in Amp Pipal aufzutreiben, ist ungefähr so leicht, wie Kokospalmen in Grönland zu suchen. Aber da hatte Rigmor eine Idee: Warum gingen wir nicht in das Schwesternhaus neben dem Hospital und baten unsere sechs Hilfsschwestern um ihre Mitarbeit?

Die Idee war durchaus nicht so naheliegend, wie es dem unbefangenen Leser scheinen mag. Schon oft hatten wir unsere nepalischen Angestellten gebeten, Blut zu spenden – meist vergeblich, und Mädchen waren unter den wenigen Freiwilligen überhaupt keine gewesen. Um so überraschter und dankbarer waren wir daher, als tatsächlich alle sechs Hilfsschwestern müde, aber tapfer in das Labor kamen. Sie waren alle recht vollschlank für nepalische Begriffe, und die beiden mit der passenden Blutgruppe waren natürlich die allerrundlichsten, mit entzückend winzigen Venen, die unter mehreren Schichten Fettgewebe begraben lagen. Lila konnte inzwischen kaum noch stehen vor Leberschmerzen, aber mit viel Suchen, Stechen und Geduld gelang es ihm, jeder der beiden jungen Damen fast einen halben Liter Blut abzuzapfen – genau soviel, wie wir dann für die Operation brauchten.

Ich kann mir bis heute nicht erklären, warum die Patientin die Operation überstand. Es war gerade so, als habe eine unsichtbare Hand die Blutungen gestillt. Fast ohne weiteren Blutverlust konnten wir die riesige nekrotische Gewebsmasse, die Reste der

Gebärmutter und das Kind, das seit ein paar Stunden tot war, aus dem Leib der Frau entfernen. Zwei Tage später konnte Maya Gurseni bereits wieder aufstehen und essen, als wenn nichts geschehen wäre. Ihre Temperatur stieg nie höher als 37,2 Grad, und schon am achten Tag nach der Operation war sie so weit wiederhergestellt, daß wir sie entlassen konnten.

Das einzige Problem war, wie sie nach Hause kommen sollte. Träger waren jetzt, in der Reispflanzzeit, schwer zu bekommen, und außerdem galt eine Geburt oder Fehlgeburt religiös als „unrein", so daß höchstens enge Freunde und Verwandte bereit waren, sich mit einer solchen Patientin abzugeben – es sei denn freilich, der Preis stimmte. Aber Maya Gursenis Mann hatte schon für den Transport zum Krankenhaus seine ganzen Ersparnisse geopfert. (Die Kosten für die Behandlung, insgesamt etwa vierzig Dollar, erließen wir ihm.) Es blieb ihm also nichts anderes übrig, als noch einige Tage in einem der Teeläden beim Krankenhaus zu bleiben, bis seine Frau kräftig genug war, um den langen Fußmarsch nach Hause zu überstehen. Sie waren vier Tage unterwegs.

Vor der Entlassung sprach ich mehrere Male mit Maya Gurseni und ihrem Mann über den großen, einen Gott und versuchte ihnen zu zeigen, daß er ihr das Leben gerettet hatte. Sie lächelte jedesmal und sagte: „Du bist wie ein Gott für uns, du bist unser *Bhagwaan*."

„Nein", antwortete ich dann, „ich bin nur Gottes Helfer. Danke nicht mir, danke ihm."

Aber sie konnte nur wiederholen: „Du bist unser *Bhagwaan*." Sie schien nicht begreifen zu können, daß es über der bunten Götterwelt des Hinduismus noch etwas Höheres geben konnte – den einen, wahren Schöpfergott. Ihr genügte es offenbar, ihren vorhandenen Götterhimmel um die Ärzte und Schwestern des Missionshospitals Amp Pipal zu bereichern.

Wir werden Maya Gurseni und ihren Mann wahrscheinlich nie wiedersehen. Wir können nur hoffen und beten, daß sie etwas von der Liebe und Realität Gottes in uns gesehen haben und daß sie ihn eines Tages erkennen und anbeten werden. Denn wofür sonst hat er sie vom sicheren Tod errettet?

Shaktaman Ghale

Eines der Gesichter, die mit neugierigem Staunen zuschauten, wie Maya Gurseni ins Krankenhaus gebracht wurde, gehörte einem zwölfjährigen Jungen. Er hieß Shaktaman Ghale und war vor einem Monat bei uns eingeliefert worden, mit schwerer Lungen- und Bauchtuberkulose. Aber schon nach zwei Wochen Behandlung hatte ihn das Leben wiedergehabt, und jetzt war der aufgeweckte, fast immer fröhliche Junge einer der Lieblinge der Klinik.

Er kam aus Barpak, einem zwei Tagemärsche nördlich von Amp Pipal gelegenen Dorf, und seine Familie war relativ wohlhabend. Aber dann, vor etwa vier Monaten, hatte seine Mutter furchtbare Hustenanfälle bekommen. Sie würgte und keuchte, wurde blau im Gesicht und brachte immer wieder Blut hoch. Für die Nachbarn und Verwandten war der Fall klar: Shaktamans Mutter hatte sich den Zorn einer Hexe zugezogen, und zwar einer offenbar sehr mächtigen Hexe. Wer war diese Hexe? Warum hatte sie sich diese Frau als Opfer ausgesucht? Und wie konnte man ihren bösen Bann brechen? Hier konnte nur einer helfen: Der beste (und teuerste) *Jhankri* (Schamane) des Dorfes.

Man ging also zum Jhankri. Der tat sein möglichstes, die Rechnung kletterte auf die schwindelnde Höhe von fünfzehnhundert Rupien (für Shaktamans Vater der Lohn eines halben Jahres), aber die Heilung wollte nicht kommen. Dafür fing jetzt auch Shaktaman an zu husten; er bekam hohes Fieber, und sein Bauch schwoll an. Der Schamane verdoppelte seine Anstrengungen; immer mehr und immer größere Tieropfer verlangte er, immer komplizierter wurden die Beschwörungszeremonien. Aber nichts half. Mutter und Kind sahen dem sicheren Tod in die Augen. Da beschloß der verzweifelte Vater, einen letzten Versuch zu machen und sie in das ausländische Krankenhaus in Amp Pipal zu bringen. Vielleicht war der Gott, der dort wohnen sollte, mächtiger als diese verfluchte Hexe. Sicher sein konnte man natürlich nicht. Mehrere Bekannte aus Barpak, die auch diese Hustenkrankheit hatten, waren auch nach Amp Pipal gegangen, nur um ein paar Monate nach ihrer Rückkehr doch zu sterben. Shaktamans Vater wußte natürlich nicht, daß die Krankheit Tuberkulose hieß und daß seine Bekannten gestorben waren, weil sie ihre Medizin nicht mehr genommen hatten.

Die Reise von Barpak nach Amp Pipal ist keine Kleinigkeit, schon gar nicht in der Regenzeit. Sie beginnt mit einem abenteuerlichen Abstieg, der den Wanderer über eine endlose Folge steiler Serpentinen aus rutschigen Steinstufen und noch rutschigerem Schlamm über tausend Meter tief ins Tal des Darondi Khola bringt. Unten angekommen, folgt man zwanzig Kilometer weit dem reißenden Gebirgsfluß, den man mehrmals auf Brücken überqueren muß – Brücken freilich, die in der westlichen Welt kein technischer Überwachungsverein genehmigen würde. Die schönste von ihnen ist ein sogenanntes *Twing*, das heißt ein über den Fluß gespanntes Seil, an welchem ein Brett hängt, auf dem der Reisende Platz nimmt und sich anschließend buchstäblich über den Fluß zieht oder auch ziehen läßt. Am Ende der zwanzig Kilometer verläßt der Pfad den Fluß, steigt fünfzehnhundert Meter zu einem breiten Bergrücken hinauf, fällt auf der anderen Seite wieder nach unten, wiederholt das Spiel mit dem nächsten Berg und erreicht dann schließlich Amp Pipal und das Krankenhaus.

Shaktaman und seiner Mutter ging es schon bald besser. Die hohlen, teilnahmslosen Augen des Kindes füllten sich mit Leben und studierten alles, was sie sahen. Das Krankenbett wurde zur Schule. Shaktaman ließ sich erklären, was für eine Krankheit er hatte, und wollte wissen, welche Krankheiten es noch gab. Er sprach mit den anderen Patienten, und seine Welt weitete sich. Er war bisher noch nie aus seinem Heimatdorf herausgekommen, und jedes neue Gesicht, das er sah, war ein neues Abenteuer für ihn. Hier waren Menschen, die aus Dörfern und Städten kamen, von denen er noch nie gehört hatte und die genausogut am anderen Ende der Welt hätten liegen können – Menschen, die anders sprachen, sich anders kleideten, ja sogar andere Götter verehrten. Shaktamans Eltern waren keine Hindus, sondern halb Buddhisten, halb Animisten. Sie sprachen auch nicht Nepali, sondern Ghale, wie die meisten in ihrem Dorf. Gut, daß Shaktaman in der Schule Nepali gelernt hatte; so konnte er die Pfleger und die anderen Patienten gut verstehen.

Am allermerkwürdigsten für ihn waren die ausländischen Ärzte mit ihren unbegreiflich hellen Gesichtern und ihrer ständigen Eile. Aber merkwürdig oder nicht – mit Shaktaman und seiner Mutter ging es jedenfalls aufwärts. Vielleicht hatten diese Ausländer wirklich die bessere Medizin. Oder den stärkeren Gott. Oder lag es einfach daran, daß der Hexe die anstrengende Reise von Barpak nach Amp Pipal zuviel geworden war?

Shaktaman war zweieinhalb Wochen bei uns gewesen, da kam Cynthia, die ihn betreute, zu mir. „Mit dem Jungen stimmt etwas nicht", sagte sie. „Er hat Bauchschmerzen, und sein Unterleib schwillt wieder an. Schau du ihn dir doch mal an, vielleicht müssen wir ihn operieren." Ich untersuchte das Kind, fand aber, daß eine Operation nicht nötig war. Es war mir auch lieber so, denn wer konnte garantieren, daß Shaktaman in seinem geschwächten Zustand einen solchen Eingriff überstehen würde? Nein, es war klüger, erst einmal abzuwarten. Operiere nur, wenn du mußt – das ist eine der Grundregeln für Krankenhäuser in der Dritten Welt.

Ein paar Tage lang sah es so aus, als brauche Shaktaman tatsächlich keine Operation. Es ging ihm langsam wieder besser. Aber dann, zwei Tage nach der Notoperation bei Maya Gurseni, bekam er plötzlich furchtbare Bauchkrämpfe, die bald in einen allgemeinen Schockzustand übergingen. Diagnose: Generalisierte Bauchfellentzündung. Shaktaman war ein Todeskandidat, wenn – ja, wenn ich ihn nicht sofort operierte.

Es war Freitagnachmittag, kurz vor Dienstschluß. In einer Stunde würden unsere Mitarbeiter nach Hause gehen und erst am Sonntag, dem ersten Arbeitstag der nepalischen Woche, wiederkommen. Shaktamans Vater war am Donnerstag nach Barpak aufgebrochen, um Lebensmittel zu holen, und würde erst in vier Tagen wieder dasein. So lange konnte ich nicht warten; wenn ich Shaktaman operierte, mußte ich es sofort tun. Aber – sollte ich ihn überhaupt operieren? War es nicht schon zu spät? Sicher, ohne Operation würde er sterben – aber mit Operation wahrscheinlich auch. Und wenn es einen Ort gab, an dem ein Patient *nicht* sterben durfte, dann war es der Operationsraum. Was würde Shaktamans Vater sagen, wenn er bei seiner Rückkehr erfuhr, daß sein Sohn unter meinem Messer gestorben war? Was würden die Leute in Barpak sagen? Was würden die anderen Patienten denken, welche Horror-Geschichten würden sie in ihre Dörfer mitnehmen? Ein toter Patient auf dem Operationstisch konnte bedeuten, daß Hunderte andere Patienten gar nicht erst kamen. War es nicht sicherer, war es nicht klüger, Shaktaman einfach so sterben zu lassen, ohne Notoperation?

Aber ich wußte auch, daß diese Operation, so gefährlich sie auch sein mochte, Shaktamans einzige Chance war, dem sicheren Tod zu entrinnen. Die Chance war winzig, aber sie war da.

Was tun angesichts dieses Dilemmas? Am besten wohl das, was ich in einem solchen Fall immer tat: Ich würde der Familie die Alternativen darstellen und sie selbst die Entscheidung treffen lassen. Hier bestand die Familie zur Zeit nur aus zwei Personen: Shaktaman und seiner Mutter. Ich ließ also die Mutter holen.

Sie kam, noch blaß und mitgenommen von ihrer eigenen Krankheit, und hörte mir zu. Wie immer bei solchen Gesprächen, nahm ich kein Blatt vor den Mund und schilderte die Lage eher in dunklen als in rosigen Farben, um keine falschen Hoffnungen zu wecken. Die Mutter sagte kein Wort, nickte nur hin und wieder. Als ich fertig war mit meinen Erklärungen, fragte ich sie, ob sie mit der Operation einverstanden sei. Sie sah mich verwirrt an und murmelte etwas, das so klang wie: „Du sprechen mit meinem Sohn, ich nicht verstehen Nepali."

Sie hatte kein Wort verstanden. Natürlich, sie sprach ja nur Ghale, wie hatte ich etwas anderes erwarten können! Die meisten Frauen in den entlegeneren Gebieten Nepals sprechen nur den Dialekt ihres Dorfes; die nepalische Hochsprache – die Sprache der Politik, des Handels und auch der Medizin – ist Männersache.

Ich brauchte einen Dolmetscher. Sicher gab es irgendwo im Hospital jemanden, der Ghale konnte? Ich schickte meine Leute auf die Suche, aber umsonst. Wirklich zu dumm. Wie sollte ich mich dieser Frau nur verständlich machen? Da rief plötzlich eine helle, dünne Stimme aus der Station für Schwerkranke. „Doktor! Doktor! Was willst du meiner Mutter sagen? Sag es doch mir, dann kann ich es ihr weitersagen!"

Mir blieb wohl nichts anderes übrig, das Kind selbst mußte den Dolmetscher machen. Die Mutter wiederholte ihr „Du sprechen mit meinem Sohn". Ich zuckte resigniert die Achseln, ging auf Shaktamans Zimmer, setzte mich auf den Rand seines Bettes und bedeutete der Mutter, auf einem Schemel am Kopfende Platz zu nehmen. Mutter und Kind sahen sich an, dann mich. In ihren Augen standen Tränen. Shaktamans Gesicht war vor Schmerzen und Angst verzerrt, aber seine Augen waren hell und wach wie immer. Er hing am Tropf, aus seiner Nase hing ein langer roter Magenschlauch. Sein Atem ging kurz und keuchend. Seine Haut war fahl, und die dünnen Arme hätten einem Siebenjährigen gehören können. Das einzige Große an ihm war der grotesk aufgedunsene Bauch.

Ich räusperte mich und fing an. „Shaktaman, dein Darm hat Löcher, und wir müssen ihn wieder zusammennähen. Wir müssen dich operieren, heute abend."

Er starrte mich ungläubig an. Ich wiederholte meine Worte.

Diesmal verstand er. Er drehte seinen Kopf zu seiner Mutter hin und übersetzte, was ich gesagt hatte. Seine Stimme klang dünn, aber fest, es lag keine Spur von Erregung in ihr. Die Mutter schlug die Hände vor ihr Gesicht und begann leise zu schluchzen. Shaktaman drehte seinen Kopf zurück und sah mich fest an. Ich sollte weitersprechen.

„Die Operation ist sehr gefährlich", sagte ich, „es kann sein, daß du stirbst, vielleicht schon heute. Oder morgen."

Er übersetzte, ohne mit der Wimper zu zucken. Seine Mutter weinte laut auf und zitterte am ganzen Körper. Shaktaman runzelte die Stirn und sprach weiter zu ihr, es klang wie eine Zurechtweisung. Sie wurde langsam wieder ruhiger.

Lange Zeit sagte niemand von uns etwas. Dann fuhr ich fort: „Es gibt leider nur wenig Hoffnung, daß du die Operation überstehst. Vielleicht eins zu zwanzig – oder zu dreißig."

Seine Augen blickten mich ernst und unbewegt an. Er hatte mich verstanden. Wieder übersetzte er – leise, sachlich, völlig emotionslos, wie ein Dolmetscher im diplomatischen Dienst. Die Mutter blickte mich an, und auf ihrem Gesicht stand die unausgesprochene Frage: *Wir hatten uns so auf dich verlassen; wie kannst du uns das antun?* Ich kam mir wie ein Henker vor.

Ich wandte mich wieder Shaktaman zu und sagte: „Sage deiner Mutter, daß ich dich nur operieren kann, wenn sie es erlaubt."

Ich hoffte insgeheim, daß sie „nein" sagen würde. Oder sich wenigstens nicht entscheiden könnte. Ich hatte eine riesige Angst davor, dieses Kind zu operieren. Die Chancen, daß meine verzweifelte Rechnung aufging, waren gut. In Nepal werden alle wichtigen Entscheidungen vom Mann getroffen, die meisten Frauen sind es einfach nicht gewöhnt, selbständig zu handeln. Sicher würde Shaktamans Mutter die Operation nicht riskieren wollen.

Mutter und Sohn schwiegen eine ganze Weile, jeder war in seine eigenen Gedanken versunken. Dann sagte Shaktaman: „Mein Vater ist nach Hause gegangen, um Essen zu holen. Am besten warten wir, bis er wiederkommt."

„Wir können nicht warten", antwortete ich. Ich versuchte, genauso ruhig und sachlich zu klingen wie der Junge. „Bis dein Vater wiederkommt, bist du schon tot. Wenn wir dich nicht heute abend operieren, bist du morgen vielleicht schon tot."

„Wie lange muß ich denn nach der Operation noch im Krankenhaus bleiben?" fragte Shaktaman. Die Mutter, die stumm auf den Drainageschlauch blickte, durch den die dunkelgrüne Flüssigkeit aus dem Magen ihres Sohnes in die Saugflasche unter dem Bett gurgelte, schien er ganz vergessen zu haben. „Kann ich nach einer Woche wieder nach Hause – oder nach zwei?" Es war das verzweifelte Suchspiel des Schwerkranken, der die vernichtende Prognose des Arztes noch nicht fassen kann.

„Vielleicht in zwei Wochen", sagte ich. „Aber eher erst in drei oder vier." Oder sechs oder acht, aber das sagte ich nicht laut.

Wieder schwieg Shaktaman lange. Dann sagte er: „Ist die Operation sehr, sehr gefährlich?" Diesmal zitterte seine Stimme etwas. Er begann zu begreifen, daß es ja die ganze Zeit um *ihn* ging, daß der Arzt *seinen* Bauch aufschneiden würde, daß *er*, Shaktaman Ghale, möglicherweise nie mehr seinen Vater und sein Zuhause wiedersehen würde.

„Ja", antwortete ich. „Sie ist sehr, sehr gefährlich."

Er starrte lange an die Decke des Zimmers und dachte nach. Bei jeder kleinen Bewegung, jedem Räuspern, ja jedem Atemzug huschte ein Schatten über sein Gesicht. Er mußte furchtbare Schmerzen haben.

Dann drehte er sich wieder zu seiner Mutter und redete mit ihr, wohl zehn Minuten lang. Er konnte nur abgehackt sprechen, mußte immer wieder nach Luft ringen, aber die Worte kamen deutlich und ohne Zögern. Die Stimme war nach wie vor die eines Kindes, aber seine ernsten Augen und sein ganzes Gebaren zeigten, daß er jetzt die Stelle seines Vaters im Familienrat vertrat. Er war sozusagen der älteste Mann, er fällte die Entscheidung. Seine Mutter sagte in den ganzen zehn Minuten vielleicht drei Sätze. Als Shaktaman fertig war, drehte er seinen Kopf wieder in meine Richtung und sagte: „Meine Mutter und ich möchten, daß du mich operierst."

Jetzt war es an mir, zur Decke emporzustarren. „Bist du sicher … ich meine … du weißt, daß die Operation dir das Leben kosten kann?" Ich hoffte immer noch, daß sie es sich anders überlegen würden.

„Ja, ja das ist uns alles klar."

Ich war gefangen. Am liebsten hätte ich das ganze Gespräch ungeschehen gemacht. Aber dafür war es natürlich zu spät. Nun denn also.

Zum Glück hatte ich die Kollegen vom Operationsteam gebeten, etwas länger zu bleiben, so daß wir sie diesmal nicht erst umständlich zurück ins Krankenhaus zu holen brauchten. Prakash stand Äther bei Fuß, und eine Viertelstunde später war alles vorbereitet. Zwei Schwestern schoben Shaktaman in den Operationsraum.

Im Flur begegneten sie Megh Nath, unserem neuen nepalischen Einkäufer, der ein begeisterter junger Christ war. Als er hörte, daß wir Shaktaman operieren wollten, bat er mich, zuschauen zu dürfen; er hatte noch nie eine Operation erlebt. Ich sagte ihm, daß es wohl besser sei, wenn er für den Jungen betete, zum Zuschauen sei diese Operation zu schwer. Worauf Megh Nath meinte, daß er doch ohne weiteres gleichzeitig zuschauen und beten könne. Diese Logik war nicht zu widerlegen, und ich erlaubte ihm also, bei der Operation zuzusehen – allerdings aus der sicheren Entfernung des an den Operationsraum grenzenden Wasch- und Desinfektionszimmers.

Die Schwestern hoben Shaktaman auf den Operationstisch. Shaktaman lag stocksteif da, die Augen halb zusammengekniffen, Arme und Beine verspannt. *Ich will keine Angst haben,* schien sein Körper zu sagen, *ich will meinem Vater keine Schande bereiten.* Prakash senkte den Kopf, alle anderen – Christen, Hindus, Buddhisten – folgten der Geste, und dann betete er, wie vor jeder größeren Operation. „Herr, gib uns deine Weisheit für diese Operation. Hilf, daß wir sie gut machen. Beschütze du dieses Kind, das du uns hier anvertraust. Amen." Wir konnten anfangen.

Prakash drehte den Ätherhahn auf. Er war kein gelernter Anästhesiearzt, acht Jahre Schule und drei Monate Kurzausbildung im Krankenhaus waren alles, was er aufzuweisen hatte. Aber er war geschickter als mancher „richtige" Anästhesist. Ein paar Minuten nur, und Shaktaman schlief tief und fest. Die erste Hürde war genommen.

Saraswati, stolze 130 Zentimeter groß, etwas schwerhörig und Mutter von vier Kindern, war erste Assistentin und Desinfektionsschwester. Sie wusch den Bauch des Patienten und breitete dann zusammen mit mir die Operationstücher darüber. Ich war dankbar für diese Tücher; sie machen es dem Chirurgen einfacher, in die dicke Haut des nüchternen, kalten Profis zu schlüpfen, die so wesentlich für den Erfolg einer Operation ist. Ich nahm das Skalpell in die Hand. Im Waschraum spitzte Megh Nath Augen und Ohren. Prakash nickte kurz.

Ich machte einen zwanzig Zentimeter langen Schnitt durch die Haut und das Muskelgewebe der Bauchdecke. Dann schnitt ich vorsichtig eine winzige Öffnung in das Bauchfell. Kaum war ich durch, da schoß ein gelbgrüner Eiterstrahl hoch, verfehlte knapp die Operationslampe und löste sich kurz unter der Decke in einen häßlichen Sprühschleier auf, der in tausend kleinen Tropfen auf Saraswatis Schulter und Rücken herabregnete.

„Schüssel! Sauger! Schnell!" brüllte ich. Saraswati war erschreckt zur Seite gesprungen, ihr war eher nach einem Regenschirm zumute. Die Fontäne wollte nicht aufhören, die Narkose machte den Druck nur noch stärker. „Sauger!" schrie ich der Distriktschwester zu und verwünschte den Wolkenbruch, der gerade wie tausend Trommeln auf unser Wellblechdach herabpolterte und alles andere übertönte. „Saugen, saugen!" Saraswati hantierte mit der Spitze des Saugers. „Saugen!!" Ich fuchtelte wild mit den Armen. Endlich. Der Sauger steckte im Bauchfell, der Eiterstrahl hörte auf.

Der ganze Zwischenfall dauerte vielleicht zehn Sekunden, aber für Megh Nath waren es zehn Sekunden zuviel. Kaum sah er die Fontäne, da hechtete er in eine Ecke des Waschraums, vergrub den Kopf in die Arme und blieb bis zum Ende der Operation so liegen. Im Handumdrehen waren zwei Liter Eiter in der Saugflasche, und Shaktamans Atem wurde spürbar gleichmäßiger. Ich öffnete die Bauchdecke vollends und begann die eigentliche Operation.

Tuberkuloseknoten und Eitertaschen überall. So eine Bauchhöhle hatte ich im Leben noch nicht gesehen. Ein Abszeß nach dem anderen tauchte im Gewirr der Darmschlingen auf, jeden mußte ich aufschneiden. Bald tröpfelte überall helles Blut, das weiter unten zu häßlichen Lachen zusammenfloß. Es dauerte nicht lange, und Prakash mußte melden, daß der Blutdruck des Patienten fast nicht mehr zu messen war. Aber wo wollten wir zu dieser späten Stunde einen Blutspender herbekommen? Und wie die Blutgruppe bestimmen? Unser Labortechniker Lila lag gerade selbst im Krankenhaus mit seiner Hepatitis.

Aber halt, vor einer Stunde war doch Dr. Helen Huston aus ihrem Urlaub in Kathmandu zurückgekommen. Ihr Blut war Null-negativ, konnte also in der Regel von jedem vertragen werden. Wir ließen sie in die Klinik rufen, und Cynthia nahm ihr das Blut ab. Keine schlechte Abwechslung nach dem achtstündigen Fußmarsch von Dhumre nach Amp Pipal.

Der Blutdruckmesser zeigte jetzt schon seit zwanzig Minuten nichts mehr an, und ich hatte Shaktaman insgeheim schon aufgegeben. Aber als der erste Viertelliter von Helens Blut in seine Adern floß, bewegte sich der Zeiger auf einmal wieder: fünfzig … sechzig … jetzt sogar siebzig.

Aber fast genauso schnell wie Helens Blut in seine Adern floß, floß Shaktamans eigenes Blut hinaus in die Saugflasche. Jeder neue Schnitt bedeutete einen neuen Blutverlust, da konnte ich so vorsichtig sein wie ich wollte. Bald sank der Druck wieder: Sechzig … fünfzig. Mir blieb nichts anderes übrig, als literweise das übliche Blutersatzmittel, eine Plasmavolumenexpander-Lösung, in Shaktamans Venen zu gießen und im übrigen so schnell wie möglich zu arbeiten. Nach zwei Stunden war ich mit der Operation fertig, und die ganzen zwei Stunden war Shaktamans einzige Brücke zum Leben der kaum wahrnehmbare Puls und der Atembeutel, den Prakash unermüdlich betätigte. Die Überlebenschancen waren gleich Null. Was, wenn ich auch nur eine Eitertasche übersehen hatte? Oder wenn sich gleich wieder neuer Eiter ansammelte? Die Operation war doch völlig sinnlos! Schnell oder langsam, das war die einzige Frage, die es noch gab: Tod nach ein paar Stunden oder nach ein paar Tagen. Müde und resigniert vernähte ich die Operationswunde, und wir schoben den Jungen zurück auf die Station.

Als ich am nächsten Morgen nach Shaktaman sah, war er wach und guter Dinge. „Es geht mir schon viel besser“, sagte er. Ich murmelte, daß ich das auch fand (was natürlich eine Lüge war), und schrieb ein paar Anweisungen auf meinen Notizblock.

„Ist das richtig, daß hier alles so geschwollen ist?“ Er hob die Bettdecke hoch und zeigte mir seine aufgedunsenen Beine und den apfelsinengroßen Hodensack.

„Doch, ja“, antwortete ich beiläufig, „das kann schon passieren nach so einer Operation.“ Und nach sieben Litern Blutersatzlösung, aber das behielt ich für mich.

„Und wann kann ich wieder nach Hause gehen?“

Ich antwortete nicht sofort. Ich hatte begonnen, Shaktamans Karte zu studieren, und konnte kaum meinen Augen trauen. Der Blutdruck hatte sich im Laufe der Nacht normalisiert; der Puls war normal; die Atmung war normal; sogar die Temperatur war normal. War es möglich ... Ach was, das war sicher nur die Ruhe vor dem Sturm, vielen Schwerkranken ging es nach der Operation einen oder zwei Tage lang besser, das kannte man ja. Obwohl dieser Junge ja wirklich einen zuversichtlichen Eindruck machte ... Ich tätschelte ihm den Kopf. „Vielleicht in zwei Wochen", sagte ich und ging.

Ich muß wohl ein miserabler Christ sein, sonst hätte ich schneller gemerkt, daß hier nicht weniger als ein Wunder Gottes geschehen war. Und das Wunder hörte nicht auf; Stunde um Stunde ging es dem Jungen besser. Wir entfernten den Magenschlauch, dann den Urinkatheter, dann die Infusionsnadel. Es dauerte keine vier Tage, und Shaktaman stand auf, aß und trank mit bestem Appetit und lief auf seinen eigenen Beinen durch den Korridor. Unglaublich. Unmöglich. Aber eigentlich ganz logisch. Gott macht keine halben Sachen. Wenn er heilt, dann heilt er ganz.

Wir kamen aus dem Staunen nicht heraus. Nur einer staunte nicht: Megh Nath. Er war nämlich gar nicht in Ohnmacht gefallen, als er von seinem Posten im Waschraum aus den Eiter hochspritzen sah. Er war auch nicht eingeschlafen. Er hatte gebetet, die ganzen zwei Stunden, bis wir Shaktaman wieder in sein Zimmer geschoben hatten. Auch andere aus unserer Mannschaft hatten gebetet an diesem Abend. Und wer weiß, wie viele unserer Freunde und Brüder in aller Welt in diesen Stunden das unwiderstehliche Bedürfnis verspürt hatten, für uns und unser kleines Krankenhaus zu beten – zu beten, daß Gott unsere kleine Kraft segnen und seinen Namen verherrlichen möge.

Am vierten Tag nach der Operation kam Shaktamans Vater wieder und fand es ganz in Ordnung, daß sein Sohn eine „kleine Operation" gehabt hatte und schon wieder aufstehen konnte. Er spendete auch gerne einen halben Liter Blut und meinte anschließend: „Jetzt wird er aber ganz bestimmt gesund werden."

Etwa einen Monat nach der Operation entließen wir Shaktaman und seine Mutter; ihre Tuberkulosemedikamente konnten sie auch zu Hause weiternehmen. Insgesamt waren sie gut zwei Monate lang in unserem Krankenhaus gewesen. Sie nahmen nicht nur ein wertvolles Stück Heilung und Gesundheit mit nach Hause, sondern auch ein neues Gottesbild. Sie wußten jetzt, daß der Gott der „Ausländer“ mächtiger war als ihre Hexen und Schamanen, mächtiger als alle Götter in Barpak. Sie wußten, daß er sie – wildfremde Menschen, die ihn doch gar nicht kannten, geschweige denn verehrten – angerührt und geheilt hatte, ja daß er sie liebte; und von welchem anderen Gott konnte man das sagen? Sie hatten gehört, daß dieser mächtige fremde Gott seinen Sohn in die Welt geschickt hatte und daß jeder, der an diesen Sohn glaubte, ewiges Leben bekam, und in ihrem Gepäck lag ein kleines Buch über ihn. Noch verstanden sie vieles nicht. Noch konnte man sie nicht als Christen bezeichnen. Aber sie waren auf dem Weg.

Wir hatten vor, sie später einmal in ihrem Heimatdorf zu besuchen, und so fragten wir Shaktaman, wie wir ihr Haus finden konnten. Er antwortete: „Geht einfach zu dem großen Baum in der Mitte des Dorfes und fragt den nächsten besten Menschen, den ihr seht, wo Shaktaman wohnt. Er wird es euch sagen.“

Nicht genug Geld

Unter den vielen Problemen, mit denen sich ein Missionskrankenhaus herumschlagen muß, sind zwei besonders brennend. Das erste heißt: Nicht genug Geld. Das zweite heißt: Zu viel Arbeit. Wir Ärzte in Amp Pipal können ein langes Lied davon singen.

Beginnen wir mit dem Geld. Leere Kassen sind natürlich nichts Besonderes. Den meisten Regierungen sind sie nur zu vertraut, und so manches staatliche Krankenhaus in der Dritten Welt muß mit einem noch geringeren Budget auskommen als das Missionshospital Amp Pipal. Es ist auch seit langem bekannt, welches die Hauptursache für leere Kassen ist: Man gibt mehr Geld aus, als man hat.

So weit, so einfach. Aber ein Unternehmensberater, der etwa versuchen wollte, ein Missionskrankenhaus finanziell zu „sanieren", wird bald merken, daß seine gewohnten Gleichungen und Rezepte nicht aufgehen. Als erstes muß er feststellen, daß die roten Zahlen nicht daher rühren, daß das Krankenhaus nicht mit Geld umgehen kann; es ist auch nicht größenwahnsinnig, und Korruption scheint ein Fremdwort zu sein. Nein, was es in die roten Zahlen treibt, ist schiere Not: die ungeheure Zahl der Patienten, die zu ihm strömen und Hilfe suchen – ein Medikament, eine Spritze, irgend etwas.

Der Berater forscht weiter: Wo viele Patienten sind, müßte doch eigentlich viel Geld sein. Sind vielleicht die Gebührensätze des Krankenhauses zu niedrig? Wieder falsch. Die Patienten kommen ja nicht aus den Millionärsvierteln der Weltstädte, sondern aus den ärmsten Dörfern der ärmsten Länder der Welt, wo es oft schon Luxus ist, ein paar richtige Schuhe zu besitzen. Das Krankenhaus darf froh sein, wenn sie einen *Teil* der Kosten bezahlen können.

Es ist absurd: Hier ist ein Betrieb, der mit größter Sparsamkeit wirtschaftet, lebenswichtige Waren anbietet, über einen riesigen Markt verfügt, kaum Konkurrenz hat – aber seine Kunden sind zum großen Teil zahlungsunfähig. Unser Unternehmensberater wirft das Handtuch.

In der Praxis bleiben einem Missionshospital nur zwei Möglichkeiten, den finanziellen Kollaps abzuwenden: die Suche nach

Spendern und drastische Sparmaßnahmen. Gewöhnlich versucht es beides. Die Spender sind dabei das geringere Problem; mit genügend Geduld findet man sie immer. Um so härter jedoch wird es bei den Sparmaßnahmen, denn hier kommt zu dem finanziellen sofort ein moralisches Dilemma: Wir *müssen* sparen, um den Erhalt des Krankenhauses zu sichern, aber so manche notwendige Einsparung bedeutet, daß Menschen nicht geheilt werden können, ja sogar sterben.

In Amp Pipal müssen wir viele Tuberkulose-Patienten, die auf die übliche Behandlung nicht ansprechen, ihrem Schicksal überlassen, weil die Spezialmedikamente, die ihnen helfen könnten, zu teuer sind. Wir könnten natürlich einen Hilferuf nach Hause schreiben und unsere Freunde bitten, uns Geld für diese Medikamente zu schicken, und manchmal tun wir das auch. Aber wir dürfen nicht vergessen, daß wir zunächst einmal Geld für die normalen, billigen Medikamente brauchen. Unsere Spender in der Heimat finanzieren bereits unseren Tuberkulose- und Leprafonds, unseren Trockenmilchfonds, unseren Katastrophenhilfefonds und unseren Baufonds. Ihr Geld hat das Krankenhaus gebaut und eingerichtet, ihr Geld finanziert Ausreise und Lebensunterhalt der Missionare und noch vieles mehr. Fast ein Drittel unserer jährlichen Ausgaben wird durch Spenden gedeckt. Dürfen wir die Großzügigkeit unserer Freunde noch mehr strapazieren? Sind wir nicht verpflichtet, mit ihrem Geld *möglichst vielen* Menschen zu helfen? Dürfen wir zwanzig Patienten mit komplizierten Krankheiten heilen, wenn wir mit dem gleichen Geld zweihundert einfachen Fällen das Leben retten können?

Selbst in den reichsten Wohlstandsländern kann nicht jeder Patient die Behandlung bekommen, die er braucht. Die Wartelisten für Herzoperationen und Nierentransplantationen sind lang. Aber auf den Missionsfeldern der Dritten Welt nimmt das Problem gigantische Ausmaße an. Hier geht es nicht nur um ein paar hundert oder tausend „Problemfälle", hier geht es um solche „normalen" Dinge wie Krebs, Rheuma oder schlichte Altersschwäche. Selbst ein Hundebiß kann das Todesurteil bedeuten, denn wir haben in Amp Pipal kein Tollwutserum vorrätig; es wäre – wieder einmal – zu teuer für uns, und außerdem hält es sich nur sechs Monate, ist also womöglich schon nicht mehr wirksam, wenn es bei uns ankommt.

Zum Glück verderben nicht alle Medikamente so schnell. Die meisten kann man noch etliche Monate nach ihrem Verfalldatum ohne Bedenken verwenden. Missionshospitäler wissen diesen Umstand sehr zu schätzen, denn so können sie sich, wenn wieder einmal ein Medikamentenhersteller seine Lager räumt, zu Schleuderpreisen mit Altmedikamenten eindecken. Viele Tonnen Arzneimittel, die sonst wegen Überschreitung des Verfalldatums vernichtet würden, gelangen so dahin, wo sie am nötigsten gebraucht werden – zu den Armen der Welt.

Aber der Trick mit dem Verfalldatum läßt sich natürlich nicht beliebig lange durchhalten. Langsam aber sicher verliert das Medikament seine Wirkung, und eines Tages wirkt es überhaupt nicht mehr. Irgendwann muß man es also wirklich wegwerfen. Die große Frage ist nur: Wann ist es soweit? Und die Antwort ist Gefühlssache. Der eine Arzt wirft ein Medikament relativ früh weg, der andere später.

Ich werfe Medikamente sehr ungern weg. Meine Patienten wissen das natürlich nicht – sie können das Verfalldatum nicht lesen. Aber einmal hatte ich Pech. Wir hatten gerade eine große Ladung Tetracyclin-Augensalbe aus den USA bekommen. Die Salbe war auf verschiedenen Frachtdampfern ein Jahr lang unterwegs gewesen und natürlich schon alt. Aber wenn sie nicht mehr hundert Prozent wirksam war, dann sicher noch neunzig Prozent, also her damit! Ein paar Wochen später besuchte uns ein Abgeordneter der Nationalversammlung, der in unserem Distrikt wohnte. Er hatte ein entzündetes Auge und brauchte Medizin. Ich verschrieb ihm die Tetracyclinsalbe, und da es schon spät am Nachmittag war, lud ich ihn ein, bei uns zu übernachten. Als wir am nächsten Morgen beim Frühstück saßen, zog er die Tube mit der Salbe aus der Tasche und zeigte mir das Verfalldatum. (Er konnte hervorragend Englisch, immerhin war er schon der nepalische Botschafter bei den Vereinten Nationen gewesen.) Sein Gesicht verzog sich zu einem höchst verlegenen Lächeln. Asiaten beschweren sich ungern, und die Sache war ihm sichtlich noch peinlicher als mir.

„Äh ... Ihr nepalischer Apotheker hat mir gestern alte Medizin gegeben, die ist seit sechs Monaten abgelaufen. Es war bestimmt ein Versehen, aber ich wollte es Ihnen vielleicht doch besser sagen, damit es nicht noch einmal passiert ...“

Diplomatie auf fernöstlich: Der Apotheker war schuld, nicht sein Chef. Um so mehr natürlich, als der Apotheker ein Nepale war und sein Chef ein Amerikaner. Der Nationalismus unserer Patienten hatte rasch ein Ende, wenn es um solche „westlichen“ Dinge wie moderne Technik oder moderne Medizin ging. Was die Weißen erfunden hatten, konnten auch nur die Weißen richtig machen, war die allgemeine Überzeugung, und wenn in der Klinik ein Fehler passierte, dann mußte natürlich einer der einheimischen Angestellten schuld sein. Wir hielten es für eine unserer wichtigsten Aufgaben, gegen dieses Vorurteil anzugehen; wir lobten unsere Angestellten sooft es ging und möglichst immer dann, wenn Patienten in der Nähe waren; nur Rügen erteilten wir unter vier Augen. Wie sollten unsere nepalischen Mitarbeiter in der Lage sein, das Krankenhaus eines Tages ganz in eigener Regie zu führen, wenn ihre eigenen Landsleute kein Vertrauen zu ihnen hatten?

Ich holte tief Luft. „Nein, nein, das war kein Versehen, und es liegt auch nicht am Apotheker ...“ Und ich erzählte meinem Gast lang und breit, wie wir es mit alten Medikamenten hielten, und versicherte ihm, daß diese Augensalbe in den sechs Monaten kaum etwas von ihrer Wirkung verloren hatte. Ich erwähnte auch, daß wir sie zum halben Preis verkauften, was noch nicht einmal die Transportkosten von Amerika nach Nepal abdeckte. Ganz überzeugen konnte ich ihn offenbar nicht, denn als ich fertig war, bat er mich, ihm doch eine andere Salbe zu verschreiben. Ich war froh, daß er nicht eine Tube aus dem Karton bekommen hatte, der *ein Jahr* und sechs Monate über das Verfalldatum hinaus war ...

Eine Zeitlang hatten wir in unserer Apotheke mehrere Regale mit der schönen Aufschrift „Verschiedenes“ – ein Sammelsurium geschenkter Medikamente, das von Jahr zu Jahr größer wurde und von dem niemand so recht wußte, wann wer was zum letzten Mal benutzt hatte. In einer Ecke stapelten sich hundert dick mit Staub bedeckte Dosen Fußpulver – für Hühneraugen, Fußpilz, Juckreiz und was sonst alles einem Fuß zustoßen kann. Daneben standen stolz zwölf Flaschen „Outgrow“, für eingewachsene Zehennägel. Ein besonders fortschrittlicher Spender hatte uns einen großen Karton des Abführmittels „Exlax“ geschickt. Leider wurde er von unseren Ratten entdeckt und zur Hälfte verzehrt, worauf wir die andere Hälfte wegwarfen und die Apotheke drei Tage lang reinigen mußten.

Wir beschlossen schließlich, die Abteilung „Verschiedenes“ aufzulösen. Wir stopften die Flaschen, Dosen und Schachteln resolut in ein paar große Säcke, und auf unserem nächsten Kollegentreff veranstalteten wir eine zünftige Missionsmedizinauktion. „Zehn Rupien für diese herrliche Hühneraugensalbe, auch zum Zähneputzen geeignet. Zehn Rupien – wer bietet mehr?“ Es war ein sehr gelungener Abend.

Ein Karton war uns zu schade für die Auktion. Er enthielt mehrere hundert Ampullen des Betäubungsmittels Novocain, das wir täglich zum Zähneziehen und Warzenschneiden benutzten. Die Ampullen waren uralt, aber da die Patienten sich nicht weiter beklagten, nahmen wir an, daß sie noch wirkten.

Dann bekam ich eines Tages Zahnschmerzen. Ich hatte etwas zu herzhaft auf ein Steinchen in meinem Reis gebissen und ein Stück von einem Zahn abgebrochen. Der nächste Zahnarzt war in Kathmandu, und ich hoffte, es noch bis zur nächsten Sitzung unseres Gesundheitsausschusses dort aushalten zu können. Aber die Schmerzen wurden immer schlimmer, und so bat ich endlich Bal, meinen Assistenten in der Ambulanz, mich von dem Übeltäter zu befreien. Bal hatte die Kunst des Zähneziehens bei mir gelernt, was meine Angst noch steigerte, denn ich hatte sie nirgends gelernt; Improvisieren ist Trumpf in Amp Pipal.

Bal gab mir eine Novocain-Spritze und fing an. Eine halbe Sekunde später bat ich ihn, mir lieber erst noch etwas Novocain zu geben, was er auch tat. Eine halbe Stunde und fünfzehn Milliliter Novocain später war der Schmerz nur noch dreiviertel so stark, und Bal hatte den Zahn exakt am Zahnfleischrand abgebrochen und verkündete, daß seine Hand allmählich müde werde. Ich bat ihn, seinen Vetter Bhakta zu holen, dem ich ebenfalls das Zähneziehen beigebracht hatte. Bhakta kam und zog und zerrte, bis auch seine Hand müde war. Worauf wieder Bal an der Reihe war, und so weiter. Nach eineinhalb Stunden gaben sie es auf, und ich war der erste und einzige Fehlschlag in der langen Geschichte unserer Zahnklinik geworden. Geschah mir recht. Und die Schmerzen! Am nächsten Tag schlich ich mich in die Apotheke und warf alle alten Novocain-Ampullen in den Mülleimer.

Der Zahn wurde übrigens am nächsten Morgen von Dr. Helen gezogen, die so groß und stark ist wie Bal und Bhakta zusammen.

Normalerweise läßt ein Missionar seine Zähne natürlich in Kathmandu versorgen – mit Bohren, Füllungen, Kronen und allem Komfort. Der nepalische Bergbauer kann von soviel Luxus nur träumen; die Zähne werden nicht repariert, sondern gezogen.

Eigentlich bin ich ganz dankbar für mein Zahnabenteuer. Ich kann jetzt nachfühlen, was es heißt, „normal", ohne Luxus, behandelt zu werden. Und ich frage mich, was unsere Patienten wohl denken, wenn der ausländische Arzt in die Hauptstadt fährt, anstatt sich an Ort und Stelle behandeln zu lassen, wie alle anderen auch.

Die Verwendung abgelaufener Medikamente ist nur eine von vielen Einsparungsmöglichkeiten. Wir benutzen grundsätzlich nur die billigsten Instrumente, Geräte und Arzneimittel. Wir beschränken die Zahl unserer Angestellten auf ein absolutes Minimum. Wir versuchen, die Behandlung so einfach und billig wie möglich zu machen, und wir behandeln nur die gängigeren und heilbaren Krankheiten (die immerhin 98 Prozent unserer Fälle ausmachen).

Wir zählen, prüfen und kontrollieren alles. Über jede Matratze, jede Decke, jedes Stück Seife, jedes Pflaster wird sorgfältig Buch geführt. Wer zwei Stück Seife auf einmal haben will, muß das begründen. Wer etwas grob fahrlässig beschädigt oder verliert, muß eine Strafe zahlen. In der Apotheke läuft nichts ohne Rezept, und das Verwaltungsbüro und die Gehaltskasse werden mit der Akribie eines Detektivbüros geführt.

Sparen, sparen ... damit die Rechnungen, die wir unseren Patienten präsentieren müssen, möglichst klein bleiben. Aber auch unser Defizit. Denn viele Patienten können ihre Rechnungen nicht oder nur zum Teil bezahlen, und je niedriger die Rechnung, um so kleiner auch unser Verlust.

Das größte Kostenproblem für ein Missionshospital sind indessen die Ärzte. Und das, obwohl sie weder ein Honorar noch ein Gehalt bekommen. Für den durchschnittlichen amerikanischen oder europäischen Arzt ist das Kapitel „Sparen" nämlich ein Buch mit sieben Siegeln. Man hat es ihm nie beigebracht; gewöhnlich hat man ihm sogar das genaue Gegenteil beigebracht.

Er liest zum Beispiel in seinen Büchern, daß ein Typhus-Patient drei Wochen lang Chloramphenicol bekommen muß. Aber in 95 Prozent der Fälle reichen schon zehn Tage für eine Heilung aus. Die restlichen zehn Tage bewirken nur noch bei fünf Prozent der Patienten eine Verbesserung, verdoppeln aber die Behandlungskosten. Angenommen nun, es ist nur eine begrenzte Menge Chloramphenicol vorhanden, so ist es zweifellos effektiver, hundert Patienten zehn Tage lang zu behandeln und am Ende fünfundneunzig geheilt zu haben, als fünfzig Patienten die volle dreiwöchige Behandlung zu gönnen – mit fünfundvierzig Heilungen weniger.

Dieses Rechenexempel (das zugegebenermaßen sehr vereinfacht dargestellt ist und mehrere Faktoren nicht berücksichtigt) kann man auf die meisten in Nepal gängigen Krankheiten anwenden. Und es gilt nicht nur für die Dauer der Behandlung, sondern zum Beispiel auch für die Dosierung.

Den meisten Ärzten und Krankenschwestern in den westlichen Ländern ist die Unterscheidung zwischen „optimaler" und „einfacher" Behandlung unbekannt. Sie kennen nur die optimale Behandlung; etwas änderes haben sie nicht gelernt, und die Patienten würden es auch gar nicht dulden. In den Bergen Nepals gibt es keine „optimale Behandlung". In Amp Pipal bekommen die zahlenden Patienten eine „Standardbehandlung" und die nichtzahlenden eine „Einfachbehandlung".

Und jetzt kann ich förmlich die Proteste meiner Leser hören: Das ist doch unchristlich! Wieso werden ausgerechnet in einem Missionshospital die Armen schlechter behandelt? Nun, sie bekommen die Behandlung, die sie brauchen, um im Normalfall wieder gesund zu werden. Mehr als heilen können wir auch den zahlenden Patienten nicht. Was er bezahlt, sind die kleinen Extras: Röntgenaufnahmen und Laboruntersuchungen, die medizinisch angezeigt, aber nicht absolut notwendig sind; Vitaminspritzen; Behandlungen von kleineren Hautschrumpfungen nach Verbrennungen sowie von mittelgroßen Hydrozelen (Flüssigkeitsansammlungen in den Hoden; kleine behandeln wir gar nicht erst); Entfernung unverdächtiger Knoten, und so weiter. Kein Missionshospital kann es sich leisten, seinen Patienten solche Luxusleistungen einfach zu schenken, und die Definition von „Luxus" sollte hier nicht zu eng sein.

Es ist nicht einzusehen, wieso ein Missionshospital nicht etwas an seinen Patienten verdienen sollte. Die meisten unserer Patienten erwarten zum Beispiel, daß wir ihr Blut und ihren Urin untersuchen. Manche wollen auch geröntgt werden. Gegen eine geringe Gebühr erfüllen wir ihnen ihren Wunsch (natürlich nur sofern es medizinisch sinnvoll ist) und verdienen manche wertvolle Rupie dabei. Auch Operationen werfen einen Profit ab, besonders die mehr kosmetischen; wir „verkaufen" sie so teuer wie der „Markt" es erlaubt.

Unchristlich? Kapitalistisch? Ich hätte es mir nie träumen lassen, daß ich als Missionsarzt die Aufgabe bekommen würde, Geld für meine Leistungen zu verlangen. Aber Missionskrankenhäuser brauchen nicht nur Glauben, sondern auch Geld. Und das Geld wandert – auch wenn manche Nepalen das kaum glauben können – *nicht* in die persönlichen Taschen der Missionare.

Nein, es ist keine Ausbeutung, wenn medizinische Behandlung ihren Preis hat. Was nichts kostet, ist auch nichts wert. Der Patient, der alles gratis bekommt, hat wenig Anreiz, gesünder zu leben, den Anordnungen des Arztes zu folgen und seine Medizin gewissenhaft einzunehmen; womöglich verkauft er sie sogar, um aus dem Gratisgeschenk noch einen Profit zu machen. Und vergessen wir auch nicht, daß unser Krankenhaus ja eines Tages von unseren einheimischen Mitarbeitern übernommen werden soll. Wenn unsere Patienten es mitfinanzieren, wird es ihnen dann auch etwas wert sein, es wird „ihr" Krankenhaus sein, und nicht einfach ein ehemaliges Almoseninstitut.

Und doch ... ich kenne keinen einzigen Missionsarzt und keine einzige Missionsschwester, denen es Spaß macht, ihren Patienten Rechnungen auszustellen. Wir würden sofort damit aufhören, wenn wir nur wüßten, wie man es besser machen kann. Vielleicht hat jemand eine Idee?

Zu viel Arbeit

Zu viel Arbeit, das bedeutet für uns: zu viele Patienten. Es waren nicht immer zu viele. In den ersten Jahren waren es sogar zu wenige. Dr. Helen, die das Krankenhaus gegründet hatte und in den Dörfern ringsum wohlbekannt war, war auf Heimaturlaub, die Ärzte und Schwestern waren alle neu, das Gebäude ebenso, und die Patienten betrachteten all dieses Neue und Ungewohnte mit dem größten Mißtrauen.

Doch es dauerte nicht sehr lange, und das Mißtrauen begann abzubröckeln. Immerhin wurden in diesem unheimlichen Gebäude Menschen gesund. Und hatte nicht schon vorher Dr. Helen wahre Wunder vollbracht? Einmal hatte sie einen Mann operiert, dem vier Tage zuvor bei einem Sturz die Harnröhre gerissen war. Drei Tage waren die Träger mit ihm unterwegs gewesen – und dabei hätten sie in nur einem Tag Kathmandu und ein richtiges Krankenhaus erreichen können! Aber der Mann wollte von Dr. Helen behandelt werden; wenn einer helfen konnte, dann sie. Der Fall schien aussichtslos. Die vier Tage Harnverhaltung hatten die Blase des Patienten bis zum Bauchnabel anschwellen lassen, und für so etwas Kompliziertes wie eine Harnröhrenoperation war man überhaupt nicht ausgerüstet. Aber Helen operierte. Und die Operation gelang. Helen nannte es schlicht ein Wunder Gottes. Den Nachbarn und Bekannten des Patienten war es egal, wer das Wunder vollbracht hatte; bald kamen Menschen aus dem ganzen Distrikt, drei Tage hin und drei zurück, um sich in Amp Pipal behandeln zu lassen.

Einige Jahre später hatten wir einen ähnlichen Fall. Diesmal kam der Patient aus einem großen Distrikt südlich von Amp Pipal. Nicht lange danach wurde eine Straße zu diesem Distrikt gebaut, die die Reisezeit nach Amp Pipal auf eineinhalb Tage verkürzte. Heute kommen etwa zehn Prozent unserer Patienten aus diesem südlichen Gebiet, obwohl es dort mehrere gute Krankenhäuser gibt.

Mit der wachsenden Zahl der Patienten wuchsen auch unsere Einkünfte. Patienten bringen Probleme, aber sie bringen auch Geld, und wenn es nur Pfennige sind. Ken Webster, unser

Geschäftsführer, wurde nicht müde, uns einzuschärfen, daß Krankenhäuser wie Kaufhäuser seien: je mehr Kunden, um so mehr Geld. Und als ehemaliger Kaufhausdirektor mußte er es wohl wissen.

Aber dann kam der Punkt, wo unsere Kapazitäten erschöpft waren. Das Krankenhaus war voll, und unser Dienstplan auch. Aber der Strom der Patienten riß nicht ab. Die naheliegende Lösung in einem solchen Fall ist natürlich, das Krankenhaus zu vergrößern. Aber diese Möglichkeit haben wir in Nepal nicht mehr. Die United Mission hat beschlossen, ihre Krankenhäuser nicht noch weiter auszubauen und statt dessen verstärkt auf Gesundheits- und Hygieneerziehung und den Aufbau eines Netzes von „Gesundheitsposten" und Dorfapotheken zu setzen. Ich halte diesen Kurs für richtig, denn die meisten unserer Patienten kann man in einem solchen System schneller und billiger versorgen, ohne die umständliche und kostspielige Reise ins Krankenhaus. Es ist das System der Zukunft.

Aber noch ist die Zukunft nicht da. Und in der Übergangsphase, in der wir uns zur Zeit befinden, gehen die Patientenzahlen in unserem Hospital sogar noch stärker nach oben, denn durch die Gesundheitsaufklärungskampagnen lernen immer mehr Menschen, auf ihre Gesundheit zu achten – und kommen zu uns. Das Problem „zu viel Arbeit" wird uns noch etliche Jahre begleiten.

Bis vor kurzem haben wir es fertiggebracht, durch geschicktes Improvisieren mit unseren Patientenzahlen Schritt zu halten. Wir haben die Lepra- und Tuberkulosekranken in eigene Zimmer ausquartiert. In der Nähe des Krankenhauses errichteten wir ein Vierzig-Betten- (oder besser gesagt: Vierzig-Strohmatten-) „Hotel" für unsere ambulanten Patienten, die früher oft in der Krankenstation übernachten mußten, wenn die Teeläden wieder einmal alle belegt waren. Wir nannten dies natürlich nicht „Erweiterung der Krankenhausgebäude", sondern „Optimierung der bestehenden Kapazitäten", sonst hätten wir den Segen des Gesundheitsausschusses der United Mission nie bekommen. Wir bauten sogar eine ganze neue Station mit acht Betten, was einer zwanzigprozentigen Erhöhung der Bettenzahl gleichkam. Wir bauten sie mitten im Hospital und nannten das Projekt „Erweiterung des Stationsflurs", was gar nicht einmal gelogen war, denn die Betten standen schon im Flur, und das, was fehlte, war genügend Platz, um an ihnen vorbeigehen zu können. Leider mußten wir für die Flurerweiterung unseren Blumengarten opfern.

Aber alles Schöne hat ein Ende, auch die Optimierung bestehender Kapazitäten. Noch weiter wachsen können wir nicht. Aber die Patientenzahlen klettern unermüdlich in die Höhe – und mit ihnen unsere Probleme.

Viele der Probleme liegen auf der Hand. Der Arzt hat immer weniger Zeit für seine Patienten; Irrtümer und Fehldiagnosen sind die Folge. Merkwürdigerweise leidet der Arzt mehr unter diesem Elend als der Patient. Der Patient hat lieber einen Zwei-Minuten-Termin heute als fünf Minuten morgen – oder als gar keinen Termin.

Ähnlich auf der Station. Sie ist fast ständig überfüllt, und die Schwestern haben die größte Mühe, den Patienten auch nur die nötigste Pflege zu geben. Einige unserer Missionsschwestern haben versucht, nach den Richtlinien zu arbeiten, die in europäischen Krankenhäusern üblich sind: nicht mehr als soundso viele Patienten pro Schwester, mindestens ein Meter Zwischenraum zwischen den Betten, und so weiter. Dergleichen ist gutgemeint, aber auf die Dauer nicht durchführbar; wir müßten zu viele Patienten – schwerkranke Patienten – abweisen. Außerdem erwartet der durchschnittliche Patient in der Dritten Welt gar nicht den gleichen Pflegestandard wie der anspruchsvolle Europäer oder Nordamerikaner. Nur zu leicht vergißt der Missionsmediziner das und verwechselt die Bedürfnisse seiner Patienten mit seinen eigenen.

Aber auch der bescheidenste Patient möchte natürlich behandelt werden. Was aber, wenn man ihm sagen muß: „Wir haben keine Zeit für dich, wir können dich nicht behandeln“ – einem Patienten, wohlgemerkt, der womöglich schwerkrank ist und mehrere Tagereisen weit gekommen ist? Wie soll man das mit seinem Gewissen vereinbaren? Dies ist die schlimmste Stufe des Problems „zu viel Arbeit“, und sie ist uns in Amp Pipal nicht erspart geblieben. Andere Missionskrankenhäuser kennen sie schon viel länger.

Die ersten Patienten, die wir wieder nach Hause schickten, kamen aus dem Süden des Landes. In ihren Distrikten gab es mehrere Krankenhäuser, so daß sie – nach unserer Logik jedenfalls – eigentlich gar keinen Grund hatten, bis nach Amp Pipal zu kommen. Die meisten von ihnen waren denn auch relativ wohlhabend – die Art Patienten, die es sich leisten kann, herumzureisen und sich das beste Krankenhaus auszusuchen. Oft waren ihnen unsere nepalischen Assistenten nicht gut genug, und sie wollten sofort von „dem richtigen Doktor“ behandelt werden. Ihre Krankheiten waren meist von der chronischen Art – Geschwüre, Migräne, Rheuma und dergleichen –, und sie waren schon bei verschiedenen Ärzten oder Krankenhäusern gewesen, die ihnen alle nicht geholfen hatten. Eigentlich hätte es uns ja stolz machen müssen, daß sie zu uns kamen: „Mein Arzt ist ein Stümper. Jetzt gehe ich nach Amp Pipal, die werden mir helfen …“ Das Dumme war nur, daß es einen ähnlichen Patientenstrom auch in umgekehrter Richtung gab („Nie mehr Amp Pipal, die haben mich verpfuscht …“).

Es schien uns nur recht und billig, diese Reisepatienten abzuweisen: Der Patient soll gefälligst zu einem Arzt gehen, der in seiner Nähe wohnt … Wir übersahen dabei völlig, daß wir für die meisten dieser Patienten keine Modeärzte waren, sondern so etwas wie die letzte Hoffnung. Ihr eigener Arzt war vielleicht nicht dagewesen oder hatte keine Zeit für sie gehabt oder keine Medizin. Einige hatten Schlimmes durchgemacht.

Ich erinnere mich an einen sehr hartnäckigen jungen Mann, der an einem besonders hektischen Tag zu uns kam. Er war aus Südnepal und hatte mehrere Behandlungen wegen Tuberkulose hinter sich. Amp Pipal war sein viertes Krankenhaus, und als er ankam, wollte er sofort von mir untersucht werden. Ich war gerade im Operationsraum und ließ ihm ausrichten, ich habe keine Zeit für ihn und er solle sich doch bitte an einen der Assistenten wenden. Und ich mußte denken: *Das kennen wir! Nimmt seine Medizin nicht, reist durch die Gegend und verbreitet seine Bakterien im ganzen Land! Warte, dich werden wir wieder nach Hause schicken!*

Es war völlig normal, daß ein neuer Patient von unseren nepalischen Assistenten untersucht wurde. Die Hälfte unserer Patienten bekam nie einen der Missionsärzte zu sehen, nur die schwierigeren Fälle landeten bei uns. Die Assistenten waren alle staatlich ausgebildet, über ein Jahr lang sorgfältig von uns eingearbeitet worden und machten ihre Sache sehr gut. Kein Grund zur Besorgnis also für den jungen Mann. Aber er war nicht einverstanden. Er sagte Sita, meiner Sprechstundenhilfe: „Ich lasse mich nur von Dr. Tom untersuchen. Ich werde nicht eher gehen, als bis er mich untersucht hat, und wenn ich den ganzen Tag warten muß."

Er wartete. Es war schon spät am Nachmittag, als er in mein Sprechzimmer kam, und wir waren beide nicht in der allerbesten Stimmung.

Ich hörte mir kurz an, was er zu sagen hatte, und warf einen Blick auf die Röntgenaufnahmen, die er mitgebracht hatte. Dann sagte ich: „Es tut mir leid, aber wenn Sie behandelt werden wollen, müssen Sie zurück in das Krankenhaus in Ihrem Distrikt gehen. Wir haben hier wirklich keine Zeit. Ich werde Ihnen einen Bericht an Ihren Arzt mitgeben, aber behandeln kann ich Sie nicht."

„In das Krankenhaus bringen mich keine zehn Pferde mehr", entgegnete er, „der Arzt da hat ja überhaupt keine Ahnung."

Ein Arzt keine Ahnung? Mein Solidaritätsinstinkt erwachte. „Unsinn! Sie halten sich nicht an seine Anweisungen, das ist alles."

„Ich habe mich an alles gehalten. Erst gab er mir einen Monat lang Spritzen, und darauf ging es mir auch besser, aber nur vorübergehend. Als ich wiederkam, gab er mir solche weißen Pillen, die sollte ich drei Monate lang nehmen. Das habe ich auch gemacht, aber als die drei Monate um waren, ging es mir bald wieder so schlecht wie am Anfang. Ich bin dann wieder zu dem Arzt hin, aber er hat mir nur noch einmal dieselben Pillen gegeben und gesagt, ich solle sie weiternehmen. Darauf bin ich nicht mehr hingegangen, die Pillen helfen ja doch nicht."

Besonders überzeugend klang die Geschichte nicht. Wo gab es das, daß ein Arzt Tuberkulose mit einem Monat Injektionen und dann drei Monaten Tabletten und sonst nichts behandelte? Sicher konnte der Patient sich nicht mehr richtig daran erinnern, was sein Arzt mit ihm gemacht hatte; so etwas kommt sehr oft vor, und zwar nicht nur in Nepal.

„Und was haben Sie dann gemacht?" fragte ich.

Er war in zwei andere Krankenhäuser gegangen und jedesmal ein oder zwei Monate lang behandelt worden, aber nichts hatte geholfen. Und jetzt war er also hier. Er sah bleich und ausgemergelt aus, die Röntgenaufnahmen zeigten Tuberkulose in fortgeschrittenem Stadium.

„Es tut mir leid, aber ich muß Sie zurück an Ihr eigenes Krankenhaus überweisen", wiederholte ich. „Ich schreibe Ihnen gleich einen Bericht."

„Nein, da gehe ich nie mehr hin. Geben Sie mir doch bitte Medizin, wenigstens für einen Monat, bitte."

„Das würde Ihnen überhaupt nicht helfen", entgegnete ich, „was Sie brauchen, sind achtzehn Monate Behandlung, mit mindestens drei verschiedenen Medikamenten. Damit, daß Sie von einem Arzt zum anderen rennen, erreichen Sie gar nichts."

„Ehe ich in das Krankenhaus zurückgehe, sterbe ich lieber." Er preßte seine Lippen zusammen.

Ich wurde langsam ungeduldig. Wußte dieser Mensch nicht, daß ich auch noch andere Patienten hatte? Ich wiederholte, was ich gesagt hatte, und fügte hinzu, daß es sowieso keinen Zweck hatte, Tuberkulosepatienten zu behandeln, die so weit entfernt wohnten; früher oder später nahmen sie ihre Medizin nicht mehr und blieben weg.

„Aber Sie können mich doch nicht einfach wegschicken! Geben Sie mir doch wenigstens für einen Monat Medizin!"

„Nein", sagte ich, und meine Stimme wurde scharf. „Kommt nicht in Frage!" Und ich langte nach der Karte des nächsten Patienten.

Der junge Mann starrte mich einen Augenblick lang an. Dann begriff er, daß ich es ernst meinte, und seine Augen füllten sich mit Tränen.

Ich hatte vielleicht einen Wutausbruch erwartet, aber nicht das. Die Tränen liefen ihm über die Wangen, es war keine Schauspielerei, es war echt. Und auf einmal begriff ich, daß das, was ich für Sturheit und Arroganz gehalten hatte, in Wirklichkeit nackte Angst war. Dieser Mann war todkrank, und er wußte das. Er spürte: Wenn ich zurück in das Krankenhaus in meinem Distrikt muß, dann lebe ich nicht mehr lange. Und diese Angst war nicht übertrieben. Er hatte mir die Medizin gezeigt, die sein Arzt ihm gegeben hatte; sie war viel zu schwach. Vielleicht war dieser Arzt wirklich unfähig? Oder er hatte einfach nicht die richtige Medizin vorrätig gehabt, wie so oft in den staatlichen Krankenhäusern.

Ich habe ihn trotzdem nicht behandelt – aus den Gründen, die ich oben schon erwähnt habe. Und dann konnte ich auch immer noch nicht ganz glauben, daß der andere Arzt wirklich so schlecht war. Oder besser gesagt, ich *wollte* es nicht glauben. Es gehörte zu unseren Grundsätzen, daß wir uns nicht abschätzig über die staatliche Gesundheitsversorgung äußerten. Wir wollten, daß unsere Patienten Vertrauen zu ihren staatlichen Ärzten und Krankenhäusern bekamen. Wir wollten nicht „besser“ sein – obwohl wir es für viele unserer Patienten natürlich waren.

Und doch – nach dieser Begebenheit mit dem jungen Tuberkulosekranken kühlte meine Entschlossenheit, „fremde“ Patienten abzuweisen, um einiges ab. Ich wischte das, was sie mir über ihre eigenen Ärzte und Krankenhäuser erzählten, nicht mehr ungläubig beiseite und machte mir keine Skrupel mehr darüber, „besser“ zu sein als andere Kliniken. Gott hatte uns eine Aufgabe gegeben, und die hieß: helfen, und nicht: reglementieren und abweisen.

Einmal kam wieder ein junger Mann aus Südnepal. Er hatte eine banale Entzündung am Kinn, und seine eigenen Ärzte hatten ihm nicht helfen können. Es war die übliche Geschichte, aber wir schickten ihn nicht nach Hause, sondern behandelten ihn, eine Woche lang. Es wurde die wichtigste Woche seines Lebens, denn in dieser Woche hörte er von einigen unserer Mitarbeiter das Evangelium und wurde Christ. Voller Freude ging er zurück in sein Dorf, wo er bald darauf zwei seiner Freunde zum Glauben führte. Fürwahr ein „anspruchsvoller“ Patient! Gott rechnet anders als wir.

Das wohl größte Problem, das unsere Überarbeitung mit sich bringt, sind die Spannungen, die dadurch in unserem Team entstehen. Schließlich hat nicht jeder, auch nicht jeder Missionar, gleichviel Arbeitskraft. Der eine ist an einen Achtstundentag gewöhnt; der andere arbeitet immer so lange, bis er fertig ist. Manche Arbeiten sind interessant, andere langweilig. Besonders schwierig wird es hier für die Schwestern. Die Schwester hat ja keinen Einfluß darauf, wie viele Patienten auf ihre Station kommen, wie sie zu behandeln sind und wann sie entlassen werden; das entscheidet alles der Arzt, und die arme Schwester muß zusehen, wie sie mit ihrer Arbeit nachkommt. Dem Arzt geht es natürlich nicht besser, aber das sieht die Schwester oft nicht. Sie sieht nur, daß ihre Station immer überfüllter ist, und fühlt sich ausgelaugt und gehetzt, ja drangsaliert und ausgebeutet. Und da sie die Schuld dafür schlecht auf die Patienten schieben kann und auch nicht auf Gott, schiebt sie sie auf den Arzt.

Und der Arzt? Er sitzt zwischen zwei Stühlen: seinen Patienten und seinen Mitarbeitern. Den einen schuldet er eine richtige Behandlung, den anderen einen richtigen Feierabend. Man sucht ständig nach Lösungen und Kompromissen in einem Missionshospital, und es allen recht zu machen, ist unmöglich.

Vor einigen Jahren grassierte in unserem Distrikt die Ruhr. Es war mitten in der größten Sommerhitze, wo sauberes Wasser eine Seltenheit ist – so recht die Jahreszeit für eine Ruhrepidemie. Die Menschen kamen mehr tot als lebendig zu uns, manche starben noch, während sie an der Anmeldung warteten. Es war der arbeitsreichste Monat, den wir je gehabt hatten. Unsere nepalischen Hilfsschwestern, Pfleger und Assistenten schlugen sich hervorragend. Sie arbeiteten fast bis zum Umfallen, und anstatt mehr Fehler zu machen als sonst, machten sie weniger. Ich war richtig dankbar.

Die Gefühle unserer Missionsschwestern waren eher gemischt. Einige Wochen nach der Epidemie meldeten sie sich zu Wort und verlangten, daß wir endlich eine verbindliche Höchstzahl bei den stationären Patienten einführten. Allerhöchstens fünfzig seien zu verkraften, bei noch mehr könne man nicht mehr für eine angemessene Pflege garantieren. Notfälle könnten wir natürlich jederzeit aufnehmen, aber dann müßten wir als Ausgleich am nächsten Tag einen der anderen Patienten entlassen, damit es nicht mehr als fünfzig wurden. Uns Ärzten gefiel diese Forderung gar nicht, sie konnte nur zu neuen Härten für die Patienten führen, aber wir stimmten schließlich doch zu, um den Zusammenhalt des Teams nicht aufs Spiel zu setzen. Wenn wir nicht mehr an einem Strang zogen, waren alle die Verlierer.

Ob unsere Schwestern bedacht hatten, daß eigentlich alle unsere Patienten Notfälle waren? Selbst von denen, die wir ohnehin schon abwiesen, waren viele sogar nach den Maßstäben eines Missionshospitals Schwerkranke; wenn unsere Schwestern einige von ihnen hätten sehen können, sie hätten sich vielleicht leichter mit den überfüllten Krankenzimmern abgefunden.

Auch in der Ambulanz wurde der Ruf nach weniger Patienten laut, obwohl der Druck hier nicht so stark war, da für die Ambulanz nicht so sehr die Schwestern verantwortlich waren, sondern die Ärzte und Assistenten. Eine Höchstzahl bei den ambulanten Patienten hätte uns nur neue Probleme gebracht, denn wie wollten wir im voraus wissen, was die einzelnen Kranken für Beschwerden hatten und wieviel Zeit wir für sie brauchten? An manchen Tagen konnten wir ohne Schwierigkeiten zweihundert Patienten behandeln, an anderen schafften wir kaum die Hälfte. Niemand hatte etwas davon, wenn wir auf morgen verschoben, was wir auch heute erledigen konnten, und viele unserer Patienten waren gar nicht in der Lage, bis zum nächsten Tag auf ihre Untersuchung zu warten; sie wären einfach wieder nach Hause gegangen.

Aber wir fanden eine bessere Lösung: ein Zeitlimit. Wir arbeiteten so lange, bis die Angestellten nach Hause gingen. Diese Regelung hat sich gut bewährt. Nach wie vor kommen fast alle Patienten, die zu uns kommen, noch am gleichen Tag an die Reihe. Sehr lange wird es wohl nicht mehr so bleiben, denn die Zahlen steigen weiter.

Zu wenig Geld, zu viel Arbeit – wir werden uns an diese Probleme gewöhnen müssen. Sie werden in den nächsten Jahren nicht kleiner werden, sondern größer, und wir werden viel Phantasie und Kreativität brauchen, um sie zu lösen. Aber wir müssen uns dabei immer an den Bedürfnissen unserer nepalischen Patienten orientieren, und nicht an den Idealvorstellungen und Gepflogenheiten unserer Heimatländer im reichen Westen; dies ist eine Regel, die Missionsärzte und -schwestern nur zu leicht vergessen.

Gott hat uns in eine riesige Arbeit gerufen. All unsere medizinischen Projekte zusammen sind kaum mehr als der berühmte Tropfen auf den heißen Stein. Unsere Hospitäler und Gesundheitsposten sind Inseln in einem wahren Meer von Kranken, und die meisten dieser Kranken bekommen wir nicht einmal zu sehen. Sie sind die Ärmsten der Armen, aber wir haben keine Möglichkeit, sie alle zu erreichen, ihnen allen zu helfen, alle zu heilen. Wir haben nicht genügend Zeit, nicht genügend Geld, nicht genügend Mitarbeiter.

Aber das ist letztlich Gottes Problem, nicht unseres. Wir wollen dankbar sein für jede Gelegenheit, die Gott uns gibt, diesen Menschen zu helfen, für jeden kleinen Dienst, den wir tun können. Wir wollen lernen, Gottes allmächtige Hand auch in der Zahl unserer Patienten zu sehen: *Er* schickt uns diese Menschen, auch die, für die wir eigentlich keine Zeit haben. Wir wollen darauf vertrauen, daß er uns die nötige Kraft gibt, gerade an den „unmöglichen“ Tagen. Er wird nicht mehr von uns verlangen, als er uns gibt. Die Lasten, die er uns auflegt, lassen uns nicht zerbrechen, sondern wachsen.

Leben im Überfluß

Unsere Jahre in Nepal sind die besten und reichsten unseres Lebens gewesen – beruflich, persönlich und geistlich. Wir sind gern hier; wir können uns keinen schöneren Arbeitsplatz vorstellen. Der Kulturschock, den man in einem so ganz fremden und anderen Land erlebt, hat seine nützlichen und unterhaltsamen Seiten, und wir sind an den Schwierigkeiten enorm gewachsen. Die Zusammenarbeit mit so vielen gläubigen Kollegen und Mitarbeitern hat uns zu besseren Christen gemacht und unseren geistlichen Horizont erweitert. Unsere medizinische Arbeit wird nie langweilig; jeder Tag bringt neue Probleme und neue Lösungen, die in keinem Lehrbuch stehen, und es ist jedesmal ein Geschenk, Krankheit heilen und Leid lindern zu dürfen. Daher sind wir, wenn wir auf die letzten zwölf Jahre zurückblicken, vor allen Dingen dankbar. Wir danken Gott, der diese zwölf Jahre möglich gemacht hat.

Rein äußerlich betrachtet, haben wir nicht sehr viel erreicht: Zwei Missionare haben eine unbekannte exotische Sprache erlernt und mitgeholfen, auf einem kleinen Berg in einer entlegenen Ecke des kleinen Königreiches, in welchem diese Sprache gesprochen wird, ein Krankenhaus aufzubauen. Das Krankenhaus ist primitiv, und über die Hälfte der Menschen, die in dem Land leben, ist zu arm, um sich eine Behandlung leisten zu können. Eine winzige christliche Gemeinde ist entstanden, durch die im Laufe von zehn Jahren eine Handvoll Nepalen zu Christus gefunden haben, während gleichzeitig Tausende andere Nepalen geboren worden sind. Eine bescheidene Statistik.

Die christliche Standard-Antwort auf solche gedämpften Töne lautet: „Aber die Hauptsache ist doch, daß Gott zu seinem Ziel kommt." Der Skeptiker wird diese Antwort sofort als leeres Klischee abtun. Nicht selten hat er damit recht. Wir sind nur zu schnell dabei, Trägheit und Versagen unter einen frommen Teppich zu kehren und zu sagen: „Wir können ja doch nichts; an Gottes Segen ist alles gelegen." Denn in Wirklichkeit können wir eine ganze Menge: Wir können Gott in unserem Leben arbeiten lassen, und wir können ihn blockieren. Erlauben wir Gott, all das mit uns und durch uns zu tun, was er will? Das ist die eigentliche Frage. Wenn Cynthia und ich auf die letzten zehn Jahre unseres Lebens zurückblicken, können wir diese Frage nur zum Teil mit „Ja“ beantworten.

Viele Menschen meinen, daß jemand, der Missionar wird, sich damit automatisch, ganz und für immer Gott zur Verfügung stellt; er hat Gottes Ruf angenommen, und damit ist alles gelaufen. Weit gefehlt! In Wirklichkeit hat unser junger Missionar nur einen ersten Schritt getan, und der Weg, der noch vor ihm liegt, ist lang. Das wichtigste Gebet, das man für einen Missionar sprechen kann, lautet: „Herr, hilf, daß er dir treu und gehorsam bleibt und immer mit deinem Geist erfüllt ist!“ Und wo dieses Gebet im Leben eines Missionars (oder sonst eines Menschen) erhört wird, da ist es *kein* billiges Klischee, zu sagen, daß „Gott zu seinem Ziel kommt“.

Was ist Gottes Ziel? Nun, zunächst einmal möchte er allen Menschen zeigen, daß er sie liebt. Deshalb hat er uns nach Nepal geschickt. Deshalb pflegen wir Kranke gesund, operieren sie, geben ihnen Medizin. Aber nicht nur das. Körperliche Heilung nützt wenig, wenn es in der Seele dunkel und hoffnungslos bleibt. Und so bieten wir unseren Patienten noch eine andere Therapie: Wir versuchen, ihnen den Gott zu zeigen, der die Quelle aller Liebe ist, der die Welt so sehr geliebt hat, daß er seinen einzigen Sohn für sie in den Tod gab. Das ist Medizin für ein ganzes Leben, ja für die Ewigkeit.

Der Glaube, den wir unseren nepalischen Freunden weitergeben, ist mehr als Tradition und Katechismus. Wir haben es mit einem Gott zu tun, der Menschenleben umkrempeln kann; wir haben das selbst erfahren. Weil Gottes Liebe uns zog, sind wir nach Nepal gegangen; weil Gottes Liebe uns hält, sind wir dort geblieben. Es ist so leicht, von Nepal fasziniert zu werden. Die atemberaubenden Berge, die wilde, fremde Schönheit, die halb furchtbare, halb malerische Armut haben etwas Magnetisches an sich, sie ziehen und locken. Aber sie können nicht festhalten. Sie können berauschen, aber der Rausch währt nicht lange. Zu groß und zu zahlreich sind die Enttäuschungen, zu hoch die Hürden und Hindernisse, als daß man durch bloßen Idealismus, durch Humanität und soziales Engagement mit ihnen fertigwerden könnte. Denn Idealismus und Engagement, so edel sie auch sein mögen, brauchen letztlich den Erfolg; bleibt er aus oder ist er zu gering, wie so oft bei der Arbeit in Entwicklungsländern, verlieren sie ihren Schwung, erlischt das Feuer. Nur die Liebe Gottes kann das Feuer am Brennen halten. Weil wir Missionare nicht dem Fortschritt, sondern Jesus Christus dienen, darum, und nur darum, bleiben wir trotz aller Widrigkeiten am Ball, können Rückschläge, Gleichgültigkeit und Anfeindungen einstecken und brauchen nicht aufzugeben. Wir schöpfen nicht aus unserer Begeisterung, sondern aus Christi Kraft, wir bringen den Menschen nicht unsere Liebe, sondern Christi Liebe, und die erträgt, glaubt, hofft und duldet alles und hört niemals auf.

Was bedeutet Jesu Liebe für uns? Was bedeutet sie für die Menschen in Nepal? Sie bedeutet Leben, überfließendes Leben – heute, morgen und in Ewigkeit. Jesus kam in die Welt, damit wir „das Leben haben, Leben im Überfluß“ (Johannes, 10,10). Das galt vor zweitausend Jahren, und das gilt noch heute.

Es gilt auch für einen jungen Nepalen namens Chandra Bahadur. Er war ein hochbegabter Junge, der Beste in seiner Schulklasse. Dann starb sein Vater, und da Chandra der jüngste Sohn war, hatte er nun für Haus und Hof und die alte Mutter zu sorgen; so verlangte es die Sitte. Seine älteren Brüder hatten bereits ihre eigenen Familien, und so blieb Chandra nichts anderes übrig, als im fünften Schuljahr von der Schule zu gehen und ein Bauer zu werden.

Eines Tages ging Chandra in den Wald, um Grünfutter für sein Vieh zu holen. Es gibt in Nepal eine bestimmte Baumsorte, deren Blätter von den Kühen und Ziegen sehr geschätzt werden. Diese Bäume sind sehr hoch, und die Nepalen klettern bis auf ihre höchsten Äste, um auch die letzten Zweige mit dem begehrten Laub abhacken zu können. Man konnte Chandra oft in solch luftiger Höhe beobachten, es war ein gewohntes Bild.

Aber Chandra war Epileptiker. Alle zwei oder drei Wochen wurde er ohne erkennbaren Anlaß urplötzlich bewußtlos; ein paar Minuten später kam er dann mit einem leichten Brummschädel wieder zu sich, stand auf und arbeitete weiter, als wenn nichts geschehen sei. Er wußte kaum, daß er krank war, und seine Verwandten sahen in den Anfällen natürlich das Werk irgendeines bösen Geistes.

An jenem Tag nun, wo Chandra das leckere Laub für seine Tiere schneiden wollte, war er gerade auf einen der höchsten Äste geklettert, an die zwanzig Meter über dem Boden, und beugte seinen Oberkörper nach vorn, wo die saftigsten Zweige hingen, als es plötzlich schwarz vor seinen Augen wurde. Als er wieder zu sich kam, lag er unten auf der Erde, und in seinem Rücken brannte es wie von tausend Messerstichen. Er versuchte aufzustehen, aber sein Körper gehorchte ihm nicht mehr. Er hatte sich an der Wirbelsäule verletzt – die schlimmste Verletzung, die einem Nepalen passieren kann, denn wenn er nicht mehr laufen kann, ist er erledigt.

Am nächsten Tag brachten ihn die Leute aus seinem Dorf, an ihrer Spitze einer seiner älteren Brüder, in unser Krankenhaus. Er war von der Taille abwärts gelähmt, und ich sah sofort, daß so gut wie keine Aussicht auf Heilung bestand. Ein unscheinbarer, kantiger Knick zwischen den Schulterblättern verriet dem geübten Auge, wo die Wirbelsäule gebrochen war.

Nach der Untersuchung hatten wir ein langes Gespräch mit Chandras Bruder und den Dorfältesten. Wir erklärten ihnen, daß Chandra für den Rest seines Lebens gelähmt bleiben würde und daß auch ein langer Krankenhausaufenthalt nichts daran ändern konnte. Wir sagten ihnen auch ganz offen, daß wir keinen einzigen Fall kannten, wo ein Bewohner des Berglandes nach einem solchen Unfall noch lange gelebt hatte. Denn egal wie geduldig wir seinen Verwandten erklärten, wie sie ihn zu pflegen hatten – über kurz oder lang wurde die Aufgabe zuviel für sie; sie überstieg buchstäblich ihr Vorstellungsvermögen. Meist konnten sie überhaupt nicht einsehen, daß man sich so viel Mühe um einen Menschen machen sollte, der doch nicht laufen konnte und nie wieder gesund werden würde. Und so nahm das Verhängnis seinen Lauf: Der Patient lag sich wund, bekam Infektionen an Blase und Nieren, verlor seinen Lebensmut, und nach ein paar Monaten starb er an Blutvergiftung und Entkräftung.

Nach vielem Hin und Her bat der Bruder uns, Chandra doch bitte erst einmal drei oder vier Wochen lang im Hospital zu behalten, um zu sehen, ob wir nicht vielleicht doch etwas für ihn tun konnten. Sie würden ihm auch jeden Tag etwas zu essen bringen, und einer von ihnen würde bei ihm bleiben, um für ihn zu sorgen. Wenn es ihm nach den vier Wochen wirklich nicht besser ging, würden sie ihn dann nach Hause holen und dort weiterpflegen.

Wir gaben Chandra ein Bett. Ein paar Tage später hatte der Verwandte, der ihm sein Essen zubereiten und ihn pflegen sollte, keine Zeit mehr und mußte nach Hause. Wieder einige Tage später hörte die Familie auf, ihm Lebensmittel zu bringen, und bald ließ sich keine Menschenseele mehr aus seinem Dorf blicken. Der Fall war klar: Sie hatten Chandra aufgegeben und spekulierten nun darauf, daß wir ihn bis an sein Ende pflegen würden. Vergeblich versuchten wir, mit seinem Bruder zu sprechen. Selbst unser Sozialarbeiter, den wir drei- oder viermal in Chandras Dorf schickten, kam unverrichteter Dinge zurück: Mehr als ein paar unverbindliche Floskeln war Chandras Verwandten und Dorfältesten nicht zu entlocken. In unserer Verzweiflung baten wir schließlich sogar unseren *Pradhan Panch* um Hilfe. Vielleicht konnte er ein Machtwort sprechen und diese Familie an ihre Pflicht erinnern.

Inzwischen hatten unser südindischer Sozialarbeiter Annamma, Dr. Helen und einige andere von uns angefangen, sich etwas näher mit Chandra zu beschäftigen, und sie fanden bald heraus, daß er selbst gar nicht mehr nach Hause wollte. Er wußte ja nur zu gut, daß seine Verwandten und Freunde ihn abgeschrieben hatten. Aber das war nicht der einzige Grund. Er hatte auch gemerkt, daß es in diesem Krankenhaus Menschen gab – es waren diese merkwürdigen Christen –, die so ganz anders waren als die Leute in seinem Dorf. Sie wußten genausogut wie er, daß er wohl nie wieder gesund würde, aber sie ließen ihn nicht links liegen, sondern pflegten ihn weiter, sprachen sogar mit ihm, gingen auf ihn ein. Es schien sie nicht zu stören, daß er nur noch ein Krüppel war. Nein, er wollte nicht mehr nach Hause, er wollte hier bleiben.

Wir überlegten. Wir beteten. Und dann faßten wir einen Beschluß, der völlig unvernünftig und medizinisch absurd war: Chandra durfte bleiben.

Ein Monat nach dem anderen verging, und auch der letzte Hoffnungsfunke, daß Chandra wieder gesund werden könnte, erlosch. Tag um Tag lag er in seinem winzigen Zimmer, starrte die Betonwände an und war oft nahe daran, aufzugeben; dann packte ihn die schwarze Verzweiflung, und er wollte nur noch eines: nach Hause und sterben. Was war denn sein Leben noch wert? Im Bett liegen, nie mehr arbeiten können, für jeden kleinen Handgriff auf freundliche Fremde angewiesen sein, die vielleicht in einem Jahr gar nicht mehr da waren ... Jetzt fing er auch noch an, sich wundzusitzen, so daß er noch nicht einmal mehr in seinem Rollstuhl herumfahren konnte. Seine Depressionen wurden immer schlimmer. Er verlor den Appetit, sprach kaum noch, seine Augen blickten leer und apathisch.

Dann schlug er eines Tages ein nepalisches Neues Testament auf und fing an, darin zu lesen, um die Zeit besser totzuschlagen. Er las – und irgendwo in seinem Inneren öffnete sich eine Tür. Er las weiter, das Buch fesselte ihn. War es möglich ... Konnte es sein, daß selbst sein Leben noch einen Sinn hatte? Viele Wochen las er, dachte nach, las wieder, grübelte und überlegte. Dann, über ein Jahr nach seinem Unfall, hörte er mit dem Grübeln auf und nahm Jesus Christus an. Und Jesus Christus schenkte ihm ein neues Leben – Leben im Überfluß.

Ich meine damit nicht, daß Chandra auf einmal aus seinem Rollstuhl aufstand und wieder laufen konnte; seine Lähmung blieb. Auch nicht, daß er von nun an nie mehr traurig war. Aber sein Leben hatte einen Sinn bekommen. Er war nicht mehr einsam. Er hatte eine Kraftquelle. Er wurde das, was die Bibel eine „neue Kreatur" nennt – ein anderer Mensch, nicht ständig himmelhoch jauchzend, aber gelassen, getragen, mit der inneren Gewißheit: Gott liebt mich. Heute ist Chandra dankbar dafür, daß er damals von dem Baum stürzte.

Auch äußerlich hat sich Chandras Leben verändert. Erst lernte er Maschinenschreiben, dann Buchhaltung, und bald wurde er einer der Kassierer in unserem Krankenhaus. Dank der großzügigen Spenden kanadischer Missionsfreunde, die von Chandras Geschichte gehört hatten, konnten wir ihm ein eigenes kleines Zimmer bauen. Der Raum ist nur zwei mal drei Meter groß, aber er ist ein wichtiger Treffpunkt für Patienten, Besucher, Kollegen und vor allem für die Christen in unserer kleinen Gemeinde geworden. Hier finden Gemeindeversammlungen statt. Hier trifft man sich zum Gebet. Seit fünf Jahren leitet Chandra unseren Gemeinderat. Er ist auch ein begabter Prediger und hält oft von seinem Rollstuhl aus den Gottesdienst am Samstagmorgen. Unsere hinduistischen Nachbarn kommen aus dem Staunen nicht heraus. Daß ein Mensch, der noch nicht einmal stehen kann, nach so vielen Jahren noch lebt, ja sogar ein hochangesehener Mann ist und furchtlos eine fremde Religion predigt – sie können es nicht fassen. Eigentlich können auch wir es nicht fassen.

Ein Problem freilich wollte lange Zeit nicht weggehen: das Wundsitzen. In den ersten Jahren nach seinem Unfall konnte

Chandra immer nur eine Stunde lang in seinem Rollstuhl sitzen. Blieb er länger in dem Stuhl, brach irgendwo eines der alten Geschwüre wieder auf. Aber dann hörten wir, daß man in Kanada ein neues Sitzkissen entwickelt hatte, das eine gute vorbeugende Wirkung gegen solche Geschwüre besaß. Wir bestellten also eines für Chandra. Da es sehr teuer war, ließen wir es nicht mit der Post kommen, sondern baten unsere Freunde, es jemandem mitzugeben, der nach Nepal fuhr. Wir hofften, daß es rechtzeitig zu der viertägigen Gemeindekonferenz eintreffen würde, die wir geplant hatten und bei der wir Chandra als Vorsitzenden des Gemeinderats natürlich dabeihaben wollten.

Mehrere Monate vergingen. Das Kissen kam und kam nicht. Dafür wurde es mit Chandras Wundgeschwüren immer schlimmer. Wir verordneten ihm strenge Bettruhe, und die Geschwüre schlossen sich langsam wieder, aber jetzt waren es nur noch wenige Tage bis zu der Konferenz, und es sah ziemlich trübe aus für Chandra. Eine Stunde im Rollstuhl, und die Geschwüre würden wieder aufbrechen. Was tun? Wir versammelten uns in Chandras Zimmer und beteten dort, an seinem Bett, daß Gott doch irgendwie eine Lösung schenken möge, so daß Chandra doch noch an der Konferenz teilnehmen konnte. Am Abend vor dem ersten Tag, nach neun Monaten Warten, kam das Kissen an. Wir legten es in den Rollstuhl, und Chandra setzte sich hinein und meisterte die vier Tage Sitzen, als habe er nie im Leben Wundgeschwüre gehabt. Seitdem ist Wundliegen und Wundsitzen kaum noch ein Thema für ihn; selbst ein voller Achtstundentag macht ihm nichts aus.

Chandra könnte noch viele andere Beispiele erzählen, wie Gott in sein Leben eingriff und ihm half. Trotz seiner Lähmung hat er wie kaum ein anderer erfahren, daß dieser Gott sein Vater, Schutz und Schirm ist.

Was macht das Leben lebenswert? Chandra Bahadur weiß es. Als er hilflos unter dem hohen Baum lag und dann später auf dem Krankenbett, in einem ausländischen Hospital mit ungewisser Zukunft, von Brüdern und Schwestern, Freunden und Verwandten verlassen, mit einem halben Körper, fünf Jahren Schule und ohne einen Pfennig Geld – da war sein Leben zerstört, gescheitert, wertlos. Aber dann kam Jesus und sagte ihm: „Ich bin gekommen, damit meine Schafe das Leben haben, Leben im Überfluß." Und er gab ihm Leben im Überfluß.

Und das ist das Thema dieses Buches.

Fünf Brote und zwei Fische

Seit Tausenden von Jahren wohnen Menschen in den Vorbergen des Himalaja. Überblickt man ihre Geschichte, soweit wir sie aus den vorhandenen Urkunden und archäologischen Funden rekonstruieren können, so findet man eine einzige Kette von Kämpfen, Mühen und Widrigkeiten. In den zweihundert Jahren seit der Gründung des heutigen vereinigten Königreichs Nepal hat die westliche Zivilisation die meisten der klassischen natürlichen Feinde des Menschen besiegt und ist in eine Ära des Reichtums und Wohlstands eingetreten, die in der Menschheitsgeschichte ihresgleichen sucht. Nepal hat sich in diesen zweihundert Jahren kaum verändert. Die meisten seiner Einwohner stehen immer noch in dem gleichen Kampf ums nackte Überleben wie ihre Vorfahren. Immer noch ist ihr Leben ein Geflecht aus Arbeit und Mühe, Hunger und Krankheit, nur dann und wann unterbrochen durch jene kurzen und einfachen Freuden, ohne die es schier unerträglich wäre. Weiter und weiter dreht sich die Tretmühle, und die einzige Hoffnung ist, daß es morgen – vielleicht – schöner sein wird als heute, daß die nächste Ernte oder die übernächste besser wird und daß das nächste Leben im großen Kreislauf der Reinkarnationen erträglicher sein wird als das jetzige.

Aber für die meisten Nepalen heute wird selbst diese bescheidene Hoffnung immer ungewisser. Denn in Nepal ist etwas geschehen, was es in all den vorangegangenen Jahrhunderten noch nicht gegeben hat: Es gibt nicht mehr genug Land.

1920 wohnten in Nepal etwa fünf Millionen Menschen. Heute (1988) sind es an die siebzehn Millionen. Im Bergland, das den größten Teil des Staatsgebietes ausmacht, kann weniger als ein Fünftel der Fläche für den Ackerbau genutzt werden. Dies bedeutet, daß ein Hektar Ackerland durchschnittlich zehn Menschen ernähren muß – genauso viele wie in Bangladesh, dem am dichtesten bevölkerten Land der Erde, allerdings mit dem Unterschied, daß das Ackerland in Bangladesh wesentlich fruchtbarer und das Klima günstiger ist. Und die Bevölkerung Nepals wächst und wächst; in fünfundzwanzig Jahren wird sie sich verdoppelt haben. Schon heute kann das Land nicht genügend Nahrungsmittel produzieren, um seine Bevölkerung zu ernähren, und man braucht nicht viel Phantasie, um sich die kommende Katastrophe auszumalen. Schon jetzt – gewissermaßen als Vorgeschmack – werden die Dörfer in unserem Gebiet immer wieder von Hungersnöten heimgesucht, und diese Hungersnöte sind in den letzten Jahren häufiger und länger geworden.

Hinter der romantischen Fassade Nepals, hinter den zauberhaften Bildern idyllischer Dörfer, exotischer Tempel, leuchtender Rhododendronwälder und der höchsten Berge der Welt nimmt eine ökologische und menschliche Katastrophe ihren unerbittlichen Lauf – eine Katastrophe, die nicht nur das Gesicht Nepals, sondern das des gesamten indischen Subkontinents verändern wird. Je mehr Menschen es gibt, um so mehr Ackerland und Feuerholz werden benötigt. Je mehr Ackerland und Holz benötigt werden, um so stärker wird der Raubbau an den Wäldern; allein in den letzten zehn Jahren sind dreißig Prozent der herrlichen Gebirgswälder Nepals verschwunden. Je weniger Wald es aber gibt, um so leichteres Spiel hat die Bodenerosion an den steilen Hängen. Mit jedem Monsunregen werden Tonnen wertvoller, fruchtbarer Erde fortgeschwemmt, um auf Nimmerwiedersehen im Indischen Ozean zu verschwinden.

Und damit ist der Teufelskreis noch nicht zu Ende. Weniger Wald bedeutet auch weniger Verdunstung, und weniger Verdunstung heißt weniger Regen. Damit aber drohen ganze Landstriche zu Steppengebieten zu werden, und auf viele Millionen Menschen nicht nur in Nepal, sondern auch im benachbarten Südindien, das den Regen genauso braucht, wartet der Hunger – eine zweite Sahelzone. Je knapper das Brennholz wird, um so mehr muß man zum Heizen auf getrockneten Kuhmist zurückgreifen – was weniger Düngung und geringere Erträge bedeutet. Je weiter sich die so bitter benötigten Felder auf die Hänge hinaufschieben, um so steiler werden sie – und um so schlimmer der Bodenverlust beim nächsten Wolkenbruch. Die vom Himalaja ins Tiefland führenden Flüsse führen so viel Erde mit sich, daß ihr Bett pro Jahr um fünfzehn bis dreißig Zentimeter höher wird, mit dem Ergebnis, daß diese Flüsse immer häufiger über die Ufer treten und hektarweise weiteres Ackerland fortschwemmen.

Nicht, daß Hunger, Dürreperioden und Überschwemmungen etwas Neues wären für Nepal. Es hat sie immer schon gegeben. Aber in den vergangenen Jahrhunderten konnte sich das ökologische System von solchen Störungen rasch wieder erholen; die Natur reparierte sich, das Gleichgewicht blieb gewahrt. Damit ist es jetzt vorbei. Das Bevölkerungswachstum hat ein Tempo erreicht, das höchstens durch drastische Zwangsmaßnahmen noch gestoppt werden könnte und das alle Bemühungen um eine Besserung der Lage sofort wieder zunichte macht. In den letzten beiden Jahrzehnten sind das Pro-Kopf-Einkommen und die Pro-Kopf-Nahrungsmittelproduktion in Nepal nicht mehr gestiegen, sondern gesunken. Und das ist erst der Anfang.

Aber das Bild wird noch dunkler. Denn was sich in Nepal anbahnt, ist ja nur ein Beispiel unter vielen für das, was heute in der gesamten sogenannten Dritten Welt geschieht – in Asien, in Afrika, in Lateinamerika, in Ländern, die zusammen zwei Drittel der Weltbevölkerung ausmachen. Was aber mit diesen beiden Dritteln passiert, das wird zwangsläufig tiefe Auswirkungen auch auf das übrige Drittel haben. Der Europäer täusche sich nicht länger: Überleben die Menschen in den Entwicklungsländern nicht, dann wird auch er nicht überleben. Die Welt ist klein, spätestens seit der Ölkrise sollten wir das wissen.

Aber Hilfe für die Dritte Welt ist nicht nur ein Gebot der Selbsterhaltung. Zumindest für den Christen ist sie auch ein absolutes Gebot der Nächstenliebe. Gott hat uns befohlen, seine Liebe überallhin zu tragen, in die ganze Welt. Noch nie ist diese Aufgabe so dringend gewesen wie heute. Und noch nie hatte es solch furchtbare Folgen, sie nicht zu erfüllen.

Warum sage ich „noch nie?" Nun, stellen wir uns vor, wir sitzen in einem Vortrag über die Geschichte der Menschheit. Uns gegenüber, an der vorderen Wand des Saales, hängt eine Wandtafel. Sie sieht etwas ungewöhnlich aus, denn sie ist zehn Kilometer lang. Auf diese Tafel zeichnet der Vortragende eine Kurve, die das Wachstum der Weltbevölkerung darstellt. Er fängt am linken Ende an und braucht neun Kilometer und 995 Meter, um das Jahr 1830 und eine Bevölkerungszahl von einer Milliarde zu erreichen. Nur zwei Meter weiter rechts hat er bereits die zweite Milliarde erreicht – im Jahre 1930. Nach weiteren sechzig Zentimetern sind es drei Milliarden (1960), dreißig Zentimeter später vier (1980) und zehn Zentimeter später fünf Milliarden (1987). Und die Kurve wird immer noch steiler.

Mit anderen Worten: Die Menschheit hat Jahrtausende gebraucht, um eine Bevölkerungszahl von einer Milliarde zu erreichen. In nur hundertfünfzig Jahren hat sich die Zahl vervierfacht, wobei für die vierte Milliarde nur noch zwanzig Jahre erforderlich waren; für die inzwischen erreichte fünfte waren es gar nur noch sieben Jahre. Nein, es kommen wirklich Zeiten auf uns zu, die es „noch nie“ gegeben hat.

Aber schauen wir weiter auf die Tafel. Unser Redner zeichnet jetzt in einer anderen Farbe eine zweite Kurve: die Entwicklung der Nahrungsmittelproduktion in der Welt. Bis weit in das 20. Jahrhundert hinein deckt sie sich mehr oder weniger mit der Kurve des Bevölkerungswachstums; mal liegt sie etwas darüber, mal etwas darunter, je nachdem wie die Ernten ausgefallen sind. Doch dann trennen sich die beiden Kurven auf einmal: Die Weltbevölkerung schießt steil nach oben, die Ernährungskurve dagegen wird immer flacher. Was dies bedeutet, ist klar: Hunger für immer mehr Menschen.

Wird es gelingen, diese beiden Kurven wieder zur Deckung zu bringen? Sehr wahrscheinlich nicht. Die Aussichten, innerhalb der nächsten Generation das Bevölkerungswachstum hinreichend nach unten drücken zu wollen, sind, gelinde gesagt, gering, zumindest wenn es bei den gegenwärtigen Familienplanungsprogrammen der Regierungen bleibt. Denn je größer der Hunger in einem Land wird, je mehr die Sterblichkeit nach oben geht, um so *größer* wird auch das Bedürfnis, Kinder zu bekommen. Kinder sind die Altersvorsorge, der Notgroschen und das soziale Netz der Menschen in der Dritten Welt. Sie führen den Namen und den Einfluß der Familie weiter und sind nicht zuletzt billige Arbeitskräfte. Steigt die Kinder- und Säuglingssterblichkeit, erhöht sich automatisch auch die Zahl der Schwangerschaften. In Gebieten mit einer Kindersterblichkeit von fünfzig Prozent, wie zum Beispiel in den Bergen Nepals, gibt es pro Familie im Schnitt doppelt so viele Schwangerschaften wie in einer nordamerikanischen Familie. Steigt die Sterbensrate auf zwei Drittel, gibt es noch mehr Schwangerschaften. Die Rechnung, daß die Menschen sich weniger Kinder anschaffen, wenn sie nicht genug zu essen haben, geht einfach nicht auf.

Nicht viel besser sieht es bei den Nahrungsmitteln aus. Die Probleme liegen hier nicht nur bei der Produktion, sondern auch in der Verteilung: Die erzeugten Nahrungsmittel müssen ja dorthin gebracht werden, wo sie benötigt werden. Es wäre zur Zeit vielleicht durchaus noch möglich, alle Menschen hinreichend satt zu machen, wenn nicht die drei folgenden Hindernisse wären: die Überernährung in den Wohlstandsländern; die politischen Gegebenheiten; Ratten.

Überernährung: Es dürfte sich inzwischen herumgesprochen haben, daß viele Menschen in den reicheren Ländern sich buchstäblich zu Tode fressen. Mißt man den Nahrungsmittelkonsum in Kilogramm Getreide, dann nimmt ein Inder durchschnittlich etwa 180 kg Getreide pro Jahr zu sich, ein Nordamerikaner dagegen 900 kg, davon einen Großteil in Form von Fleisch und Bier. (Um 1 kg Steak zu bekommen, braucht man bis zu 10 kg Futtergetreide.) Das bedeutet, daß der Inder knapp unter dem Existenzminimum lebt, der Amerikaner dagegen drei- bis viermal soviel ißt, wie er braucht. Wann werden wir Christen im Westen endlich begreifen, daß wir mit unseren Eßgewohnheiten anderen Menschen das Brot wegnehmen und uns selbst krank machen? Und wie können wir Jahr für Jahr Millionenbeträge an unsere Hunde und Katzen verfüttern, wenn woanders Menschen – Geschöpfe nach dem Bilde Gottes – elend verhungern?

Die politischen Gegebenheiten: Dies ist das wichtigste und gleichzeitig komplizierteste der drei Hindernisse. Hier sind solche Probleme zu nennen wie Mißwirtschaft, das Horten von Lebensmitteln, um den Preis nach oben zu drücken, das Vernichten „überschüssiger" Erträge, zu hohe Ausgaben für Rüstung und Waffenkäufe oder die Benachteiligung der ärmeren Staaten auf dem Weltmarkt. Vielleicht noch wichtiger ist, daß so viele Bauern das Land, das sie bestellen, nicht selbst besitzen und daher wenig Anreiz haben, es zu verbessern.

Ratten: Sie sind diejenigen, die am dringendsten eine Geburtenkontrolle brauchen. Nach zuverlässigen Schätzungen landet in vielen Gebieten der Dritten Welt bis zur Hälfte des erzeugten Getreides in den Mägen dieser Vielfraße. Aber sie auszurotten, ist leichter gesagt als getan; jeder, der es schon einmal versucht hat, kann ein Lied davon singen. Mit genügend Reis und Lebenslust kann ein Rattenpaar es im Laufe eines Jahres auf fünftausend Nachkommen bringen. Schöne Aussichten.

Nicht ganz so negativ wie bei der Verteilung der Nahrungsmittel ist die Bilanz bei ihrer Produktion. Es dürfte durchaus möglich sein, die Weltnahrungsmittelerzeugung noch innerhalb dieser Generation deutlich zu steigern, wenn auch nicht genügend, um mit dem Bevölkerungswachstum Schritt zu halten. Man muß sich jedoch im klaren sein, daß solche Steigerungen ihre Grenzen haben und nicht ins Unendliche fortgesetzt werden können. Sie sind daher nur eine vorübergehende Lösung.

Man hat errechnet, daß unter *idealen* Bedingungen und mit der heute verfügbaren Technologie die Lebensmittelproduktion in Bangladesh verdreifacht werden könnte. (Ähnliches dürfte für Nepal und andere Länder gelten.) „Ideale Bedingungen" heißt, daß es die gerade erwähnten Probleme (Überernährung, politische Faktoren, Ratten) nicht mehr gibt und die wirtschaftlichen und finanziellen Verhältnisse optimal sind. Wird es gelingen, das theoretisch Mögliche wenigstens teilweise Realität werden zu lassen? Das ist die große Herausforderung unserer Zeit.

Man muß sich hier vor zwei Denkfehlern hüten. Der erste lautet: „Es ist alles nur eine Frage der Technologie." Christen werden diesem Irrtum kaum verfallen, denn sie wissen genau, daß die letzte Ursache all des Hungers und Leidens in der Welt im Sündenfall des Menschen liegt, in seiner Selbstsucht, seiner Maßlosigkeit und seiner Rebellion gegen Gott. Viel dringender noch als neue Technologien sind neue Menschen – Menschen, die Gott dienen, Menschen, die innerlich radikal verwandelt sind. Und diese Verwandlung kann nur Jesus Christus bewirken.

Aber hinter dieser Einsicht lauert bei vielen Christen gleich der nächste Denkfehler. Sie schauen *nur* noch auf die Sünde der Welt, machen es sich in ihren Kirchenbänken bequem und murmeln: „Na bitte, die Menschen bräuchten sich doch bloß zu bekehren, und alles wäre gut." Jesus Christus dachte anders. Er blieb nicht sitzen auf seinem himmlischen Thron; er stand auf, kam herab zu uns in die Welt und diente uns. Das ist das Beispiel, dem wir folgen sollten. Jeder einzelne von uns sollte sich vor Gott prüfen und ihn fragen: „Was willst du, daß ich tun soll? Wie kann ich meinen hungernden Mitmenschen am besten dienen? Was muß in meinem Leben anders werden?" Und Gott wird uns antworten. Er wird uns zum Beispiel zeigen, daß wir weniger Fleisch essen sollten. Oder unseren Hund abschaffen. Oder daß wir kein „Recht" auf die große Idylle im eigenen Häuschen im Grünen haben. Viele von uns wird er in einen einfacheren Lebensstil rufen. Er wird uns zeigen, daß wir mehr geben können: mehr von unserer Zeit, mehr von unserem Geld, mehr von unseren Gaben und Fähigkeiten.

Die Welt schreit um Hilfe. Was haben wir ihr als christliche Gemeinden zu bieten? Neue Kirchenfenster, schönere Gesangbücher, bequemere Stühle? Wie viele unserer jungen Leute schicken wir auf Landwirtschaftsschulen, um neue Methoden zur Bekämpfung des Hungers zu erlernen? Wie viele schicken wir in die Entwicklungsländer, um das Gelernte anzuwenden? Wir brauchen jemanden, der einen Reiskochtopf erfindet, der ohne solche Brennstoffe wie Holz oder Dung auskommt. Wir brauchen christliche Politiker, die all die Ungerechtigkeit und ideologische Verblendung in der Welt bekämpfen und die uns vorleben, was verantwortliches Regieren bedeutet.

Und das große Losungswort für uns alle, egal wohin Gott uns führt, heißt „Liebe". Liebe ist das Markenzeichen des Christen. Sie – und nur sie – zeigt der Welt, daß er ihr etwas anderes, Besseres zu bieten hat als all die anderen Religionen und Ideologien. Wenn wir keine Liebe haben, wird die Welt zu Recht ihre Ohren und Augen vor uns verschließen, und das christliche Zeitalter wird als bloße Episode in die Geschichte der Menschheit eingehen.

Aber, so könnte man fragen, ist es nicht schon zu spät? Was kann denn schon ein einzelner tun, wenn selbst den Regierungen dieser Welt die Probleme über den Kopf wachsen? Wir können ein paar Dutzend Menschen, die an unsere Tür klopfen, etwas Reis oder Saatgut oder sogar einen Arbeitsplatz geben, aber was machen wir, wenn aus den paar Dutzend Hunderte von Millionen werden?

Kapitulieren ist keine Lösung. Wir müssen weiter arbeiten, weiter forschen, weiter suchen, weiter in die Zukunft investieren. Was für das Heute zu spät kommt, wird vielleicht einer späteren, weiser gewordenen Generation nützen. Vor allem aber sollten wir, mehr als je zuvor, auf Gott schauen, der unserem Leben den Sinn und das Ziel gibt, das keine Technologie uns bieten kann. Fragen wir uns doch einfach: Wie sieht *Gott* unsere Aufgabe? Wenn wir dies tun, bekommen wir nicht nur neue Kraft für unsere Tagesarbeit, sondern auch eine neue Perspektive für das Ganze, einen Weitblick, der uns zeigt, wie wir der so hoffnungslos großen Menge der Armen und Hungernden, die sich um uns drängt, begegnen können. Gott sagt uns: Gebt ihnen, was ihr habt; gebt es ganz; und wenn ihr nichts mehr habt, dann überlaßt die Sache mir. Leidet mit ihnen mit und sorgt euch nicht darum, ob ihr es schaffen werdet. „Alles, was ihr getan habt für einen unter diesen meinen geringsten Brüdern, das habt ihr mir getan" (Matthäus 25,40).

Ich glaube nicht, daß wir unter diesen „Brüdern“ lediglich unsere Mitchristen zu verstehen haben, gerade so, als gingen uns die anderen nichts an. Und es tut mir weh, wenn ich höre, wie Christen Hunger und Leid vorschnell als „Zeichen der Zeit“ und „Gottesgerichte“ abtun, an denen man ja doch nichts ändern könne.

Manchmal wünschen wir uns, daß Jesus Christus wieder auf die Erde kommen und die Hungernden speisen möchte – nicht nur fünftausend, sondern fünfzigtausend, ja fünfzig Millionen. Es wäre ein kleines für ihn. Jene ersten Jünger hatten nur zwei Fische und fünf Brote, aber sie gaben sie ihm. Sie gaben ihm alles, was sie hatten. Ist das nicht sein Wort an uns heute – daß wir einfach alle unsere Brote und Fische, alles, was wir haben, ihm geben? Wer vermag zu sagen, was er mit ihnen tun könnte – wenn wir sie ihm nur geben ...